THE SPANISH ARMADA

図説

スペイン無敵艦隊

エリザベス海軍とアルマダの戦い

アンガス・コンスタム
Angus Konstam
大森洋子訳

原書房

目次

イントロダクション 5

第1章
戦争への道 10
愛と結婚―チューダー朝流／隣人といとこたち／エリザベスの〝冷戦〟
開戦／スペインの大構想／イングランドの防衛戦略

年表 52

第2章
スペイン無敵艦隊《インヴィンシブル・アルマダ》 58
イントロダクション
艦隊 艦船／艦隊の編制／スペインの戦法／指揮官たち
人員 艦船の人員構成／艦内環境
艦の概観 スペイン・ガレオン艦／ガレオン艦の設計／造船／アルマダの武装

第3章
エリザベスの海軍 122
イントロダクション
艦隊 艦船／艦隊の編制／イングランドの戦法／指揮官たち／〝海の猟犬〟たち
人員 艦船の人員構成／艦内環境
艦の概観 イングランド快速船仕様のガレオン艦／名艦の発達／ホーキンズの設計／造船／艦隊の武装

第4章 アルマダ海戦 199

“事業”に乗りだす／プリマス沖（七月三十日—三十一日）／ダートマス沖（八月一日）
ポートランド沖（八月二日）／ワイト島沖（八月三日—四日）
カレー沖（八月七日）／グラヴリーヌ沖（八月八日—九日）

第5章 戦いの余波 265

国へ帰る長い航海／戦争続行

第6章 考古学的遺産 288

第7章 運命のねじれ もしスペインが勝っていたら？ 292

訳者あとがき 300

艦隊一覧表 316

スペイン無敵艦隊（アルマダ）
ポルトガル戦隊／ビスケー湾戦隊／カスティリャ戦隊／アンダルシア戦隊／ギプスコア戦隊
レバント戦隊／ハルク戦隊（補給・輸送戦隊）／ガレアス戦隊／小型付属船戦隊
イングランド艦隊
主力艦隊（プリマス）／ドレイク戦隊（プリマス）／海峡戦隊（ダウンズ錨地）／イングランド増援部隊

索引 324

訳者注――一五八二年にローマ教皇グレゴリウス十三世がグレゴリオ暦を発布したため、スペインでは一五八八年当時、グレゴリオ暦を使い、ローマ教皇から離反したイングランドでは従来のユリウス暦を使っていた。グレゴリオ暦のほうがユリウス暦より十日ほど早い。アルマダに関する既刊の書籍ではユリウス暦を使っているものもあるが、本書はグレゴリオ暦を使っているので、日付はグレゴリオ暦で表記してある。

イントロダクション

スペインのマドリードから北へ三十マイルほど行ったところに山脈があり、その麓《ふもと》の小高いところにエル・エスコリアル宮殿がある。現在は王立修道院であるが、かつては王宮にされたことがあった。スペイン国王フェリペ二世（一五二七―九八、在位一五五六―九八）が大西洋をはさんだ二つの大陸に広がる大帝国を統治し、また、イングランド本土侵攻作戦を練ったのは、この王宮だった。王宮は広大な情報網の中心であり、情報は世界各国にいる大使やスパイや密告者たちから次々と注ぎこまれた。スペインの官僚政治はヨーロッパ各国の羨望《せんぼう》の的だったが、王宮はその官僚政治の心臓部であり、陸海両軍の中枢でもあって、王国の隅々から命令と報告が行き交った。フェリペ二世が行なった国家事業の中でいちばんよく知られているのは、たぶん失敗に終わったある事業だろう――それはヨーロッパの政治地図を塗り替えて、二大陸の統治者スペインに対する挑戦者をすべて排除する支配体制に変えるために、陸海軍あげて取り組んだ一大軍事事業だった。

この軍事作戦は理論上は非常に単純なものに思われた。百七十余隻の〝アルマダ〟すなわち〝無敵艦隊〟がリスボンに集結し、そこからイングランド本土上陸に乗りだす。艦隊には百戦錬磨《ひゃくせんれんま》の古参兵や騎兵、砲兵

『イングランド、スペイン、両艦隊交戦す』制作 1588 年ごろ。油彩画。スペイン無敵艦隊のもっとも人気の高い絵画。この生気あふれる絵画はイングランド人画家の手になる。前景にガレアス艦が 1 隻見えるが、これはスペイン・ガレアス戦隊を編制していた 4 隻のうちの 1 隻である。このガレアス戦隊には不運な艦、ジローナ号とサン・ロレンソ号も所属していた。（国立海事博物館、グリニッジ、ロンドン）

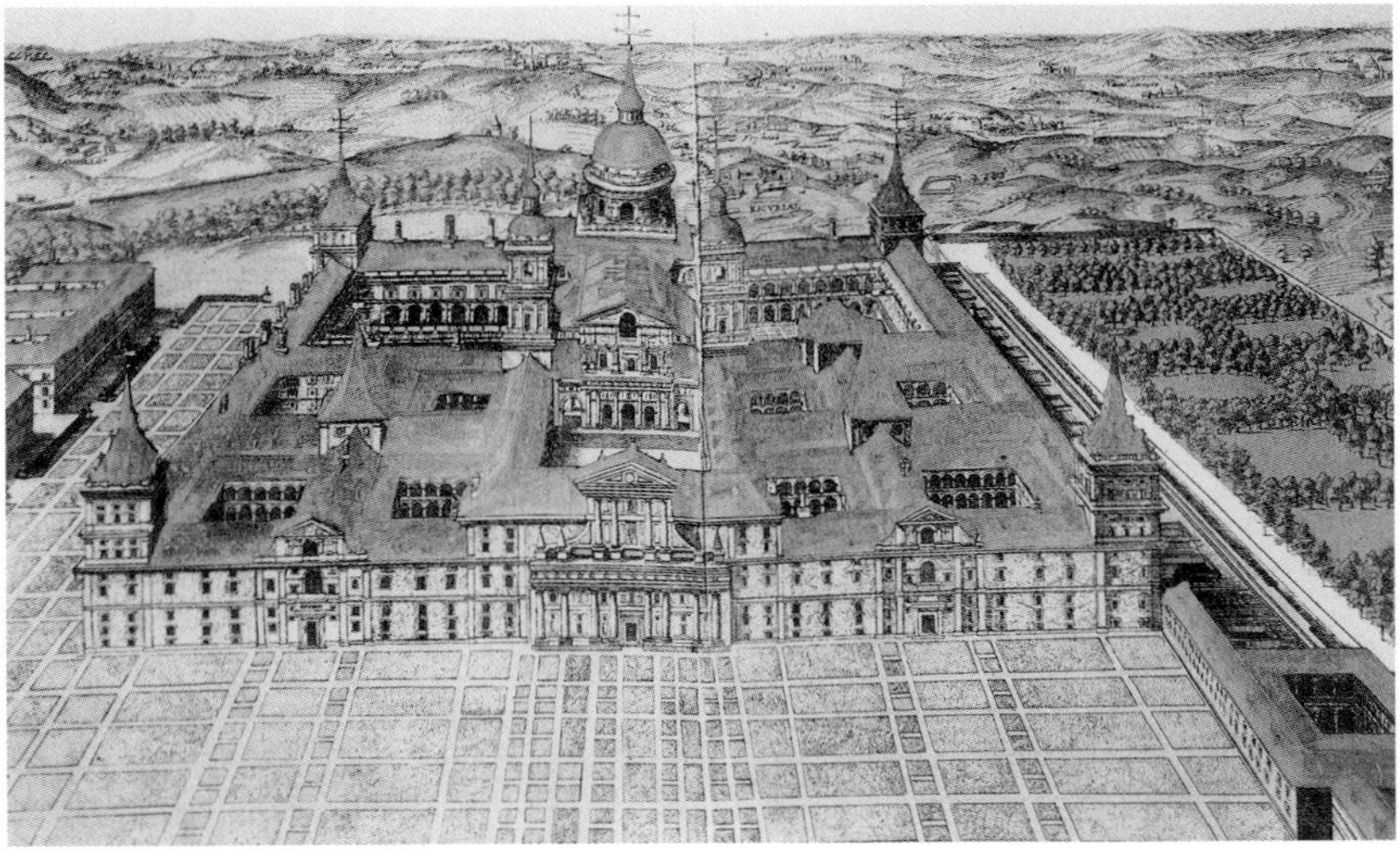

マドリード郊外にあるエル・エスコリアル宮殿は、アルマダ遠征作戦を立案し、実行するあいだ、スペイン国王フェリペ二世の司令本部となった。彼がスペイン王国を統治したのはこの宮殿の二間つづきの小さな部屋からだったが、スパイや使者の情報網を駆使して、常にヨーロッパ中の情勢を把握していた。（マルセリアンナ図書館、フィレンツェ）

や工兵も含めて五万五千の侵攻部隊が乗りこみ、また、ロンドンまで行軍するのに必要な物資も積まれる。海からの上陸は特注のガレー船――二十世紀中ごろに出現した上陸用舟艇《しゅうてい》の前身のような船――を使って行なわれる。この上陸部隊はヨーロッパ一戦闘経験豊富な精鋭部隊で、いったん上陸さえしたら、勝利は決まったも同然だった。しかし、多くの戦争における多くの作戦と同様に、誰かが近道をすることに決めた。こうした姑息《こそく》な判断によってあまりにも多くの妥協が生みだされ、その結果、作戦は致命的な欠陥を負った。最初は大胆で革新的な作戦だったのに、敵イングランドが予想通りの動きをするかどうかにスペインの勝利が左右されることになったのだ。イングランドの船乗りたちはこの大海戦で進んで戦っただけでなく、新しい戦闘法で侵攻者を迎え撃った。

　後世の記録は、小さな海洋国が強大な世界帝国に挑んで栄光の勝利をおさめ、スペイン無敵艦隊は敗北したとしている。この海戦は、エリザベス女王の探検と海の栄光、海外植民地建設をめざす〝黄金時代〟の幕開けを記すものと見られた。スペインの敗北によって宗教革命は保護され、イングランドは海洋国家の筆頭国に躍《おど》りでて、スペインの世界支配力の砦《とりで》に初めてひびが入った。今日、この作戦に参加したエリザベス女王の〝海の猟犬《シー・ドッグズ》〟と呼ばれる英雄たちは、伝説的人物となっている。ドレイクにホーキンズ、フロビッシャーにローリー、彼らはロマンあふれるエリザベス朝イングランドの象徴であり、何世紀にもわたって歴史家たちから愛国者として敬意を捧げられてきた。実際には、この海戦は歴史書が語っているよりもはるかに接戦で、もしもスペイン側にほんの少しの運があったら、あるいはイングランドの指揮官がなにか一つ間違った動きをしていたら、ヨーロッパの歴史は反対方向へ流れていた可能性が充分にあっただろう。

　戦闘者たち自身は〝黄金時代〟を生きているとは自覚していなかった、それは確かだ。人気者の伝説的〝良き女王ベス〟は、実際には老獪《ろうかい》な政治操縦者であり、強大な官憲と情報機関に補佐されていた。何十年にもわたるカトリック教会の宗教弾圧と、イングランド人の外国人嫌いのせいで、女王陛下の人民はスペイン人への反感をさらに強くしており、そうした感情がイングランド人船乗りの勝利を少なからず後押しした。結局、イングランド側としてはこれは高い賭けだと気づいたのだ。

　スペイン側はどうかというと、フェリペ二世はスペイン国家を悩ませている問題の大半を解決する方策としてこの〝大事業〟を見ていた。問題の中には、属領ネーデルラント（北海沿岸低地諸州）で起こっている激しい反乱を鎮圧するための支出がかさむことや、ヨーロッパから新世界に侵入する者たちのせいで、アメリカ人からの収入が年ごとに減っていることも含まれていた。フェリペ二世は政治的には少なくともエリザベス女王と同等の力量をもっており、この作戦は二十年にわたる両国の政治的な出し抜き合戦の絶頂点であり、賭けはどんどん大きくなっていった。一五八八年、このときエリザベス女王にとって生き残れるかどうかはまさしく〝海の猟犬たち〟の働きにかかっていた。

アルマダ海戦は、歴史上もっとも心躍る海戦の一つであると見なされている。二つの強大な艦隊は連続して何度も戦い、その戦いは海戦の形を変えた。十六世紀にはまだ確固とした戦術原則は確立されておらず、この海戦は二つの対立する戦闘理論が試される場となった。砲術ではイングランドは圧倒的な優位にあったが、艦隊はスペイン艦隊の堅固な防御陣形を破ることができず、焼き打ち船攻撃でやっとスペインの陣形をちりぢりにさせたのだった。スペイン側は戦いにおいて終始、断固たる決意と勇気を見せていた。スペインがほとんど勝利をおさめかけていたこともまた明らかだ。イングランドは女王の〝海の猟犬たち〟の働きよりもむしろ八隻の焼き打ち船とスペイン側の連絡の悪さ、そして、とつぜん襲った嵐によって救われたのだ。

もしスペインが勝っていたら、その歴史的な影響はあまりにも大きすぎて、想像することもできない。歴史学者のジェフリー・パーカーはこう言っている——もしもアメリカとインドにイングランドの植民地ができなかったら、「太陽が沈むことのないフェリペ二世の王国は、世界がかつて見たことのないほど広大なものになっただろう」。スペイン無敵艦隊が行なったのは洋上の戦いであり、まだ発展途上の戦闘技術を使って政治的にもっとも大きな賭けのために戦ったのだ。両者とも、自分の艦隊のほうが相手よりも優れていると信じていた。現にこの戦いは二つの型の軍艦と、二つのまったく異なる戦法のぶつかり合いになった。

スペイン側は優秀な兵士たちを信じてこの海戦は勝つに決まっており、わが軍隊はヨーロッパ一の精鋭部隊であると確信していた。イングランド側は火薬と海軍砲術の新しい〝魔法〟に信頼をおいていた。素早く機敏な動きをすることによってイングランドはスペイン艦船から距離を保ち、遠くから優れた火力で敵艦船を叩くことができた。この戦いはただ単にヨーロッパの政治的命運を決したばかりでなく、それ以後二百五十年の海戦における戦法を確立することにもなった。ということはつまり、その夏、デヴォン州の海岸沖で二つの艦隊がたがいの姿を初めて目にしたとき、つぎに何がどうなるか、誰にも予想することはできなかったのだ。

第1章 戦争への道

※本書では度量衡を原書表記のまま訳出した。
一ポンドは約四百五十グラム、
一インチは約二・五センチメートル、
一フィートは約三十センチメートル、
一マイルは一・六キロメートル
として換算されたい。その他の単位については適宜、注などを補った。

愛と結婚――チューダー朝流

すべてはある王が若く美しい女性にべた惚れしたことから始まった。物語は実際にはそのときより少し時代をさかのぼって、一五〇一年十一月のある日に戻る。その日、イングランド国王ヘンリー七世の長男アーサーがスペインの王女と結婚した。花嫁はキャサリン・オブ・アラゴン。スペイン統一王国の共同支配者であるアラゴン王フェルナンド二世と、カスティリャ女王イサベル一世の娘である。のちにこのティーンエイジャー同士の夫婦は一度も床入りをしていないと言われた。結婚してわずか五か月後の一五〇二年四月に、プリンス・オブ・ウェールズ（皇太子）であるアーサーは急病で他界した。スペイン生まれの未亡人は、まだ十六歳だった。このときアーサーの弟ヘンリー（のちの国王ヘンリー八世）は十二歳で、彼にとって兄の死は、自分がイングランド王位継承順位の筆頭になったことを意味した。

イングランド・チューダー朝の第一代専制君主であるヘンリー七世が長男とスペイン王女の結婚を取り決めたのは、両国の政治的繋がりを強化するためだった。イングランドはヨーク家とランカスター家が王位継承をめぐって争った激しい内戦――バラ戦争――からまだ復興している途中だったのに対して、スペインは

イングランド国王メアリー一世とスペイン国王フェリペ二世。油彩画。1555年ごろ、ハンス・ヴォルト作。イングランドとスペインの国王同士の結婚は、イングランドにおいてはプロテスタント教徒の弾圧を招くが、両国間では軍事的あるいは政治的に継続する結果を生みだすことはまったくできなかった。（国立海事博物館、グリニッジ、ロンドン）

大国への道を進んでいた。一四九二年にクリストファー・コロンブスが新世界を発見し、フェルナンド二世とイサベル一世は両国王の名においてこの地を未探検のスペイン領土であると主張した。翌年、ローマ教皇アレクサンデル六世は、アゾレス諸島の西側にある土地はすべてスペインに帰属すると宣言した。この決定はポルトガルから抗議され、その結果、一四九四年にトルデシリャス条約が結ばれた。この条約によって、南北の極地を結んで大西洋を二分する線が引かれ、これが境界線として決められた。ブラジルとアジア諸国も含めて東側の新しい土地はすべてポルトガルに属し、一方、西側のすべてがスペインの支配下におかれた。この〝線〟によって、スペイン人は自分たちを両アメリカ大陸の統治者と見なしたのだった。

一四九五年、フェルナンド二世とイサベル一世はレコンキスタ（国土回復）を達成した——キリスト教徒がイスラム教徒からイベリア半島を回復したのだ。トルデシリャス条約に加えてこの国土回復がスペインの将来を変えた。スペインの探検家や冒険家、移住者たちは新世界の海岸線に沿って自分たちの道を開拓しはじめ、兵士や水兵たちはヨーロッパ大陸と地中海においてスペイン領の境界線を押し広げ、影響力の及ぶ土地を拡張しにかかった。

つづく数十年のうちに、イングランドは改革宗教、つまりプロテスタントの確固たる砦となった。ヘンリー八世はまた結婚した——三番目の妻になったのはジェーン・シーモア。ヘンリー八世は二番目の妻アン・ブーリンを処刑した十日後に彼女と結婚した。翌年、ジェーンはヘンリーが欲しがっていた息子——エドワード王子——を彼に授けたが、数日後に敗血症のため死んだ。それでも、ヘンリー八世のチューダー朝は安泰であるかのように見えた。

ヘンリー八世は一五四七年一月に崩御《ほうぎょ》した。痛風に悩まされた肥満体の男は享年五十五歳。プリンス・オブ・ウェールズである九歳の息子エドワードがヘンリー八世の跡を継いでエドワード六世となった。異母姉エリザベスと同じくエドワードもプロテスタントとして育ち、プロテスタント運動の強い支持者だった。その結果、彼の当面の敵は神聖ローマ帝国皇帝のカール五世になった。ところが、エドワードは一五五二年の末に病になり、翌夏、まだティーンエイジャーの王は他界した。王が死ぬ前に、顧問官たちはプロテスタント教徒が王位を継承できるようにしようと奮闘したが、失敗に終わり、王冠はエドワードの異母長姉であるメアリー・チューダーに渡された。メアリーは、ヘンリー八世の最初の妻キャサリン・オブ・アラゴンの娘である。イングランドの将来はいまや、まったく違う道をたどることになった。

イングランド女王メアリー一世はカトリック教徒として育ったので、旧教の復活に乗りだした。しかし、それを達成するためには同志が必要だった――政治力だけでなく軍事力をもあわせもつ同志が。その同志としてメアリー一世は、神聖ローマ帝国皇帝カール五世の一人息子である

イングランド女王メアリー一世の時代、東ロンドンのストラトフォードで行なわれたプロテスタント殉教者の火あぶりの刑。1558年に女王が崩御すると、政治は激変し、メアリーの異母妹エリザベスはプロテスタント信仰の強い擁護者となった。（ストラトフォード文書館）

るスペインのフェリペ王子に目をつけた。のちのスペイン国王、フェリペ二世である。一五五四年六月に二人は結婚した。フェリペは二十七歳、メアリーは三十八歳だった。もしもこの二人が健康な男子の世継ぎをもうけることができたら、イングランドとスペインの一時的な政治連合は恒久的な結合になったことだろう。二人はプロテスタント改革者たちのやった仕事をくつがえしにかかる一方で、なによりも必要な子作りにも励んだ。これは失敗に終わった。想像妊娠騒動のあと、フェリペは丁重に言い訳してスペインに帰ってしまった。

フェリペとの結婚の第一の目的は、フランスに対抗する政治同盟を作ることだったが、国内ではこの結婚によってプロテスタントに敵対する姿勢をいっそう強くした。夫フェリペと女王の臣下たちの関係はどんどん悪くなり、とりわけ〝血まみれ《ブラッディ》のメアリー〟が行なうプロテスタントへの迫害は大きく広がって、悪評を買った。スペインは国内で不評のフランスとの戦争を進めており、イングランド兵士たちもスペイン側についてフランスで戦っていたので、スペインも非難された。一五五八年の初めごろにはメアリー女王の健康がすぐれないことが判明し、後継者問題が国家の重大問題になった。フェリペと彼のスペインにおける顧問官たちは自分たちの立場が弱いと悟った。フェリペは女王のただの配偶者にすぎず、従って玉座を求める権利はないのだ。後継者の筆頭はメアリー女王の異母妹であるプロテスタントのエリザベスと、カトリックのスコットランド女王メアリー・スチュアートである。メアリーは前フランス王妃なので、フェリペとしては不本意ながら〝異端者〟エリザベスの王位継承を支持した。二つの厄災のうちエリザベスの厄災のほうがまだ小さいと考えたのだ。フランスの傀儡《かいらい》よりプロテスタントのほうがましだと。この判断を彼はじきに後悔することになる。

イングランド女王メアリー一世は一五五八年十一月に崩御した。死の床でメアリーは、二十五歳のエリザベスを自分の後継者として認めた。この若いエリザベス王女は翌一五五九年一月、正式に王位に就き、イングランド女王エリザベス一世となった。エリザベス女王については数多くの本が書かれているし、チューダー朝の女王自身の宣伝者たちが彼女をヘンリー八世の当然の後継者として、またプロテスタント運動の保護者として記している。しかし、実際にはエリザベスは恥ずべきブーリン王妃の娘として庶子であると宣告され、父と兄によって開かれた法廷で日陰の身とされた。しかも異母姉メアリー女王からは処刑すると脅されもしたのだった。エリザベスの玉座への道は不安定なものだったから、これからは自分の王位も王国もしっかりと統制していこうと彼女は決意したのだ。後世から振り返ることのできるわれわれは、エリザベスと義兄フェリペのあいだに争いが起こるのは避けられないことだったと言うことができる。だとすれば、これから三十年のあいだに向かっていった先は、戦争以外にない。

隣人とこたち

エリザベスの母親アン・ブーリンは若くて気性が激しく、気短かで、その容貌は人目を引くほど美しく、頭脳は明晰で、計算に長《た》けていた。アンの娘エリザベスは母親からその容貌より頭脳を引き継いだが、ブーリン家の激しい気性に加えて、慎重な判断をくだし、賢明な助言を求め、とりわけ我慢する力をあわせもってもいた。プロテスタント教徒としてエリザベスは、改革派であるイングランド国教会の強化を計り、その頂点に君臨する支配者になった。イングランドの国家役人はすべて、新教とその長たる女王とに忠誠を誓い、国教会と国家の絆を固くした。しかし、姉メアリー女王が宗教的に陥った最悪の落とし穴をエリザベスは避けて、国内外を問わずカトリック教徒と不必要に敵対しないように配慮した。これは危険な綱渡りで、国家間でも旧教国か新教国かということが問題になっているときだけに、いっそう道のりは険しいものになった。

チューダー朝の第五代国王であるエリザベスは一五五八年末に王位を継承したとき、ヨーロッパの国家間

1570年代に描かれた風刺画。スペイン国王フェリペ二世が聖なる牛にまたがっている。この牛はスペイン領ネーデルラントを表わしている。片端でイングランド女王エリザベス一世とフランス人が牛に餌をやっており、ネーデルラント王子オラニエ公ウィレムが後ろから牛を悩ませている。(ヘンスリー・コレクション文書館、ノースカロライナ)

の問題では中立政策をとり、スペインとは平和共存したいと再宣言した。翌一五五九年にスペインのフェリペ国王から求婚されると、彼女は丁重に断った。また、顧問官たちがフェリペ国王のいとこであるオーストリアのカール大公と長い結婚交渉を進めているうちに、エリザベスはイングランドの独立を危うくしかねない同盟話にはいっさい乗らないということがわかってきた。要するに、エリザベスは結婚話を――というよりむしろ、王朝連合ができるという期待を――外交政策の道具として利用しようとしていたのだ。

この中立政策はかなり短命だった。一五六〇年代になると、つづけざまにエリザベス朝イングランドがカトリック国スペインと反目する事態が起こり、これは当然、両国の関係を悪化させた。それでもエリザベス女王は戦争に至る道をとることに抵抗し、争いを解決するためには武力より外交交渉に頼るほうを好んだ。

フェリペ二世は、一五五六年に父である神聖ローマ帝国皇帝カール五世（スペイン国王カルロス一世）が病気で退位したため、スペイン国王となった。カール五世の王国は、彼の弟のフェルディナントと息子のフェリペのあいだで二分されたのだ。弟フェルディナントはオーストリアの統治権を得て、神聖ローマ帝国皇帝となり、息子フェリペはスペインとスペイン領ネーデルラント、そして新世界をはじめとしてミラノやナポリなど海外所領の統治者となったのだった。

スペイン人であるフェリペはオランダ語もフランス語もしゃべれず、自分の領地である北ヨーロッパの問題にほとんど関心がなかった。彼はネーデルラント全州を統括する総督にパルマ公爵妃マルゲリータを任命したが、フェリペ国王もマルゲリータ総督も、この地域で宗教改革運動が拡大していく流れを止めることはできなかった。まもなくプロテスタント教徒の偶像破壊運動と旧教に対する抵抗運動は一般民衆の広範な暴動蜂起となっていった。ネーデルラント人はスペインによる統治とカトリック信仰の両方に宗教的に反対することで一つにまとまっていったのだ。〝ネーデルラント市民の蜂起〟は一五六六年の八月に始まり、それ以後四十年以上もつづくことになる〝オランダ独立運動〟の発端になった。

この一五六六年にスペインとイングランドの不安定な中立状態は暗黙の〝冷戦〟へと移りはじめていく。スペイン本国はすぐさまネーデルラントへ精鋭部隊を派遣した。この部隊がアルバ公爵率いるフランドル軍となる。ネーデルラント市民の反乱は数か月のうちに情け容赦なく鎮圧され、首謀者たちは処刑され、この北海沿岸の低地帯に住む人々は激しい怒りをたぎらせた。

ネーデルラント総督パルマ公爵妃は、反乱者たちを冷ややかに〝乞食たち〟と呼んだ。そこで、「乞食たち万歳」が反乱者側のスローガンになった。

一五七二年に新たな反乱が起こった。この反乱はイングランドのエリザベス女王とフランスのユグノー

（新教徒派）に密かに支援されていた。四月に〝ゼー・ゴイセン（海の乞食団）〟として知られるネーデルラントの海賊団がブリーレというゼーラント州の小さな港を占拠し、プロテスタントの反乱を支持すると宣言した。〝海の乞食団〟は、このブリーレをはじめとしてゼーラント州の海岸や河口をスペイン軍の艦船や要塞を攻撃するための拠点にした。彼らが好んで使った船は、この地方の〝フライボート〟と呼ばれる喫水《きっすい》が浅くてマストが一本か二本の沿岸航行船で、最大で五百トンほどだった。

当初の反乱者たちの中には海賊や密輸業者が多く、彼らは活動の範囲や規模を広げるためにこうした反乱を利用したのだった。

〝海の乞食団〟はルメイ男爵ウィリアムに率いられていた。男爵はネーデルラント王子であるオラニエ（オレンジ）公ウィレムと反乱政府から公式に支持されていたが、スペインはオラニエ公ウィレムをただの海賊とみなした。〝海の乞食団〟の攻撃はこの一五七二年の末までつづけられ、沿岸都市がさらに数か所、反乱者の手に落ちた。スペイン軍は海岸線沿いに分散され、各部隊はあまりにも手薄になったため、海岸線全域を守ることはできなかった。しかも、スペインの補給船団は反乱者の餌食になったため、スペイン本国は艦船や人員、資金をこの地へまわして、反乱者の攻撃に対抗せざるをえなかった。

【左】1585 年、スヘルデ川にスペイン側がかけた浮き橋を攻撃するネーデルラント〝海の乞食団〟の〝焼き打ち船〟。1566 年、ネーデルラント人はスペインの支配に反乱蜂起し、1572 年までに反乱はネーデルラント全土に広がった。1578 年、パルマ公率いる熟練したスペイン部隊（フランドル部隊）が新たな攻撃を開始し、スペイン領ネーデルラントの大方の都市を反乱者の手から奪還した。1585 年にパルマ公はアントウェルペンを包囲し、スヘルデ川に巨大な浮き橋を建設して、攻城堡塁と堡塁のあいだを繋いだ。防衛側にとって唯一の望みは、浮き橋を破壊して、川の北岸にいるスペイン部隊をほかの部隊から切り離すことだった。〝海の乞食団〟つまりネーデルラントの海賊たちはすでに陸上のスペイン部隊と海上との連絡線を遮断しており、浮き橋破壊任務を引き受けた。1585 年 4 月 5 日夜、〝海の乞食団〟は焼き打ち戦隊を浮き橋へ向かって送りだした。可燃物と火薬を満載した船は、時間をおいて次々に爆発した。パルマ公も含むスペイン部隊は陸からこれを見ていた。仲間のスペイン部隊がなんとか浮き橋を救おうとしたが、数隻の焼き打ち船が爆発して、大混乱を引き起こした。外港をふさぐ防船材が破壊されると、最大級の焼き打ち船が漂っていって橋にぶつかり、爆発した。橋は粉みじんになり、800 人のスペイン兵が爆発によって死傷した。この再現画は、浮き橋の最後の瞬間を描いている。このとき、ヨーロッパ屈指のスペイン兵士たちもこのような新奇な攻撃法から身を守ることはできなかった。（アンガス・マックブライド画）

Angus McBride 00

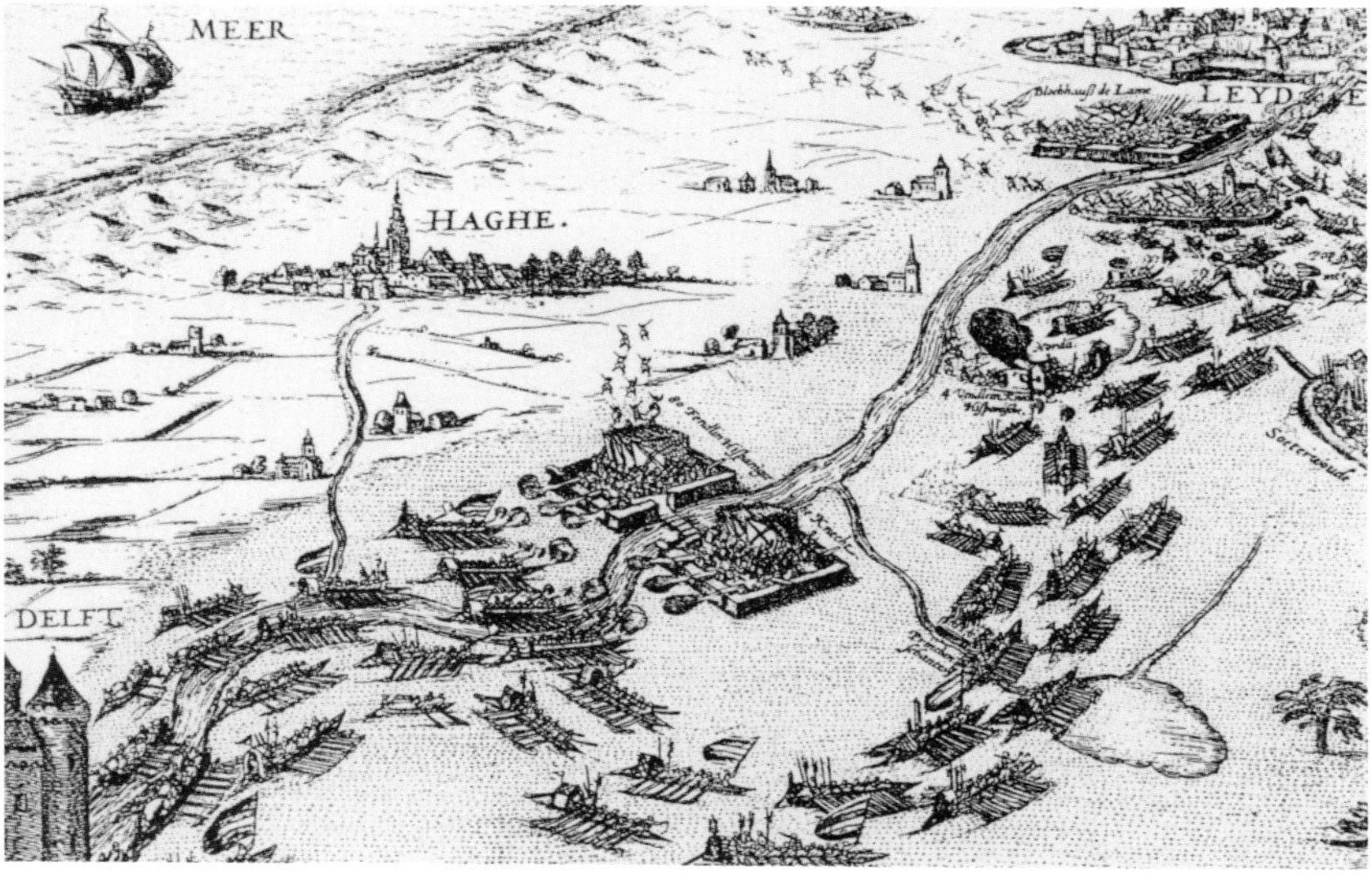

1574年、スペイン軍がライデンの町を包囲したとき、ネーデルラントの反乱者たちは町の周辺に押し寄せた。そのおかげで〝海の乞食団〟は喫水の浅いガレー船で救援隊を送ることができた。このガレー船団はこのとき、スペイン軍を包囲陣地から追い出すのにも使われた。手彩色版画の複製。制作1586年ごろ。（ストラトフォード文書館）

一五七三年のあいだに〝海の乞食団〟はイングランドからの志願兵や武器、装備によって増強され、翌年の春には戦闘準備を整えた。

反乱者はゼーラント州の州都である海岸沿いの都市、ミデルビュルフを包囲し、一方、〝海の乞食団〟はこの包囲された都市へスペイン側が送りこんでくる救援部隊や補給船団を、海上ですべて阻止して破壊した。一五七四年一月にベルゲン・アーン・ゼーの沖合でスペイン側は最後の救援作戦に乗りだしたが、失敗し、その結果、スペインの飢えた守備隊には降伏する以外に選択肢はほとんどなくなった。同じころ、反乱者側の町であるライデンをスペイン部隊が包囲すると、〝海の乞食団〟は市城壁に囲まれた周辺地域になだれこみ、船で補給物資を運びこんで、スペイン側がやったようにスペインの包囲施設を攻撃した。こうした戦いによってスヘルデ川以北の地域がネーデルラントの支配下におかれ、スヘルデ川はほかの反乱者たちにとってネーデルラント人とスペイン人のあいだに引かれた前線となった。反乱はまた、スヘルデ川の南の地域や、現在はベルギー領であるカトリックの大都市や町へも広がりだした。ブリーレを占拠したときから四年のうちに、反乱の指揮者であるオラニエ公ウィレムは、ネーデルラントの中にプロテスタントの飛び地を作りあげていったのだ。

一五七八年、フェリペ二世は反乱が拡大するのを止めようとして、フランドル軍に新しい指揮官を任命した。パルマ公爵アレッサンドロ・ファルネーゼである。彼は敏腕な外交官であり、軍事指揮官だった。スペイン国家は破産状態にあり、数年にわたる攻撃作戦を支えることはできないため、軍費の大半は公爵自身が自分の資産から出した。しかし、わずか二年間でパルマ公はフランドル州の大半の地域の支配権を回復し、さらに、ブラバント州にあるプロテスタントの本拠地を攻撃すべく準備を整えた。

一五八〇年までにパルマ公はスヘルデ川より南の地域の支配を固め、一五八一年初頭、反乱者側が押さえている地域に侵攻すると脅しをかけた。

パルマ公はスヘルデ川の河口にあるアントウェルペンの町が反乱鎮圧の成否の鍵を握ると見た。もしもこの町を占拠できれば、ここより内陸にある川や水路は海から分断できる。この町が堅牢な沿岸の要塞や陸地を基地とする補給路と一つになれば、〝海の乞食団〟がこれ以上、反乱運動に加勢するのを阻止できるというのだ。一五八五年の初め、パルマ公は反乱者が押さえている町の西側で、スヘルデ川の上に八百ヤードにおよぶ浮き橋を建設し、アントウェルペンを包囲しはじめた。浮き橋は海岸要塞や防船材（ブーム）、パトロール船で守られた。そのおかげでパルマ公部隊は包囲線を作って町を取り囲むことができた。この土木工事を彼は〝アントウェルペンへの墓掘り〟と呼んだ。〝海の乞食団〟は少しも屈しはしなかった。四月に彼らは火薬を積んだ焼き打ち船団を引き潮に乗せて送りだした。焼き打ち船団は浮き橋のほうへ下っていき、まずは防船材を木っ端みじんにし、つづいて橋自体を吹き飛ばした。スペイン側は八百人の兵士を失ったものの、その鍛錬ぶりがふたたび物を言って、つづく反乱者側の攻撃をすべて阻止し、八月にはついにアントウェルペンはスペイン側の手に落ちた。

反乱者、スペイン側、どちらも部隊の再編制と財源の獲得に時間が必要で、戦いは膠着《こうちゃく》状態に陥った。イングランドが反乱者に自由に補給をしているかぎり反乱はつづく、とスペイン側はしだいに考えるようになった。アントウェルペンが陥落して三日後に、エリザベス女王は公然とネーデルラント側につき、反乱者を支援するためイングランド部隊を派遣したのだ。それと同時に、女王の〝海の猟犬〟たちは海上で攻撃を始めた。ウォルター・ローリーは新大陸のニューファンドランド沖でスペインの漁船団を襲い、フランシス・ドレイクはどんな損害でも与えてやろうと、スペインの海岸をめざして出撃した。〝冷戦〟はとつぜん、熱くなった。

エリザベス女王とフェリペ国王のあいだにあったもう一つの火種は、スコットランド女王メアリー・スチュアートだった。メアリーは、スコットランド国王ジェームズ五世とその妻であるフランス人王妃とのあいだに生まれた。彼女の祖母は、ヘンリー八世の長姉マーガレット・チューダーなので、この祖母を通してメアリーからイングランド国王の玉座へまっすぐに線を引くことができるのだ。ヘンリー八世はこの姪が王位を継承することに反対していたが、多くの人々はメアリーの従妹エリザベスよりメアリーのほうが王位継承権は強いと感じていた。メアリーはフランス王室で育ち、一五五八年にフランス王太子と結婚した。王太子は翌年、父親の跡を継いでフランス国王フランソワ二世となった。それからほんの一年後にフランソワ二世は崩御し、一五六一年にメアリーは生まれ故郷スコットランドへ帰ってきて、この国を統治した。

メアリーはフランス語しか話せず、フランス人の顧問官たちに取り巻かれていて、つづけざまに無分別な判断をくだしたため、人心はしだいに彼女から離れていった。それに、メアリーが帰国したとき、スコットランドではちょうど宗教改革が始まっていた。そのため、メアリーのカトリック主義は臣下たちの宗教観と相容れなかった。一五五六年にメアリーはいとこの貴族——ダーンリー卿ヘンリーと結婚し、跡継ぎを生むが、まもなくダーンリー卿は殺害され、殺害の嫌疑がボスウェル伯爵にかかった。伯爵はメアリー自身の安全を図って彼女を〝誘拐〟し、その後、二人は結婚した。多くの人々がメアリーを夫殺害の共犯者だと見た。

　メアリーとボスウェル伯爵の結婚は、〝会衆派貴族〟として知られるプロテスタント貴族たちにとってあまりにも危険なことだったため、彼らは反乱を起こした。この反乱者たちにメアリーは捕らえられ、投獄された。彼女はまた幼い息子のために退位をよぎなくされ、息子はスコットランド王ジェームズ六世となった（その結果、エリザベス女王崩御のあと、イングランド国王ジェームズ一世になったのだった）。一五六八年五月、虜囚《りょしゅう》の身だったメアリーは脱走し、兵を挙げた。戦いに敗れると、メアリーは国境を越えてイングランドに逃げこみ、従妹エリザベスの慈悲にすがった。エリザベス女王は

元スコットランド女王メアリーの処刑はカトリック世界に衝撃を与え、スペイン王フェリペ二世はプロテスタントのイングランド女王エリザベス一世を王座から退ける決意を固めた。17世紀のオランダ派画家の水彩画。（スコットランド国立肖像画美術館）

すぐさまメアリーを投獄した。それから十九年間、メアリーはエリザベスの囚人だった。

メアリーの投獄を大方のカトリック教徒たちは非道な仕打ちとみなし、それがエリザベス女王と彼女のプロテスタント王国に反対するカトリック教徒の気持ちを一つにまとめていった。言い換えると、元スコットランド女王メアリーの投獄はヨーロッパにおける宗教的政治的緊張感を著しく高めていったのだ。やがて、イングランドにおけるプロテスタント教徒の勢力を潰したいと望む国内外のカトリック教徒にとって、メアリーは勢力挽回をはかる政治的な拠り所になった。一五六九年、イングランド北部の貴族一派が反逆を企てた。彼らの目的はメアリーを解放することであり、メアリーをイングランドのカトリック指導者であるノーフォーク公爵トマス・ハワードと結婚させることだった。しかし、計画は発覚し、メアリーは投獄されたまま、ノーフォーク公爵は処刑された。

反逆を暴いたのは、エリザベス女王の諜報機関の長であるサー・トーマス・ウォールシンガムだった。その後も彼は、メアリーをイングランド国王にしようという陰謀を次々と暴いた。一五七一年に起こったリドルフィ陰謀事件や、一五八六年のバビントン陰謀事件もその中に含まれ、それから数年のあいだにもっと小さな事件もいくつか暴かれた。八六年の陰謀事件は、国家の敵となりうる者たちを一掃しようとするウォールシンガムが仕組んだものだった。若きカトリック教徒の貴族で、イエズス会士であり、ローマ教皇のスパイだったバビントンともう一人の牧師が標的だった。その牧師はウォールシンガムによって二重スパイにされていた。メアリーはこの陰謀計画に直接巻きこまれ、計画者たちが逮捕されたあと、彼女は共犯者として裁判にかけられた。結果は避けがたいものだった。自分の統治権にこのように直接挑まれる事態に直面したエリザベス女王は、慈悲をかける気持ちなど一片もなかった。元スコットランド女王メアリーは一五八七年二月、公式に処刑された。このときには、スペイン国王フェリペ二世はすでに自分の艦隊（アルマダ）を集結させていたのだった。

エリザベスの〝冷戦〟

一五六八年五月に元スコットランド王女メアリーを投獄したことは、ほとんどのカトリック教徒たちから非道な行為と見られた。その緊張状態をエリザベス女王はその夏の遅くになっても鎮めることができなかった。そんなとき、英仏海峡で五隻のスペイン王室艦が嵐に遭い、イングランドの港に避難せざるをえなくなった。エリザベス女王の役人たちはこの五隻を拿捕《だほ》した。五隻のスペイン艦は、ネーデルラントのフランドル軍に届ける給料箱を積んでいた。エリザベスは艦も金も没収した。たとえこのこと自体はさほど悪いことではなかったとしても、このときちょうどイングランドの遠征船隊が〝国境線を越えて〟新世界のスペイン海域へ初めて侵入していたのだった。奇妙なことに、このイングランドの〝侵入者〟は新世界へ貿易をしにいったのであって、スペイン入植地を攻撃しにいったのではなかった。

ジョン・ホーキンズはプリマスの商人で、奴隷貿易商でもあり、三百人の奴隷を荷として西アフリカからカリブ海スペイン領（スパニッシュ・メイン）へ運んでいった。〝侵入者〟との貿易はスペイン当局によって禁じられていたが、ホーキンズとしては、土地の総督の多くはイングランド人との商売に目をつぶってくれるだろうと期待していた。一五六三年の初めに彼は西インド諸島イスパニオラ島に到着し、その土地のある陸軍士官と密かに交渉して、奴隷をすべて売った。このカリブ海スペイン領への最初の航海は商売上大成功をおさめ、ホーキンズはプリマス一の大金持ちになった。彼の二回目の航海計画では、投資した人たちの中にエリザベス女王も含まれており、女王は彼に王室艦を一隻、貸与さえした。ジーザス・オブ・リューベック号という七百トンの古い軍艦だった。

今度はスペイン人たちはホーキンズと商売をしたがらなかった。だが、ベネズエラのマルガリータから追い返されると、ホーキンズは、もしも土地の権力者が自分との交易を拒否したら、町へ大砲を向けると脅して、ボルブラタとコロンビアのリオアチャで〝人間〟という荷を売りさばいた。この脅しは、もしもスペイン当局にこの取引が知れた場合に、取引を正当化するため、双方が言い訳として仕組んだことだったのかもしれない。ホーキンズは一五六五年末に、前回よりもはるかに多い利益を掌中にして、プリマスに帰った。スペイン大使は公式に法廷へ訴状を提出したものの、三回目の航海が計画された。

一五六七年十月初めにホーキンズはジーザス号で西アフリカをめざして船出した。同行したのは、もう一隻の王室艦ミニオン号と四隻の小型船、それにピンネース艇（ランチ）一隻だった。すべての航程の中でアフリカの航海は悲惨だった。ベルデ岬付近でもっとも大規模な奴隷狩りをやったが、失敗し、乗組員八人が死んだ。毒矢で殺されたのだ。ほかに何回かやった奴隷狩りでも捕まえたのはほんの数人で、ホーキンズ遠征隊はシエラレオネまで南下した。そこで、敵の部族の町を襲撃したいと思っていた二人の族長と手を組んだ。激しい戦いの中でホーキンズと同盟者たちはコンゴの町を占拠し、彼の艦船のどの甲板も奴隷であふれた。

一五六八年の六月初めまでにイングランド遠征隊はカリブ海に着いていた。ベネズエラのリオアチャでは住民の歓迎の中に敵意が潜んでいた。結局、ホーキンズは土地の守備隊と小競り合いになり、町を占拠したあと、骨折り損のくたびれ儲けといった有様で撤退せざるをえなかった。コロンビアのサンタ・マルタではスペイン総督は少し抵抗してみせてから、侵入者に〝強制的に商売をさせられた〟というか

【左】1588年出版の海事研究学会誌『マリナーズ・ミラー』より。甲板員（左）は寒い季節に着る典型的な衣服をまとっている。毛糸の帽子、長い外套、足首まであるゆったりとしたズボン。こうした服装は船乗りであることを示す。身につけている武器は短剣（ダガー）一振りだけ。主な任務は戦うことより船を動かすことだが、攻撃が予想されるときには、こうした任務は当然、変えられたことだろう。高度な専門技術を持つ人物、掌砲長（右）は常に必要とされ、そうした地位が服装に表われている。彫刻を施した導火棹（みちびざお）の持ち手はワニの頭の形をしており、ここに大砲に点火するための細い導火棹を差しこむ。そうすれば、点火する際に大砲から安全な距離をとっておける。陸上にいるとき、海軍士官はそれぞれの財力と好みに応じた武器と服装で身を整えた。中央の士官はマーティン・フロビッシャーの肖像画に基づく。（リチャード・フック画）

たちをとった。次の港はカルタヘナで、総督がホーキンズと関わることを一切拒否したとき、彼は港を守る砲台へ次々と弾丸を撃ち込んで報復した。前の二度の航海のあと、スペイン当局がホーキンズと商売するのを禁じたのは明らかだった。遠征隊は北へ向かったが、九月にキューバ島の西の岬の沖合でハリケーンに遭遇した。

艦船は一隻も失いはしなかったものの、どれも損傷を受けており、ホーキンズは修理のためにメキシコのスペイン領、サン・ファン・デ・ウルア港に入ることにした。ウルアは海岸都市であるベラクルスの港で、ベラクルスには毎年、スペイン財宝輸送船団によってメキシコの銀が集められてくる。輸送船団はスペイン本国のセビリャと新世界のあいだを行き来している。一五六八年九月十六日、夜が明けると、イングランド遠征隊は偽りの国旗を掲げて港に入り、小さな守備隊が対応できないうちに、港の要塞を占拠した。ホーキンズには比較的安全な中で艦船の修理ができるように見えたが、翌朝、状況は一変した。財宝輸送艦隊が到着したのだ。輸送艦隊は十二隻からなり、指揮官はフランシスコ・ルハン提督だった。スペイン側はイングランド遠征隊の安全を脅かしはしないと確約したので、ホーキンズは自分の艦船の次にスペイン側がドックに入ることを認めた。

【左】1568年、サン・ファン・デ・ウルアにおけるホーキンズの戦い。ジョン・ホーキンズはイングランドの商人で、スペインが独占する新世界植民地との交易になんとか食いこもうとしていた。1568年9月、ホーキンズは嵐のため、スペイン領であるサン・ファン・デ・ウルア島の港へ避難せざるをえなくなった。イングランド乗組員と7隻の艦船は土地の守備隊の数を上回っていたおかげで、錨地に面したスペイン要塞を占拠することができた。島の海岸に船首から舫い綱をとったイングランド船には操船余地はほとんどない。数日後、毎年来港するスペインの財宝輸送船団が到着し、イングランド船の横に係留した。数日間、不安定な平和がつづいたが、ついにスペイン側は放棄されていた廃船を盾にして、いちばん近くにいたイングランド船ミニオン号を攻撃した。島に上陸していたイングランド船員は自分の船に戻ろうと必死で戦ったが、スペイン兵に次々と撃ち殺された。イングランド乗組員たちは反撃し、ミニオン号も攻撃した。そのとき、ホーキンズは配下の船に舫い綱を切断して、海岸から離れるように命じ、敵の陸上要塞や海上の艦船からの砲撃に応戦した。6時間におよぶ戦闘の末、逃げられたイングランド船はたった2隻、ホーキンズが乗り移ったミニオン号と、ドレイクの指揮するジュディス号だけだった。この場面は、陸上で応戦するイングランドの防備隊の最後のいっときを描いている。ミニオン号はホーキンズの左側にいて見えないが、甲板では戦いが繰り広げられている。このときホーキンズが乗っていたのは自身の旗艦ジーザス・オブ・リューベック号で、ホーキンズは守備隊が船に戻ってこらるかどうか、心配そうに島のほうを見つめ、錨索を切り捨てて外洋へ逃げられるかどうか見測っている。(アンガス・マックブライド画)

Angus McBride

不安定な平和は九月二十三日の朝、打ち砕かれた。スペイン側が侵入者に不意打ちをかけたのだ。サン・ファン・デ・ウルア港を警備していたホーキンズの守備隊はたちまち撃破され、彼は自分の艦船をドックから引きだした。スペイン側はすぐさま海岸砲台に人員を配備し、砲撃戦が長々とつづいた。イングランド側はどんどん応戦できなくなっていった。ホーキンズにはなんとかこの試練を切り抜けて、標識もない沖合の暗礁をかわし、外洋へ出るしか選択肢はなかった。逃げることができたのは二隻だけだった。ホーキンズの乗るミニオン号と、フランシス・ドレイクの指揮するジュディス号だ。その戦いで三百人のイングランド船員のうち三分の一が戦死するか捕虜になった。食料がほとんど尽きていたため、百人近くの乗組員がホーキンズに対して自分たちを上陸させるように要求し、上陸すると、スペイン側に捕らえられた。残った

イングランドのグリフィン号。個人所有の武装商船。200トン。グリフィン号はイングランド艦隊を構成していた数十隻の小型艦船の中の典型的な1隻。クレス・ヤンス・ヴィッセル作の版画、複製。（ストラトフォード文書館）

乗組員たちはイングランドをめざしたが、病気と飢えが命を奪い、ミニオン号がイングランドに着いたとき、生きていたのは二十人足らずだった。その中にホーキンズもいた。

サン・ファン・デ・ウルアの戦いはかなり小さな事件だったにもかかわらず、イングランドとスペインの関係に重大な変化をもたらした。フランシス・ドレイクは、メキシコで負けた報復をスペイン人にしようと決意し、一五七〇年から七三年まで毎年、カリブ海沿岸スペイン領を襲撃した。一五七〇年のドレイクの行動はほとんどわかっていないが、翌七一年には現在パナマ地峡として知られる地域の海岸線沿いに二十五トンのスワン号で走りまわっていた。ドレイクはフランスの私掠船《しりゃくせん》と組んで、チャグレス川や財宝集積港であるノンブレ・デ・ディオスの沖合でスペイン船舶を捕獲し、「金貨四万ダカットにベルベットやタフタ、それに金銀製品」を奪って、プリマスへ帰った。略奪品は仲間や支援者たちに分配したあとでも、ドレイクの名声と財産を確固たるものにしたのだった。

一五七二年の夏、ドレイクは三隻の船とともにカリブ海に戻ってきた。二隻はイングランド船でもう一隻はフランス船だ。七月遅くに、彼はノンブレ・デ・ディオス港を攻撃して、近くの海岸に上陸し、町を襲った。しかし、ドレイク隊は町の中央広場で守備隊と激しい戦いになって、町から追い返された。ドレイク自身は戦いの最中に負傷した。イングランド人たちは海岸線を北へ撤退して、傷の回復に努めたが、フランス人たちはもっと仕留めやすい獲物を探しに出帆していった。ドレイクが次に仲間にしたのはシマロンだった。シマロンというのは、混血児やアフリカ人の逃亡奴隷のことだ。この新しい仲間を斥候《せっこう》に使って、ドレイク隊は一五七三年二月、パナマからノンブレ・デ・ディオス港までロバに荷車の列を引かせて銀を運んでくる輸送隊を待ち伏せ攻撃しようと企てた。彼らはスペインの斥候に発見されて、待ち伏せ攻撃は失敗に終わり、ドレイクは自分の船隊へ引きあげた。それから三か月間、ドレイク隊は中央アメリカの海岸沿いに巡航して、スペインの沿岸航行船を攻撃した。

四月にはユグノーの私掠船乗りであるギヨーム・ル・テスと手を組んだ。二人だと、春の輸送隊を攻撃する力は十二分にあると感じられた。今度はドレイクの攻撃は大成功した。まったく運びきれないほどの財宝があったのだ。ル・テスは戦いで負傷したので、ドレイクは彼と銀に護衛をつけてその場に残し、金を船へ運んだ。部下たちと戻ってみると、ル・テスはスペインの警邏《けいら》隊に殺され、銀は奪還されていた。略奪品をル・テスの部下たちと分けると、ドレイクは故国へ向けて出帆し、一五七三年八月にプリマスに戻った。プリマスで彼が受けたのは英雄としての大歓迎だった。

一五七七年十二月、ドレイクはさらに野心的な計画を実行すべく、プリマスを出帆した。カリブ海から帰国して四年のあいだに、ドレイクは王室の人気者になり、南米のペルー沿岸を略奪してまわるという計画がエリザベス女王によって密かに支援されていたのだ。彼の旗艦は二百トンのペリカン号(のちにゴールデン・ハインド号と改名された)。同行したのはそれより小さい四隻の船だった。ドレイク遠征隊はアフリカ沿岸を南下しながら、数隻の船を拿捕し、大西洋を横断して南アメリカへ向かった。翌一九七八年六月下旬に彼らはマゼラン海峡に着いた。そこでドレイクは反乱の芽をつぶし、

【左】1573年、フランシス・ドレイク、パナマの銀輸送隊を待ち伏せ攻撃する。ホーキンズがサン・ファン・デ・ウルア島で敗北したあと、フランシス・ドレイクはスペインに対して私的な戦争を宣言した。1570年から73年までドレイクは、カリブ海沿岸スペイン領に対して攻撃を重ねた。〝海の猟犬〟による最初の戦いである。1572年に彼はダリエン半島(現在のパナマ地峡)へ向けて出帆した。毎年パナマからノンブレ・デ・ディオス港まで銀を運ぶミュール・トレインを待ち伏せするもくろみだった。ロバに荷車を引かせて地峡を渡るこの輸送隊はふつう無防備で、ノンブレ・デ・ディオス港も同じく無防備だった。ドレイクは夜襲をかけて港を占拠した。翌年2月に彼はノンブレ・デ・ディオスに戻ってくると、50人の部下を引き連れて、輸送隊を待ち伏せした。部下の中にはその土地のシマロン(混血児や逃亡奴隷)たちもいた。ドレイクは部下を2班に分けた。1班は輸送隊の先頭を待ち伏せし、もう1班は輸送隊の逃亡を阻止するのだ。ところが、最初の班のそばをスペイン部隊が通りかかったとき、ロバート・パイクという酔っ払った水兵がスペインの斥候の1人に発見された。斥候は急を知らせた。輸送隊の大半は逃げてしまい、ドレイクと部下たちはスペイン兵と犬に追われてジャングルの中を逃げまどった。半死半生の態で彼らは自分たちの船団に戻り、出港した。結局、ドレイクはフランス人の加勢を得てノンブレ・デ・ディオスに戻り、ふたたび輸送隊を攻撃した。今度は成功した。この再現図は、道の両側で待ち伏せするイングランド船員の1人パイクが、スペイン兵に発見された場面を描いている。イギリス人とシマロンの大半は火縄銃とマスケット銃で武装し、さらに斬り込み刀となたを持っている。注目すべきは、大半の者たちがダリエン半島の熱帯の気候に合った服装をしていることと、敵味方の識別のために服の上に白い服を重ね着していることである。(アンガス・マックブライド画)

破損が激しい二隻を焼き払って、さらに航海をつづけた。嵐でさらに一隻が沈み、もう一隻はイングランドへ帰らざるをえなくなった。結局、残ったゴールデン・ハインド号ただ一隻で彼は探検航海をつづけた。十二月までにドレイクはペルーの海岸沖に達した。そこでバルパライソを攻撃略奪し、それから船の修理をした。翌一五七九年の二月、ペルー沖を航行していると、三月一日にカカフェゴ号とあだ名される財宝輸送船に遭遇した。一回片舷斉射すると、カカフェゴ号は降伏し、一

1579年3月1日、フランシス・ドレイクのイングランド私掠船ゴールデン・ハインド号は、太平洋でスペインの財宝輸送船ヌエストラ・デニョーラ・デ・ラ・コンセプシオン号（通称、カカフェゴ号）と戦う。実際には、スペイン人は味方の海で攻撃されたことに驚いて、ほとんど戦わずに降伏した。版画、シオドール・デ・ブライ作。1590年ごろ。（ストラトフォード文書館）

財産となるほどの金銀を引き渡した。

ドレイクは太平洋経由で帰国する道を選び、その年の六月にカリフォルニアから西へ向かって進みだした。インドネシアの香料諸島を訪れ、インド洋を渡り、喜望峰をまわると、アフリカ沿岸を北上していった。一五八〇年九月二十八日、ゴールデン・ハインド号はプリマスに帰り着き、三年がかりの世界周航をなし遂げたのだった。ドレイクは国家の英雄となり、大金持ちになった。エリザベス女王はドレイクの偉業を喜び、彼を〝わたしの海賊〟と呼んだ。翌年、ドレイクは騎士《ナイト》に叙せられ、これは国政の方向転換を意味した。スペイン船を公然と攻撃した〝海賊〟に報酬を与えたことによって、エリザベス女王はスペインに正面切って対抗する意思表示をし、戦争を避けがたいものにしたのだ。

この段階に至るまですでにフェリペ二世はイングランドに対して堪忍袋の緒が切れていたので、エリザベス王国に反撃することを進んで支持した。一五八〇年、フェリペ二世は、イングランド支配に反対して蜂起したアイルランドのカトリック教徒を支援し、アイルランドの南西にあるスマーウィック湾へ、スペイン艦船で〝ローマ教皇の志願兵〟を送った。志願兵部隊はスペイン国王によって訓練され、武装され、資金を手当てされていた。指揮するのはセバスチャーノ・ディ・サン・ジュゼッペ将軍。ローマ教皇配下のイタリア人将軍である。ほぼ四世紀後にキューバで起こった「ピッグズ湾」作戦と同様に、強大な権力を持つ遠征隊派遣者は現場から遠く距離を置いて、もしまずい事態になった場合には知らん顔を決めこもうとしたのだ。

イングランド側の対応は素早かった。まずは海軍が港を封鎖して、いかなる逃亡をも防いだ。〝ローマ教皇の志願兵〟たちは野営地を築いたが、カトリック教徒の総蜂起をうながしたいと願っていたため、逃げだすような動きは一つもしなかった。グレイ・デ・ウィントン率いるイングランド部隊が到着したときも、志願兵部隊はまだ港にいた。イングランド艦隊からは大砲が陸揚げされて、砦への攻撃に使われた。三日後、セバスチャーノ・ディ・サン・ジュゼッペ将軍は降伏した。彼は助命されたものの、スペイン兵やイタリア兵、アイルランド兵の多くは殺された。この遠征はスペインにとって高くつく失敗だったばかりか、イングランドとスペインのあいだの緊張を限界まで高めもした。〝冷戦〟は本格的な戦争に進展しそうだった。

この高まる緊張の中で決裂の決定的要因となったのは、一五八〇年にアルバ公指揮するスペイン軍が電撃的にポルトガルに侵攻したことだった。フェリペ二世は旧敵ポルトガルの本土を制圧しただけでなく、ブラジルやアフリカ、アジア諸国にあるポルトガル領を支配したのだ。さらに彼は、ポルトガル海軍を接収した。

世界周航を成し遂げ、スペインの財宝輸送船を拿捕したあと、ゴールデン・ハインド号上でナイト爵を授けられるフランシス・ドレイク。ヴィクトリア時代の絵画。このような〝海賊〟をエリザベス女王が公然と支援したことにスペイン大使は激怒した。（ヘンスリー・コレクション、アシュヴィル、ノースカロライナ）

それまでスペインの海軍力の大半は地中海におけるイスラム教徒との戦いか、新世界における財宝輸送船団の護衛に向けられていた。いまやスペインは世界各地に遠洋艦隊の拠点を持つことになったのだ。

ポルトガル王国の中でまだスペインに抵抗しているのはアゾレス諸島だけだった。当地のポルトガル総督はフランスと同盟を結んでいた。そこで一五八二年六月、フランス艦船六十隻からなる艦隊がアゾレス諸島沖に到着した。指揮するのはフィレンツェの貴族、フィリッポ・ストロッツィだ。フェリペ二世は応戦するように命じ、元ポルトガルのガレオン艦を中心に三十六隻からなる艦隊を作った。司令官はサンタ・クルス侯爵ドン・アルバロ・デ・バサンで、元ポルトガルのガレオン艦サン・マルティン号に将官旗をひるがえした。足りない分はスペインとポルトガルの武装商船を集めて埋め合わせ、ドン・ミゲル・デ・オケン

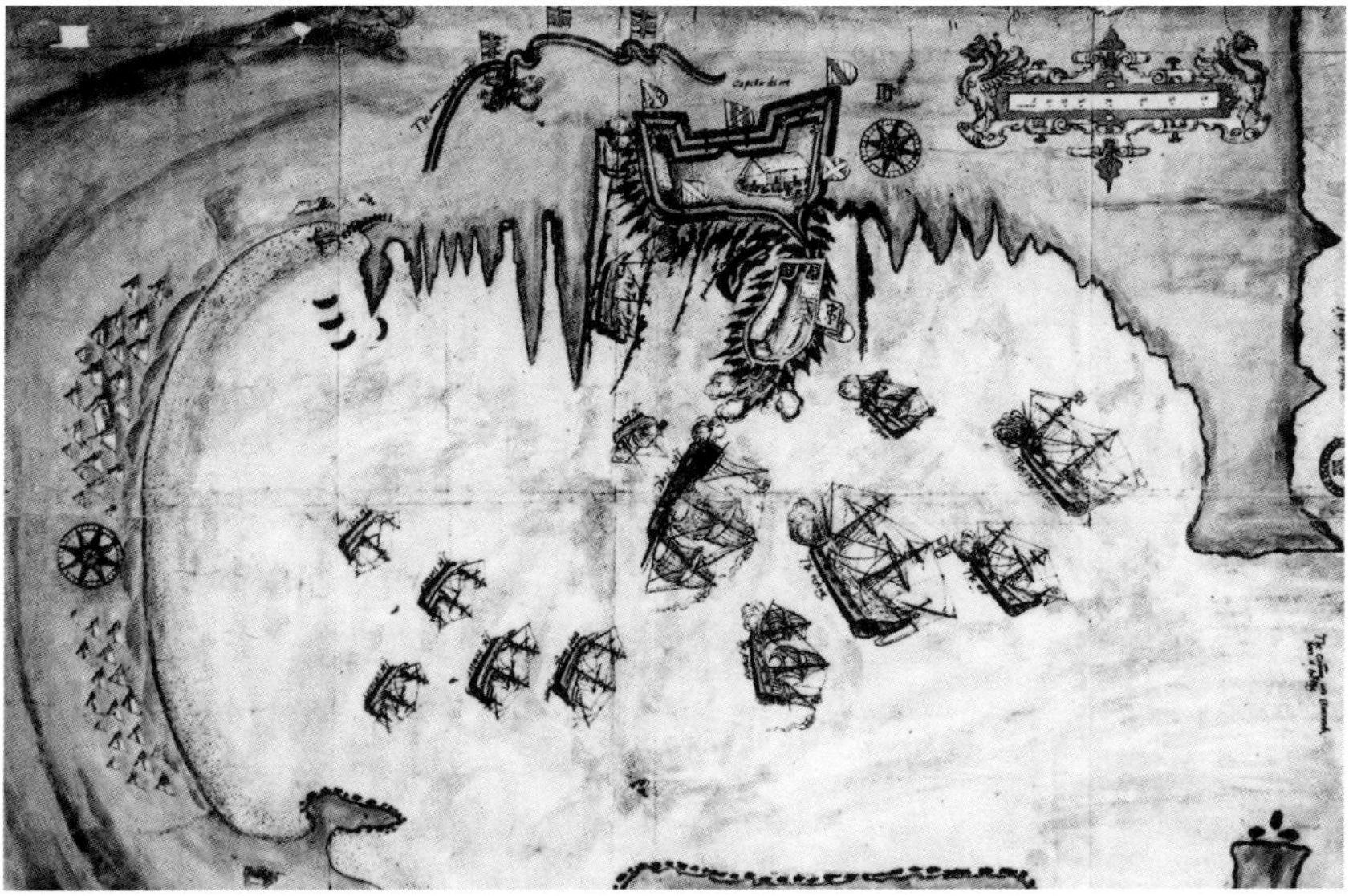

1580年11月、スペインはアイルランドに攻撃をかけた。作戦も実行も最悪だった。この小規模な遠征部隊はアイルランド西岸のスマーウィック湾で包囲され、結局、降伏をよぎなくされた。当時のこの地図によると、スペインの野営地を砲撃するのに海軍の大砲が使われている。(公文書局、ロンドン)

ドが指揮をとった。

七月下旬にスペイン艦隊はアゾレス諸島を陸地初認《ランドフォール》し、ポンタ・デルガタ沖合にいるフランス艦隊を発見した。風がなかったため、交戦することはできなかった。七月二十六日、風が戻ってきて、フランス艦隊司令官ストロッツィが動きだした。彼はスペイン・ガレオン艦サン・マテオ号へ攻撃の火ぶたを切ったが、同号が踏みとどまるうちに、あとのスペイン艦隊が加勢にやってきた。最初に到着したのは武装商船隊を率いるデ・オケンド指揮官で、彼は「馬を操る騎兵のごとく自分の船を操った」。そのころには、戦いは全体が入り乱れての混戦になっていたが、フランス艦隊の後衛部隊三十隻は風がなくて動けず、戦いに加わることはできなかった。白兵戦となればスペイン側は、陸軍兵士たちが勝利に導いてくれるものと信頼していた。

スペイン艦隊司令官サンタ・クルス侯は

サン・マルティン号で戦場に到着すると、敵ストロッツィ司令官の旗艦を攻撃にかかった。敵旗艦はまだサン・マテオ号への攻撃をつづけていた。サン・マルティン号はフランス旗艦に片舷斉射を浴びせ、その硝煙にまぎれてスペイン兵たちが敵旗艦に斬り込んだ。戦いが終わるまでに、フランス旗艦はスペイン側の手に落ち、ストロッツィ司令官は戦死した。そのころには、サンタ・クルス侯はフランス艦十隻を拿捕または撃沈させたのに対して、自艦は一隻も失わず、サンミゲル島の海戦で華々しい勝利をおさめることになるのは明らかだった。

この戦いはイングランド・スペイン間の緊張を直接高めることはなかったが、フェリペ二世と彼の指揮官たちは自分たちの力に自信をもつようになった——二倍の戦力のフランス艦隊を打ち破ることができたとすれば、エリザベスのイングランド海軍に対してはどんな戦果をあげられようか？　この戦いの最終幕は一五八四年のジョアンヴィル条約の締結だった。この会議でスペインは、プロテスタントと戦うフランス・カトリック教徒を支援すると同意したのだ。フェリペ二世が聖戦に乗りだすことは火を見るより明らかだった。フランスとネーデルラントの問題を処理したあと、彼が関心をイングランドに向けるのは疑いようもないことだった。

開戦

一五八五年八月のアントウェルペン港陥落が転換点となった。エリザベス女王とその顧問官たちは、パルマ公軍がネーデルラントの反乱者たちを撃滅するのをもはや座して見ていることはできないと感じた。それまでイングランドは、武器や補給品、金銭といったかたちで隠密裡に反乱者を援助してきたが、いまやエリザベスは直接的な支援をしなければならないと痛感した。さもないと、ヨーロッパ大陸にいる揺るぎないプ

要塞海岸の沖にいるポルトガルのカラック艦。ヨアキム・パティニール風の油彩画。1500年ごろの作。この昔のカラック艦は、1588年のアルマダ作戦のときに名を上げたポルトガル・ガレオン艦の前身である。つまり、この伝統的な形のカラック艦が進化発達してポルトガル・ガレオン艦になったのである。（国立海事博物館、グリニッジ、ロンドン）

ロテスタントの盟友を失う危険を冒すことになると考えたのだ。その結果、八月末にネーデルラントとノンサッチ条約を結び、エリザベスは、イングランド兵八千と毎年多額の補助金を反乱者側に提供すると約した。同年十二月、派遣軍の指揮官に初代レスター伯ロバート・ダッドリーが任命され、ネーデルラントの三つの港——オーステンデとブリーレ、フリッシンゲン——がレスター卿の指揮下にゆだねられ、イングランドの基地として使用されることになった。

フェリペ二世はこの条約を宣戦布告と見た。それまで三十年にわたる〝冷戦〟はとつぜん、まさしく熱くなったのだ。外交官たちがまだ敵対関係を終わらせる道を模索していたが、イングランド侵攻準備は進められた。この時代最大の、陸海両軍あげての作戦である。一方、イングランドには敵に宣戦布告するわずかなチャンスをつかんだ。スペインに反逆するネーデルラントの側についてから一か月とたたない一五八五年九月十四日、サー・フランシス・ドレイクが二千三百の人員を乗せた二十五隻の艦船でプリマスから出帆し、実質的にスペインに宣戦布告した。ドレイクの遠征は私的な冒険航海で、投資家グループによって支援されていたが、その一人はエリザベス女王だった。

二十五隻のうち四隻は王室所有の軍艦で、その中にはドレイクの旗艦エリザベス・ボナヴェンチャー号と副指揮官ウィリアム・ボローのゴールデン・ライオン号もいた。ドレイクの受けた命令は、「女王陛下の国家とその支配権に敵対するいかなる企ても未然に防ぎ、阻止せよ」というものだった。事実上、ドレイクは敵に戦争をしかけ、その過程で投資家たちのために利益を獲得するという自由裁量権を与えられたのだ。彼はスペイン北部沖を南下して、カーボベルデ諸島へ向かった。十一月、イングランド遠征隊はサンミゲル島のサンティアゴ港を攻撃して占拠し、それから大西洋を渡ってカリブ海沿岸スペイン領（スパニッシュ・メイン）をめざした。十二月遅くにドレイク遠征隊はサントドミンゴの沖合に錨《いかり》を降ろした。サントドミンゴはイスパニオラの首都で、カリブ海諸島の中でいちばん裕福な都市の一つだ。

大晦日の砲撃につづいて、上陸攻撃にかかった。兵一千を上陸させ、町を背後から取り巻いて攻撃するというドレイクの戦術は完璧だった。スペイン兵たちは海上からの砲撃に気を奪われていたのだ。守備隊は逃げ、町はドレイクの手に落

【左】1582 年、アゾレス諸島の海戦におけるスペイン艦サン・マテオ号。1582 年のアゾレス諸島沖の海戦はおそらく、陸地の見えない洋上で行なわれた史上最初で最大の戦いだろう。1580 年にスペインがポルトガルを征服したとき、海外のポルトガル王国領でスペインに抵抗したのは、アゾレス諸島だけだった。1580 年、フランス国王はフィレンツェの貴族フィリッポ・ストロッツィ提督を雇い、彼の指揮する艦隊をアゾレス諸島へ派遣して、島の防衛を支援させた。その結果、スペイン側は老練なサンタ・クルス侯爵ドン・アルバロ・デ・バサン司令長官率いる艦隊をアゾレス諸島へ送りこんだ。7 月 26 日、両艦隊はサンミゲル島の南 18 マイルの沖合で遭遇（この海戦はしばしば、サンミゲル島の港ポンタ・デルガダの名をとって、ポンタ・デルガダの海戦と呼ばれる）。フランスのストロッツィ提督率いる艦は 60 隻、スペインは 36 隻。それに加えて両艦隊とも、輸送戦隊をもっていた。フランス艦隊は半数の艦船を投入してスペインの後衛戦隊へ攻撃の火ぶたを切った。スペイン艦隊の艦数はフランスの 2 分の 1 だったが、司令長官サンタ・クルス侯は輸送戦隊を戦いにもちこんで、フランス側と勢力を均衡させた。フランス側の攻撃の的は、ポルトガル建造のガレオン艦サン・マテオ号だった。サン・マテオ号は 750 トン、搭載砲はほぼ 30 門。サン・マテオ号は砲撃を受けると同時に、数隻のフランス艦から斬り込まれたが、兵士たちは踏みこたえて、すべての攻撃を跳ね返した。そこで同号はフランス側へ攻撃をかけ、斬り込んで、戦闘が終わるまでに 2 隻のフランス艦を拿捕した。司令長官サンタ・クルス侯は優勢な敵に対して鮮やかな勝利をおさめ、合計 10 隻のフランス艦を拿捕し、アゾレス諸島からフランス軍を追い出した。翌年、アゾレス諸島はスペイン軍によって占領された。戦いのさなかのサン・マテオ号。（トニー・ブライアン画）

ちた。彼は町のあちこちを焼き払ったあと、町を返す代わりに二万五千ダカットを支払わせたが、収益は予想よりはるかに少なかった。一月末、ドレイク遠征隊は南へ向かい、コロンビアのカルタヘナをめざした。その外港にドレイクは投錨すると、夜陰にまぎれてクリストファー・カーレイルの率いる六百名の兵士を上陸させた。彼らは海から外港を隔てている細い砂嘴を確保すると、町の外城壁を突破し、スペイン兵の激しい反撃と真っ向から戦いながらなんとか町へ侵攻していった。喫水の浅いピンネース艇隊からはマーティン・フロビッシャーが銃撃して援護した。

短い白兵戦のあと、スペイン兵は狂乱して逃げだし、町は攻撃者の手に落ちた。今度も町側が渡した金や財宝は予想より少なかったが、収益は十万七千ダカット以上になり、数十門の青銅砲も手に入った。その町を基地として、そこからほかの港を襲撃

しようというドレイクの計画は、病気によって阻まれた。病気で乗組員たちは命を落としていった。ドレイクはパナマ攻撃計画を捨てて、一五八六年四月なかば、故国へ向けて出帆した。キューバ島のハバナ沖合ではスペインの財宝輸送船団に出会うことができなかったので、その代わり大西洋を北上してフロリダ半島沿いに進み、スペイン人の入植地セント・オーガスティンを攻撃した。その動機は金銭目当てというより戦略的なものだった。そこのスペイン人入植者たちは、ウォルター・ローリーがヴァージニアのロアノーク島で開拓を始めている土地を襲って、イングランド人入植者たちに恐怖を与えていたのだ。セント・オーガスティン攻めではいくらか反撃があったが、焼き打ちをかけたあと、町は陥落し、町を守っていた砦も落ちた。ドレイクはヴァージニアのこのイングランド人入植地に補給をすると、故国へと向かい、一五八六年七月にプリマスに帰り着いた。

この遠征は経済的には失敗だったが、ドレイクには損失を気に病んでいる暇はなかった。イングランドとスペインのあいだで密かに行なわれていた交渉は失敗し、スペインはイングランド侵攻艦隊（アルマダ）の準備を始めたのだ。一五八七年四月十一日、ドレイクは六隻の王室艦を含めた二十三隻の艦船を率いてスペインへ向け出帆した。エリザベス女王は考え直して出動命令を取り消そうとしたが、命令取り消しがプリマスに着いたとき、老獪なドレイクはすでに海上に出ていて、「風が出帆せよと命じました」と返答した。十八日後にドレイクと大半の艦船はカディス沖に到着した。カディスではスペイン無敵艦隊の準備が着々と進められていた。錨地《びょうち》には半武装した艦艇がひしめいていて、陸上砲台への砲撃を防いでいた。

ドレイクはただちに攻撃を開始し、外港に停泊していたスペイン艦船二十四隻を拿捕または破壊した。スペイン側の増援隊が町と海岸砲台に配備され、ドレイクがさらに内港に侵入するのを防いだが、ドレイクのスペイン艦隊への砲撃はすさまじいものだった。女王の命令である「スペイン国王のあごひげを焦がせ」は完璧になし遂げられた。五月一日にドレイクはカディスを去った。彼が次にどこを攻撃するつもりか、スペ

北から見たイングランド・ドーセット州の海岸線。制作1588年ごろ。版画の右上にある半島がポートランド砂嘴。勇猛果敢な数隻が戦っている。また、半島に見えるのろし台の列はスペイン軍の上陸を知らせるために使われた。（大英図書館、ロンドン）

イン側には推測するしかなかった。ドレイクはポルトガルの南端にあるサグレスの町を占拠し、それから一か月間、スペイン艦隊の二つの主な集結港、カディスとリスボンのあいだの連絡を遮断した。その後、ドレイク遠征隊はアゾレス諸島を経由して故国へ向かった。途中でスペインへ帰る財宝輸送船団を捕らえるのに失敗したが、船団からはぐれた輸送船を一隻拿捕し、その船を率いて七月、プリマスに帰着した。ドレイクのカディス港襲撃でスペイン側は二十四隻の艦船を失い、無敵艦隊の準備は数か月遅れた。しかし、ドレイクは避けがたいことを止めることまではできなかった。パルマ公はネーデルラント・フランドル州において陸軍部隊の侵攻準備を進め、サンタ・クルス侯はリスボンで侵攻艦隊の出撃準備を整えていた。イングランド側としてはスペインの猛攻撃に対処する準備以外、ほとんどなにもできなかった。

スペインの大構想

この段階までに、イングランド侵攻作戦は着々と進められていた。さかのぼって一五八四年には、サンタ・クルス侯爵が外洋艦隊司令長官に任命され、大西洋におけるすべての軍事行動の責任をゆだねられた。司令長官に任命されるまえに、すでに彼はイングランド侵攻作戦のための構想を練っていた。一五八五年にエリザベス女王がネーデルラントと同盟すると、フェリペ二世はサンタ・クルス侯爵とパルマ公爵に手紙を書いて、イングランド侵攻のための詳細な計画を立てるように命じた。一五八六年の春に二人はそれぞれの作戦案を提出した。二人が出した案は、まったく違うものだった。

サンタ・クルス侯爵は、それまで想像したこともないほど大規模な陸海両軍による上陸作戦を進言した。リスボンに約百五十隻の大型艦船による海軍力を集結させ、イベリア半島から直接イングランド本土へ五万五千の陸軍部隊を運ぶ。その五万五千の中には陸軍が必要とする砲兵隊や工兵隊、兵站部隊も含まれる。いったん艦隊は洋上に出たら、緊密な防御陣形を保って、目的地への進行をはばもうとするイングランド側の動きを阻止する。上陸地点に着いたら、特別に建造した二百隻のボートで陸軍部隊を陸上に運ぶ。このボート隊は、艦隊に同行する四十隻のガレー船と六隻のガレアス船からなる沿岸戦隊で援護される。陸軍部隊はいったん上陸したら、すみやかに前進してイングランドを叩き潰す。侯爵は上陸地点を特定しなかった。たぶん秘密保持という理由からだろう。

【左】1586年、フランシス・ドレイク、セント・オーガスティンを攻撃。ドレイクは1585年にカリブ海沿岸スペイン領に対してつづけざまに破壊的な攻撃をかけた。25隻の船を率いてカーボベルデ諸島でサンティアゴ港を攻め落とし、大西洋を渡ると、12月遅くにイスパニオラの首都サントドミンゴを攻撃した。翌1586年2月にはコロンビアのカルタヘナを襲撃し、かなりの身代金を支払わせて、町を焼き払った。遠征隊には病気が蔓延して、大規模なスペイン入植地をそれ以上、襲うことはできなかったが、帰国途中にフロリダのセント・オーガスティンでスペイン入植地を襲撃した。セント・オーガスティンの港は、細長い砂丘が張り出して海から川を隔て、河口のそばにできた堅固な錨地には砂州があって、大型艦船が入るのを防いでいる。ドレイクの部下たちは川の向こう岸の砦から砲撃され、砲撃が静まるまで、直接攻撃をかけることはできなかった。ドレイクは船の大砲を数門、陸揚げさせた。夕闇が迫るまでには、彼らの砲列は砦のスペイン兵たちを黙らせたが、ドレイクたちのいる砂丘はスペインの守備隊と原住民の同盟者たちによって奇襲をかけられ、夜中そこに釘付けにされていた。イングランド側の火縄銃とマスケット銃がスペイン兵を追いやった。翌朝、もっと上流にある砦や入植地は夜のあいだに放棄されていたのにドレイクは気づいた。ドレイクたちが戦利品を探していると、町の向こうの密林から銃撃され、ドレイクの士官のアンソニー・パウエルが殺された。ドレイクは町と砦に火をかけるように命じ、船員たちは見つけた物を手当たりしだいに奪って自分の船へ戻った。図版はスペインの夜襲を受けて、砲撃を命じるドレイク。この砲撃でスペイン兵と原住民の攻撃を跳ね返した。注目されるのは、イングランド船員たちが珍しく火器を充分に装備していることである。(アンガス・マックブライド画)

　パルマ公爵は、侵攻作戦を秘密にしておくことは不可能だと考え、援護無しに英仏海峡を対岸のイングランドへ一気に渡るという作戦を推した。三万の歩兵と五百頭の馬からなる部隊を上陸用はしけで運び、ドーヴァーとマーゲートのあいだのどこかの地点に上陸させる。海峡を渡るのに八時間から十二時間かかると公爵は見積もった。奇襲さえできれば、成功する見込みは非常に大きいと彼は見ていた。もしもイングランド艦隊がはしけ隊の進路をふさいだら、リスボンから来た味方艦隊がイングランド艦隊をはしけ隊の進路からそらして、海峡を渡らせてくれる。自分の陸軍部隊はいったん上陸さえしたら、ロンドンへ向かって驀進《ばくしん》し、イングランド側のいかなる抵抗もはねのける、そう公爵は確信していた。

フェリペ二世は二つの作戦案を軍事顧問のドン・ファン・デ・スーニーガと検討し、一五八六年四月二日、サンタ・クルス侯爵に必要な艦船と補給品を集めるように命じた。そのときスーニーガ軍事顧問は、二つの侵攻作戦を同時に行なうように提案した。艦隊は三万の兵士をアイルランドに上陸させ、これにイングランド側が引きつけられているうちに、パルマ公が一気に海峡を渡る。そのころには、スペインから増援部隊が派遣されて、海岸の橋頭堡を守る。この作戦にパルマ公は激しく反対し、アイルランド攻撃で渡峡資金を浪費すべきでないと主張した。

翌一五八七年、ドレイクにカディス港を攻撃されたことによって、フェリペ二世は作戦を変更せざるをえなくなった。アイルランド上陸案は放棄された。スペインでは招集できる兵員の数が減ったため、艦隊はパルマ公と落ち合って、公爵のはしけ隊を援護する。二人への命令はこうだった——「艦隊は神の御名のもとにまっすぐ英仏海峡へ行き、海峡に沿って東へ進んで、マーゲート岬沖で投錨し、艦隊が到着したことをまずパルマ公へ知らせるべし」。艦隊は、はしけ隊が海峡を横断する進路から敵艦船を掃討して、パルマ公の上陸部隊を援護する。艦隊の艦数は百三十隻に減らされ、そのうち三十隻は百トン未満の小型船になる。艦隊は一万七千の陸軍兵士を運び、パルマ公の兵一万七千とはしけ百二十隻よりなる上陸部隊と合流する。

これはひどい妥協案で、国王の作戦には未解決の問題がたくさん残されていた。もっとも重大な問題は、艦隊はどうやってパルマ公と連携行動をとるかということだった。また、パルマ公部隊が海峡を渡るのに時間がかかるため、艦隊はダンケルクとカレーのあいだの海域に位置を保っておかなければならない可能性もあった。さらに、艦隊はテムズ川に投錨して、上陸部隊がイングランドを殲滅するのを待つこと以外、次になにをするかは示されていなかった。とりわけ、作戦の成否はスペインの立案者が望んだとおりにイングランド側が動いてくれるという一事にかかっており、それが少しでもずれる可能性など許されていないのだった。

イングランドの防衛戦略

スペインでこうした作戦が練られているあいだ、イングランド側は自国の防衛について検討していた。第一の防衛線が海上にしかれる、つまり、それは当然、艦隊ということになる。

この海戦のあとでサー・ウォルター・ローリーが次のように書いているとおりだ――「敵の陸軍部隊は海上を運ばれてくる……そして、上陸場所は侵略者の選択にまかされている……その選択にわが艦隊が異議をはさまなければ、海岸で敵の上陸に抗議することはできない」

この言葉はエリザベス女王のかかえている問題を巧みに要約している。つまり、イングランド側には熟練兵士があまりにも少なく、防衛しなければならない場所はあまりにも多かったのだ。

一五八八年五月のあいだに――スペインの侵攻作戦が始まる一か月前に――ドレイクは初代

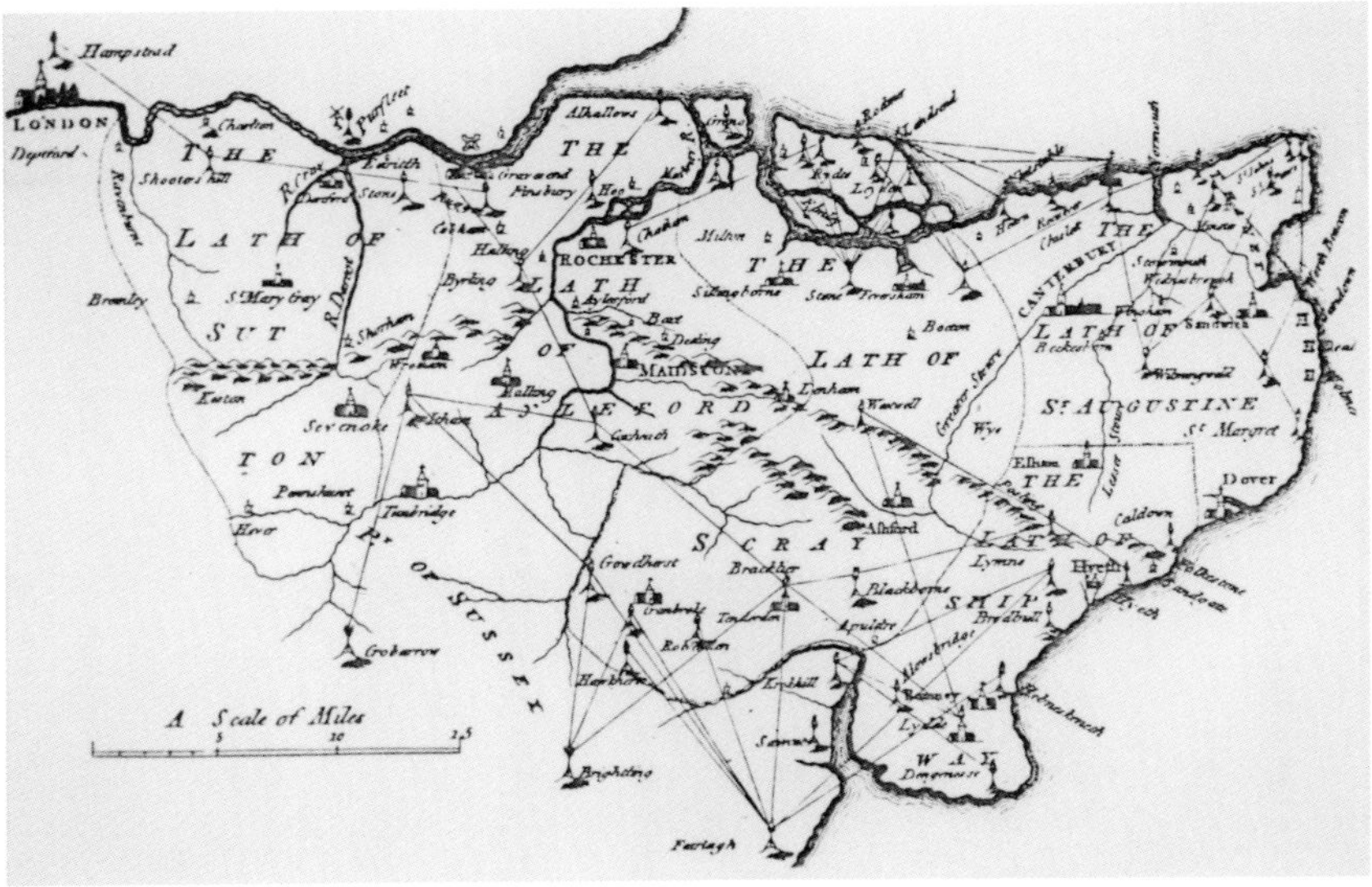

ケント州におけるイングランドののろし台網。ウィリアム・ラマード著『ビーコンズ・オブ・ケント（ケント州ののろし台）』より。制作1588年ごろ。この地域はパルマ公軍の上陸地とされていた。（大英図書館）

スペイン陸軍兵士の乗艦。油彩画、アンドリエス・ファン・エートフェルト作。スペイン兵５連隊がリスボンで無敵艦隊に乗りこみ、一方、フランドルの海岸ではさらに１万8000の兵士が沖合に艦隊が到着するのを待っていた。フランドル軍が上陸用はしけ艇に乗りこみはじめたとき、フランドルの各港に到着した司令長官の使者たちはこんな光景を見たことだろう。（国立海事博物館、グリニッジ、ロンドン）

ノッティンガム伯爵でチューダー王室艦隊司令長官チャールズ・ハワードを説得して、イングランド艦隊をテムズ河口のダウンズ錨地から西のプリマスへ移させた。さらにダウンズ錨地にはヘンリー・シーモア卿の率いる海峡戦隊を遮《しゃ》蔽《へい》部隊として残して、パルマ公が密かに上陸を企てたらことごとく阻止させるようにした。というのも、西風が優勢だったので、艦隊をできるだけ西側に集めれば、風上からスペイン艦隊を追うことができ、ドーヴァー海峡で一度だけ戦うのではなく、海峡を東進する途中どこででも攻撃がかけられると見たからだ。

六月三日にはイングランド艦隊はプリマスに集結していた。百五隻にのぼる艦隊の中には十九隻の王室艦と四十六隻の大型武装商船が含まれていた。ドレイクはまた、スペインのラ・コルーニャ港を先制攻撃することも進言し、結局、七月四日、司令長官ハワードとドレイクは六十隻を率いてプリマスから出撃した。しかし、悪天候と逆風のために遠征作戦をやめざるをえず、

スペインのある遠征艦隊の帰港。油彩画。アンドリエス・ファン・エートフェルト作。無敵艦隊アルマダが出港準備を整えたときのリスボン港はこのような光景だったと思われる。大きな動きのある港の中を兵士や補給品や大砲が運ばれていったことだろう。（国立海事博物館、グリニッジ、ロンドン）

艦隊はプリマスに帰投した。七月二十九日、艦隊はいぜんとしてプリマス港にいた。そのとき、知らせが入った――スペイン無敵艦隊がコーンウォールの沖合に現われた、と。

陸上防衛隊が急いで作られた。南の各州から市民軍の三分の一がロンドンへ派遣されて、およそ二万一千の市民兵からなる部隊が結成され、女王陛下の護衛についた。七月六日にはエセックス州のティルブリーで予備部隊が結成されていた。レスター伯爵が指揮する一万七千の市民兵からなる予備部隊は、このころネーデルラントから戻った約四千の正規兵で増強された。西のコーンウォール州から東のケント州まで海峡沿岸地帯はさらに二万九千五百名を越える市民兵で防備された。このうち、ケント州自体に配備されたのは、九千に少し欠ける兵だった。

理論上は、無敵艦隊が海峡を東進するに従って、こうした州の市民軍は海岸線に沿って敵艦隊についていくことになっていた。そうすれば、スペイン艦隊から侵攻部隊がどこに上陸しようと、その土地の市民軍は州市民軍で増強されることになる。

無敵艦隊の進行状況を伝えるために、のろし台が点々と設置された。実際には、無敵艦隊が通りすぎると、たいていの州市民軍はそのまま故郷《くに》に帰ってしまった。北の州からは八千名を越える市民兵が来ており、ウェールズと中央地方からも同数程度の市民兵が集まっていた。スペイン軍が上陸したら、彼らは行軍して、ロンドンかティルブリーで主力部隊に加わることになっていた。しかし、市民軍は、とくにケント州では、戦うのを嫌がっていることがすぐに明らかになり、作戦中に何千人もが脱走してしまった。

大方の市民兵は訓練をほとんど、あるいはまったく受けていなかったし、武器も不充分だった。たとえば、ロンドンに集結した一万人は弓を支給されたが、弓の訓練は一世紀近くもされたことがなかった。なによりも彼らには軍務経験がなく、正規兵でさえ経験不足のようだった。これとは対照的に、フランドル軍のスペイン兵士たちは厳しい訓練を受けた熟練兵だし、無敵艦隊で運ばれたスペイン兵士たちは実戦経験をもっていた。

歴史家のジェフリー・パーカーはこう推測する——もしもスペイン軍がなんとか上陸していたら、イングランド側の海岸防備は不充分だし、軍隊は訓練不足で武器も不充分、将軍は無能だったから、スペイン軍に抵抗するのにきわめて苦労したことだろう。パルマ軍は二週間でケント州とロンドンを陥落させることができただろうし、それ以上戦わなくとも、エリザベス女王に屈辱的な和平条約にサインをさせることができたにちがいない。


【左】無敵艦隊の主たる任務はスペイン領ネーデルラントで待機しているパルマ公の上陸部隊と合流することだった。百戦錬磨の遮蔽部隊がネーデルラントの反乱者を監視しているあいだに、パルマ公部隊は、無敵艦隊に守られて、フランドル地方からイングランドのケント州へ渡ることになっていた。8月8日にフランドル沿岸を離れざるをえなくなったスペイン無敵艦隊は逆風のため、大ブリテン島をぐるりとまわってスペインへ帰らなければならなくなった。プロテスタントのスコットランドは中立を保っていたが、カトリックのアイルランドはイングランド軍に占領されていた。図版は1588年8月初めのフランドル地方、ケント州、ネーデルラントにおける部隊の配置を示している。

作戦展開海域、1588 年

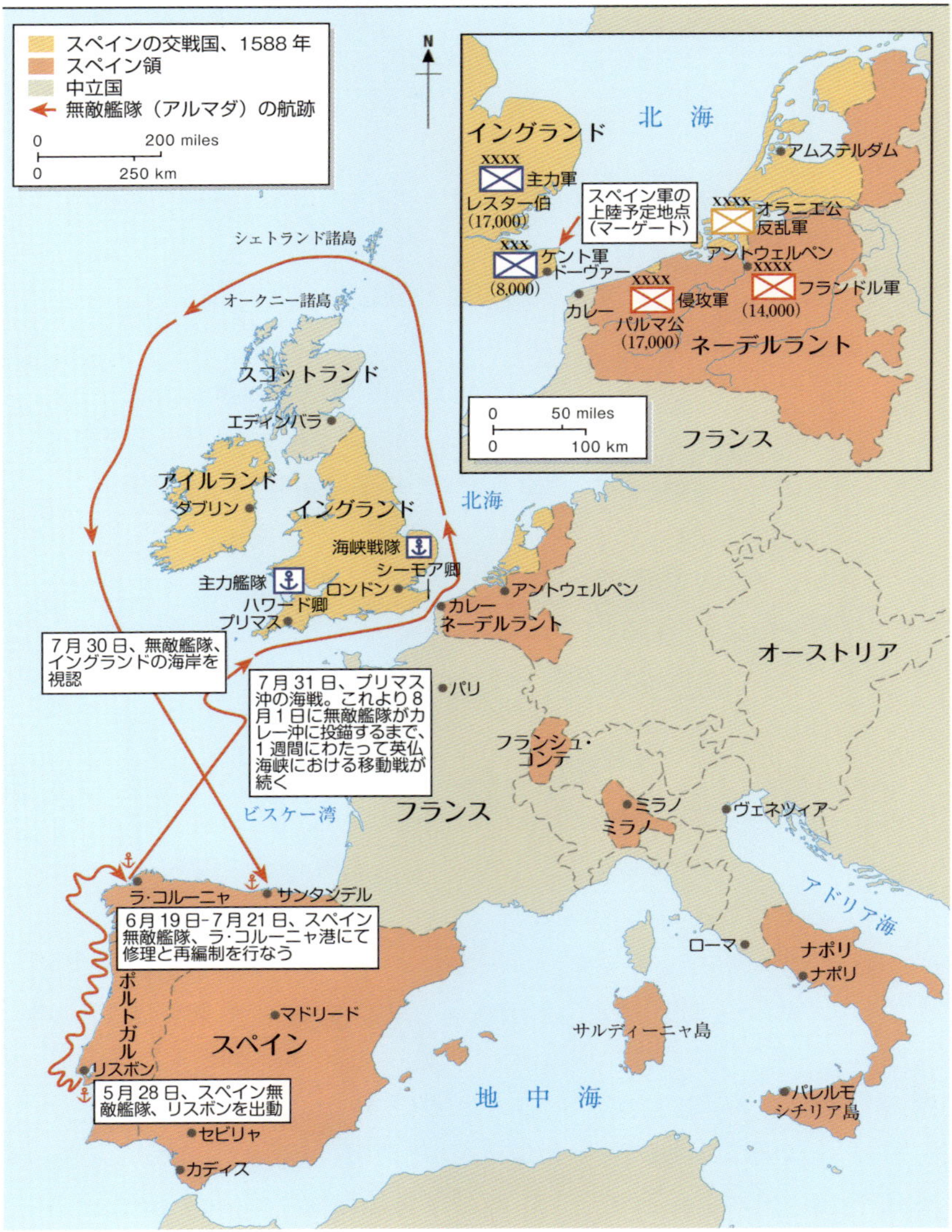
スペインの交戦国、1588 年
スペイン領
中立国
無敵艦隊（アルマダ）の航跡
0 200 miles
0 250 km
N
北 海
イングランド
アムステルダム
XXXX 主力軍
レスター伯 (17,000)
スペイン軍の上陸予定地点（マーゲート）
XXXX オラニエ公 反乱軍
XXX ケント軍 (8,000)
ドーヴァー
アントウェルペン
XXXX 侵攻軍 パルマ公 (17,000)
XXXX フランドル軍 (14,000)
カレー
ネーデルラント
0 50 miles
0 100 km
フランス
シェトランド諸島
オークニー諸島
スコットランド
エディンバラ
アイルランド
ダブリン
イングランド
北海
海峡戦隊
シーモア卿
主力艦隊
ロンドン
ハワード卿
プリマス
カレー
ネーデルラント
アントウェルペン
オーストリア
7月 30 日、無敵艦隊、イングランドの海岸を視認
7月 31 日、プリマス沖の海戦。これより 8 月 1 日に無敵艦隊がカレー沖に投錨するまで、1 週間にわたって英仏海峡における移動戦が続く
パリ
フランシュ・コンテ
ビスケー湾
フランス
ミラノ
ミラノ
ヴェネツィア
ラ･コルーニャ
サンタンデル
アドリア海
6月 19 日-7月 21 日、スペイン無敵艦隊、ラ･コルーニャ港にて修理と再編制を行なう
ローマ
ナポリ
ナポリ
ポルトガル
マドリード
スペイン
サルディーニャ島
リスボン
5月 28 日、スペイン無敵艦隊、リスボンを出動
地 中 海
パレルモ
シチリア島
セビリャ
カディス

3月	ドレイク、南アメリカ北岸スペイン領（スパニッシュ・メイン）においてコロンビアのカルタヘナを占拠。
4月	フェリペ二世、二つのイングランド侵攻作戦案を検討し、折衷案を採用。
7月	イングランド侵攻作戦が承認、ネーデルラントのパルマ公へ通達される。
11月	イングランド侵攻作戦の準備が始まり、艦船や補給品が集められる。

1587年

2月	前スコットランド女王メアリー、イングランド女王エリザベス一世の命令により処刑される。
4月	ドレイク、スペインのカディス港を攻撃して、〝スペイン国王のあごひげを焦がす〟。
5月	スペイン無敵艦隊（アルマダ）、リスボンに集結開始。
6月	ドレイク、アゾレス諸島沖でスペインの財宝輸送ガレオン船を拿捕。
7月	フェリペ二世とローマ教皇、イングランドのカトリック支配に同意。
	エリザベス女王、イングランド商船の航行を制限し、武装商船への改造を命じる。
9月	サンタ・クルス侯爵、リスボンに到着し、イングランド遠征準備を監督。イングランド侵攻作戦の最終修正が行なわれる。

1588年

2月	9日	サンタ・クルス侯爵、リスボンにて死去。
	26日	メディナ・シドニア公爵、スペイン無敵艦隊の指揮権を不本意ながら受理する。
4月	1日	フェリペ二世、パルマ公およびメディナ・シドニア公に最終命令書を送付。
5月	9日	メディナ・シドニア公、無敵艦隊を視察し、出港準備整完了と判断。
	28日	スペイン無敵艦隊、リスボンを出撃。
6月	3日	イングランド艦隊、プリマスに集結。
	19日	無敵艦隊、悪天候によりスペイン北西部のラ・コルーニャに入港。
7月	4日	イングランド艦隊、スペイン無敵艦隊に先制攻撃をかけるべく出撃。

年表 1580-1586

1580年

8月	スペイン軍、ポルトガルのリスボン港を占拠し、ガレオン艦隊を接収。 また、アイルランのスマーウィック湾を包囲。

1581年

1月	パルマ公率いるスペイン軍、ネーデルラントを奪還すべく、攻撃。
4月	フランシス・ドレイク、エリザベス女王よりナイト爵に叙せられる。

1582年

6月	まだポルトガルの統治下にあったアゾレス諸島にフランスが艦隊を派遣、 同諸島に対するスペイン軍の侵攻を阻止。 その後に起こったサンミゲル島の海戦でスペイン勝利。

1584年

6月	サンタ・クルス侯爵、スペインの「外洋艦隊司令長官」に任命される。
12月	スペインとフランスのあいだでジョアンヴィル条約締結。

1585年

5月	スペイン国王フェリペ二世、イングランドとの通商を全面禁止。
8月	パルマ公軍、ネーデルラント反乱者からアントウェルペンを奪還。
9月	ドレイク、カリブ海遠征隊を指揮。
11月	ドレイク、カーボベルデ諸島サンティアゴ港を攻撃。
12月	エリザベス女王、ネーデルラントの反乱者支援のため、 レスター伯爵率いる部隊を派遣。

1586年

1月	ドレイク、イスパニオラ（現在のドミニカ共和国）の 首都サントドミンゴを攻撃略奪。

7日　イングランド艦隊、焼き打ち船攻撃作戦を決定。
無敵艦隊司令長官メディナ・シドニア公、
パルマ公率いる侵攻部隊の上陸準備ができていないと知る。

8日　イギリス艦隊の焼き打ち船隊、フランスのグラヴリーヌ沖で
無敵艦隊を攻撃し、離散させる。
スペイン・ガレアス艦サン・ロレンソ号、カレー沖で拿捕される。
グラヴリーヌ沖の海戦——この海戦が最終決戦となる。

7月	5日	ネーデルラント艦隊、パルマ公のイングランド侵攻部隊を ダンケルクに封鎖。
	19日	イングランド艦隊、悪天候のためプリマスに帰投。
	21日	スペイン無敵艦隊、ラ・コルーニャを出港。
	25日	スペイン・ガレー戦隊、 フランスの港に入るのをよぎなくされる。
	29日	スペイン無敵艦隊、イングランドの偵察艇に発見される。
	30日	無敵艦隊、コーンウォール海岸のリザード岬を視認。 司令長官メディナ・シドニア公、先任指揮官たちと作戦会議をもつ。 イングランド艦隊司令長官ハワード卿のもとに、 スペイン無敵艦隊接近の知らせが届く。 ボウリングのゲーム中だったとのこと。 同日夕刻、イングランド艦隊、プリマスを出撃。
	31日	砲撃開始――プリマス沖の海戦。 無敵艦隊のサン・サルバドル号とヌエストラ・セニョーラ・デル・ロサリオ号、 損傷する。 ドレイク、イングランド艦隊を離れ、損傷したスペイン艦ロサリオ号を追跡。
8月	1日	スペイン無敵艦隊、スタート岬沖で再編制。 イングランド艦数隻により、サン・サルバドル号を拿捕。
	2日	ポートランド沖の海戦。 無敵艦隊の航行状況がパルマ公に通知される。 イングランド艦隊、弾薬を再補給。
	3日	イングランド艦隊、作戦会議ののち艦隊を四戦隊に再編制。 無敵艦隊、ワイト島に接近。
	4日	ワイト島沖の海戦。 無敵艦隊、カレー沖に投錨を試みる。
	6日	無敵艦隊、カレー沖に投錨。パルマ公に到着の知らせを送る。 イングランド艦隊司令長官ハワード卿、 シーモア卿率いる海峡戦隊に合流を命じる。

1589年

5月	エリザベス女王、リスボンを封鎖。 イングランド艦隊、スペインのビゴとラ・コルーニャの二港を襲撃。
6月	イングランド艦隊、アゾレス諸島へ遠征するが、成果なし。
8月	フランス国王アンリ三世が暗殺され、プロテスタントのアンリ四世が王位を継承。スペイン、フランスに対して宣戦布告。 フランスはイングランドおよびネーデルラントと同盟する。

1591年

4月	イングランド艦隊、アゾレス諸島へ向けて出帆。
8月	リヴェンジ号の最後の戦い。

1595年

8月	ドレイクとホーキンズ、遠征隊を率いてカリブ海へ出動。
11月	サン・ファン・デ・ウルアを攻撃。サー・ジョン・ホーキンズ死す。
12月	ドレイク、パナマ攻撃に失敗。

1596年

1月	サー・フランシス・ドレイク死す。
6月	イングランド・ネーデルラント同盟艦隊、カディスを攻撃。

1598年

9月	スペイン国王フェリペ二世、崩御。

1603年

3月	イングランド国王エリザベス一世、崩御。

1604年

8月	ロンドンにおいて、イングランドとスペインのあいだで和平条約が締結。

9日	無敵艦隊、パルマ公率いるイングランド侵攻部隊との合流を断念。スペイン艦隊作戦会議にて、スコットランドをまわって帰国するとの司令長官の決断が支持される。
8月10日	パルマ公率いるフランドル部隊の上陸準備が完了するが、上陸作戦は中止。イングランド艦隊の主力戦隊、北へ向かうスペイン艦隊を追跡。シーモア卿率いる海峡戦隊、ダウンズ錨地に帰投。
13日	無敵艦隊、スコットランドのフォース湾まで北上。イングランド艦隊、無敵艦隊の追跡を断念。
19日	エリザベス女王、ティルブリーでイングランド軍に演説する。
20日	スペイン艦隊、オークニー諸島およびシェトランド諸島をかわして、大西洋に入る。
21日	司令長官メディナ・シドニア公、フェリペ二世へ伝令を派遣し、作戦失敗を知らせる。
31日	パルマ公、イングランド侵攻作戦を断念し、ネーデルラントに対する戦争を再開。
9月14日	嵐がアイルランド海岸を襲う。2週間におよぶ悪天候の始まり。
21日	〝アルマダ嵐〟のピーク。アイルランド海岸におびただしい難破船が打ちあげられる。司令長官メディナ・シドニア公、サンタンデル港に到着。
24日	フェリペ二世、〝大作戦〟の失敗について語る。
30日	最悪の嵐がアイルランド北部を通過。難破船の生存者たちがアイルランド中に逃げ散り、イングランド側によって逮捕される。
10月28日	アイルランド沖でガレアス艦ジローナ号が難破し、デ・レイバが溺死。
11月10日	悲劇の全容がフェリペ二世に知らされ、王は死者のために祈る。
12日	スペイン、イングランドとの戦争を続行すると決断。
24日	エリザベス女王、ロンドンで感謝祭のミサに参列。

第2章

スペイン無敵艦隊《インヴィンシブル・アルマダ》

イントロダクション

一五八八年当時、フェリペ二世の統治するスペイン王国は、ヨーロッパのほかの国々にとって押しとどめることのできない大勢力だった。スペイン陸軍はヨーロッパ大陸において最高の兵士と兵器を備えた軍隊であり、フランス軍やネーデルラント軍、イスラム軍との一連の戦いで無敗を誇ると広く知られていた。スペイン国王の海軍もまた華々しいものだった。スペイン海軍は強大な常備艦隊を保持し、その中には世界で最大で最強の軍艦も数隻、含まれていた。さらに、それらの軍艦よりも小型だがやはり頑強なインディアス艦隊（フロタ）のガレオン艦で増強もされていた。これらの艦船は、新世界からスペインへ略奪品を輸送できるように設計されていた。

この当時、スペインとその同盟国は、地中海においてガレー船とガレアス船で構成された巨大な艦隊をもっており、この艦隊をオスマン帝国とバルバリア海賊に対する防壁として使っていた。スペイン陸軍と同様に、海軍の艦船やその指揮官たちは連戦連勝を楽しんでいた。そのもっとも有名なのは一五七一年のレパントの海戦で、歴史上最大の海上決戦の一つである。スペイン国王はいざとなれば、武装商船で編制された堅固な船団を徴用することができる。こうした商船は必要に応じてすぐさま軍艦に改造できたのだ。十六世紀において、軍艦と武装商船の違いは後世より明確ではなく、スペインもイングランドも戦時下には商船で艦隊を増強していたのだった。

スペイン国王フェリペ二世はなによりも、〝大事業〟に資金を供給する財源をもっていた。毎年一回、ペルーとメキシコの鉱山からは銀を、コロンビアからは金を、ベネズエラからはエメラルドを、そして太平洋経由でメキシコへ送られた東南アジアの香料を運んで、二つの輸送船団が新世界から帰ってきた。こうした莫大な富の大部分が王室金庫に分配され、それはヨーロッパにおける陸海スペイン両軍の活動資金として使われた。ある意味でこの収入があったからこそ、スペインは世界の大国になれたと言える。陸軍も海軍もヨーロッパ諸国の羨望の的だったが、兵員に給料を支払わなければならず、そのために毎年一回帰ってくるこの二つの財宝輸送船団は、スペインの陸海の軍事行動を支える要になっていた。

この一五八八年、リスボンとイベリア半島の海岸線にある二番手の各港に集結した大スペイン艦隊アルマダは、偉大な〝十字軍遠征〟に乗りだそうとしていた。艦船も人員もローマ教皇の祝福を受けており、多くの艦船はカトリック信仰の象徴で飾られていた――帆は十字架で、艦尾楼は処女マリアの像で、そして艦尾甲板は司祭たちで。この戦いは聖戦であり、ヨーロッパの〝異端〟国家の筆頭を相手に戦うのだ。大艦隊に合流しようとフランドル地方で待っているパルマ公部隊には、イエズス会士や異端審問員が同行し、異端者と戦うための装具がすべてそろえられていた。スペイン艦隊アルマダが出動準備を整えているとき、反宗教改革の気運はクライマックスに達しており、艦隊はその浮かぶ拠点になろうとしていた。目的はイングランドのプロテスタントたちの〝異端信仰〟を叩き潰し、イギリス諸島全域にカトリック信仰を復活させること以外にない。

スペイン国王フェリペ二世（1527-98、在位 1556-98）。17 世紀の油彩画。スペイン人作。国王はいま、ふだんの飾りのない黒い衣服ではなく、甲冑をつけている。フェリペ二世はイングランド女王エリザベスに対する〝大事業〟のまさしく立案者である。（国立海事博物館、グリニッジ、ロンドン）

艦隊

フェリペ二世の〝大事業〟のためにリスボンに集結した艦隊は、ヨーロッパのスペイン領や同盟諸国の艦船で編制された。その中にはたとえば、スコットランドのセント・アンドリュー号のように、押収されたり徴用されたりした中立国の艦船さえ含まれていた。同号はスペイン艦隊に編入されて、サン・アンドレス号と改名された。スペイン艦隊の中でもっとも攻略しにくい艦船は、八年前にリスボン港で接収されたポルトガル海軍の大型ガレオン艦だろう。その大半はすでに一五八二年のアゾレス諸島・サンミゲル島の海戦で使われている。こうしたポルトガル・ガレオン艦はスペイン艦隊の戦闘力の中核をなしており、インディアス艦隊の主力艦や強制徴用された大型武装商船によって補佐された。ガレオン艦の多くは七百五十トン以上の排水量があり、世界最大のものも何隻かあった。アルマダ作戦ではこうしたガレオン艦がもっとも激しい戦闘の場になることは必然である。

管理上の目的からスペイン艦隊は、地域の名をつけられた六つの戦隊に分けられた――アンダルシア戦隊、ビスケー湾戦隊、カスティリャ戦隊、ギブスコア戦隊、レバント戦隊、ポルトガル戦隊である。さらに各戦隊には、ハルク船やガレー船、ガレアス船からなる小戦隊がつけられた。このような戦隊を単位とした編制は、後世の帆走軍艦の戦隊や分隊とちがって戦術集団であることを目的としていない。型と出身地が同じ艦船をまとめれば、艦隊司令長官は全体に対してではなく、戦隊ごとに命令を伝えることができる。また、速さと帆走性能が同じ艦船は一緒に行動できるし、少なくとも理論上は艦隊の統制を単純化できるのだ。

こうした書物では、たとえばいろいろな「艦船」の呼び方がアルマダ海戦の前後の数年間で変わっているように、用語の使われ方がいささか混乱しているものが多い。同じ型の船がスペインとイギリスの研究者では異なるもののように呼ばれていることさえある。たとえば、「ガレオン」という言葉は、インディアス艦隊の二百五十トンの小型輸送船からポルトガル戦隊のそそり立つ大型軍艦まであらゆる艦船を表わすのに使われた。イングランドでは「ガレオン」という言葉は一定の目的のために建造された大型軍艦を指す。のちには、型や建造法にかかわらず、スペイン艦隊に属するすべての艦船が「ガレオン」と呼ばれた。実際には、型も建造法もちがう艦船が混在していたにもかかわらずだ。

こうした艦船の大半はイベリア半島や地中海の港から集められたので、その建造場所が外見に反映されていて、もっと北の海域で見られる艦船とは明らかにちがうことが多かった。しかし、スペイン艦隊にはまた、北ヨーロッパの建造である特徴をのぞかせている艦船もいた。つまり、そういう艦は――「ガレオン」自体のように――ヨーロッパ各地の造船技術の伝統が混じり合った〝混血児〟なのだ。従って、スペイン艦隊に見られる主要な艦船の型を順に取りあげて、そのほかの艦船とどこがちがうか説明することは読者の理解を助けるだろう。

ガレオン

スペインのガレオン艦はもともとは新世界からスペインへ財宝を運ぶために設計された。商船と軍艦の混じり合ったもので、大量の荷を運ぶ容積があり、かつまた、強力な武器を搭載していた。目立つ特徴はその

順風を受けるカラック船。油彩画。ピーテル・ブリューゲル（大）作。16 世紀中ごろの典型的なカラック船だが、アルマダ作戦中、スペインによって強制徴用された鈍重な商船とよく似ている。船体は重砲による一斉射撃や敵弾に耐えられるような設計にはなっていなかった。（国立海事博物館、グリニッジ、ロンドン）

リスボンは無敵艦隊の乗り込み港として使われた。1588 年の春から夏のあいだ、この港は艦船でいっぱいになり、桟橋界隈は人や弾薬、補給品であふれかえった。これは 16 世紀最大の兵站作業だった。版画、セオドラ・デ・ブライ作。複製。（ストラトフォード文書館）

大きさである。大型の数隻は一千トンを越え、高い艦尾楼を備えていた。カスティリャ戦隊とポルトガル戦隊のガレオン艦は、一五八八年当時、スペイン艦隊の戦闘中枢を作っていた。たとえば、ポルトガル船隊のサン・マルティン号は一千トンもあり、司令長官メディナ・シドニア公の旗艦で、戦闘という目的のために造られ、当時の〝戦艦〟だった。

毎年スペインの財宝輸送船団を護衛したり、随伴したりするのに使われたガレオン艦はたいていもっと小型で、平均排水量は五百トンから八百トンだった。こうした艦は大型のガレオン艦より船体が低く、風上への切り上がり性能がもっとよかったようだ。大西洋を行くこのような型のガレオン艦の設計図が一五八八年発行の『ガルシア・デ・パラシオ操船術教本』に載っているが、アメリカ海域で考古学者やトレジャー・ハンターが財宝輸送ガレオン船から発掘した遺物によって、この教本に書いてある建造法が実証されている。

小型のガレオン艦が搭載している青銅砲は約二十門だったのに対して、アルマダ作戦の大型ガレオン艦はその二倍を搭載できた。こうしたスペイン軍艦の原型となる艦については、あとでもっと詳しく考察する。

ガレー

ガレー艦は十六世紀後半に地中海で使われていた軍艦の主たるもので、大西洋やカリブ海での航海や戦闘には適さなかった。

一五八八年にリスボンからスペイン無敵艦隊に同行した四隻のガレー艦は、艦隊がまだ英仏海峡に着かないうちに引き返さざるをえなかった。しかし他のいくつかの海戦、たとえば、一五八六年のカルタヘナ沖

無敵艦隊には４隻のガレー艦が含まれていた。しかし、まだイングランド沿岸に到着しないうちに、４隻は艦隊から切り離された。これらのガレー艦が上陸作戦に参加していたら、計り知れないほど役に立ったことだろう。ガレー艦は海岸の近くまで接近し、砲火を放って、上陸部隊を援護できたからだ。（ストラトフォード文書館）

の海戦や、一五九六年のカディス沖の海戦などでは、戦場にいるスペイン人指揮官にとってかなり役に立つものだった。

ガレー艦の主な動力はオールだが、補助力として大三角帆（ラティーン・セール）を一枚か二枚備えていた。艦首に前方を向いた小さな砲架が据えられてはいるが、ほとんどの場合、相手に接近して戦った。

一五八八年のアルマダ海戦のとき、イングランド艦隊には本格的なガレー艦より小さいガレー船が若干いたが、これらのガレー船には少なくとも横帆用（スクエアー・セール）のマストが加えられていた。

ガレアス

ガレアス艦は、オール漕ぎのガレー艦と横帆の帆走艦を合わせたような艦で、丸い艦首と艦尾甲板に大砲を搭載しており、櫂漕甲板には数門の舷側砲を備えていた。ガレアス艦は地中海の外で使われることはめったになく、アルマダ作戦のあいだ、ウゴ・デ・モンカダが指揮した六百トンのガレアス艦四隻もすべて、ナポリから来たものだった。この四隻はサン・ロレンソ号、ラ・ジローナ号、スニガ号、ナポリタナ号と名付けられた。トン数が大きいのでスピードは遅く、オール漕ぎなので操艦はむずかしく、帆走なので動きは鈍いが、ポートランド沖の海戦ではべた凪《なぎ》の中で大いに役立った。

ナオ(カラック)

ナオ船はイングランドではカラック船と呼ばれた。三本マストに横帆を張ったナオ船は、この時代の標準的な商船だった。スペインでもイングランドでも、この船に砲門を開けて、艦隊に組み入れた。もっと流線型のガレオンにくらべて、ナオは横幅が広く、船体は丸みをおびているので、姿は〝太って〟いる。スピードは遅いが、かなり船体を傷つけられても耐えられた。そのことはアルマダ作戦のさなかにスペインのナオ船が実証してみせたし、一五八二年のアゾレス諸島沖の海戦ではフランスの戦闘カラック船が証明した。ピーテル・ブリューゲルのような画家たちの版画の中に、当時のカラックが商船としても軍艦としても描かれているし、沈没したスペインのナオ船からは考古学上の遺物が多数出ていて、ナオ船の船体構造や武器に関する有力な手がかりを与えてくれている。

ハルク(ウルカ)

ハルク船はアルマダ作戦の際、輸送船として使われ、イングランド侵攻のために必要な軍事物資を運んだり、あるいは、艦隊自体への補給船として働いた。三本マストのシンプルな造りで、もっと大型のスペイン艦船に見られる装飾や戦闘設備はほとんどない。アイルランドのドニゴール州沖合で難破したラ・トリニダド・バレンセラ号やシェトランド諸島のフェア島沖で沈没したエル・グラン・グリフォン号の残骸は船自体や、作戦中に両船が運んでいた物資についてさまざまな情報を与えてくれた。考古学上の遺物から見えてくる重要な点は、船体がもろいことだ。穀物のような積み荷は濡れると膨張して外側へ圧力をかけるので、それを抑える設計になっているが、たとえばイングランドの球形弾が船体の外側にぶつかった場合のように、反対方向からかかる圧力には備えていない。エル・グラン・グリフォン号は六百五十トンあり、スペイン艦隊の中で大型のハルク船の一隻である。

ある歴史家によると、北ドイツのハルク船は「船首が切り落とされたような形で、横幅は広かった」という。

パタチェ（サブラ）

二本か三本のマストをもち、排水量は百トン未満の小型船である。大三角帆（ラティーン・セール）をもった姿が絵画などに描かれているが、必要なときにはオールを使うことができた。スペインはこの高速船を偵察船として、また、ほかの艦船間の命令中継船としても使った。アルマダ作戦の際は、パタチェ船が一つにまとめられて伝令戦隊を作り、アウグスティン・デ・オヘダが指揮した。彼は第一次世界大戦時の駆逐隊の指揮官のようなもので、自身はもっと大型の司令艦に乗っていた。

地中海型のパタチェはフェルッカ、あるいはファルアと呼ばれる。こちらは沿岸貿易船として使われ、帆

人々に好まれている神話に反して、無敵艦隊の大多数の艦は、華麗なガレオン艦ではなく、武装商船だった。たいていの艦はこの16世紀中ごろの版画に見られるカラック船に似ていたことだろう。ピーテル・ブリューゲル（大）作。（ストラトフォード文書館）

走かオール漕ぎの小型船だった。もっと大型のフェルッカ船はガレー船に似ており、一本か二本のマストに大三角帆を掲げていたが、三本マスト型も使われていた。この船はオールと帆を同時に使用して操船することができた。

カラヴェル

カラヴェル船は軍艦として使われることはめったになかったが、アルマダ作戦のときは、スペインの伝令戦隊の一部になった。

一四九二年にコロンブスの旗艦サンタ・マリア号に同行した船はカラヴェル船で、〝地理上の発見の時代〟の典型的な船型だった。その後も地中海やアフリカ沿岸、カリブ海沿岸スペイン領で沿岸航行船や短期航海船として使われていた。また、ホーキンズの西アフリカ奴隷狩り航海や、一五八六年のドレイクによるセント・オーガスティン攻撃を記録した当時のいくつかの資料にもカラヴェル船が描かれている。

典型的なカラヴェル船は二百トン未満で、船長は百フィート以下。三本マストで大三角帆と横帆を組み合わせて備えていた。主に沿岸貿易船として使われたため、備砲はふつう最小限だった。

艦隊の編制

スペイン無敵艦隊では、当初の方針としては、各戦隊を明確に分けられた一つの単位として動かすことになっていたが、六月一日にプリマス沖で起こった最初の戦いのあと、この方針は捨てられ、個々の艦船は統制しやすいように分けるのではなく、艦の大きさと搭載火器の規模によってまとめられた。

これまで歴史家たちはこの編制単位をあまりにも重視しすぎたので、指揮官たちの実際の動きと食いちが

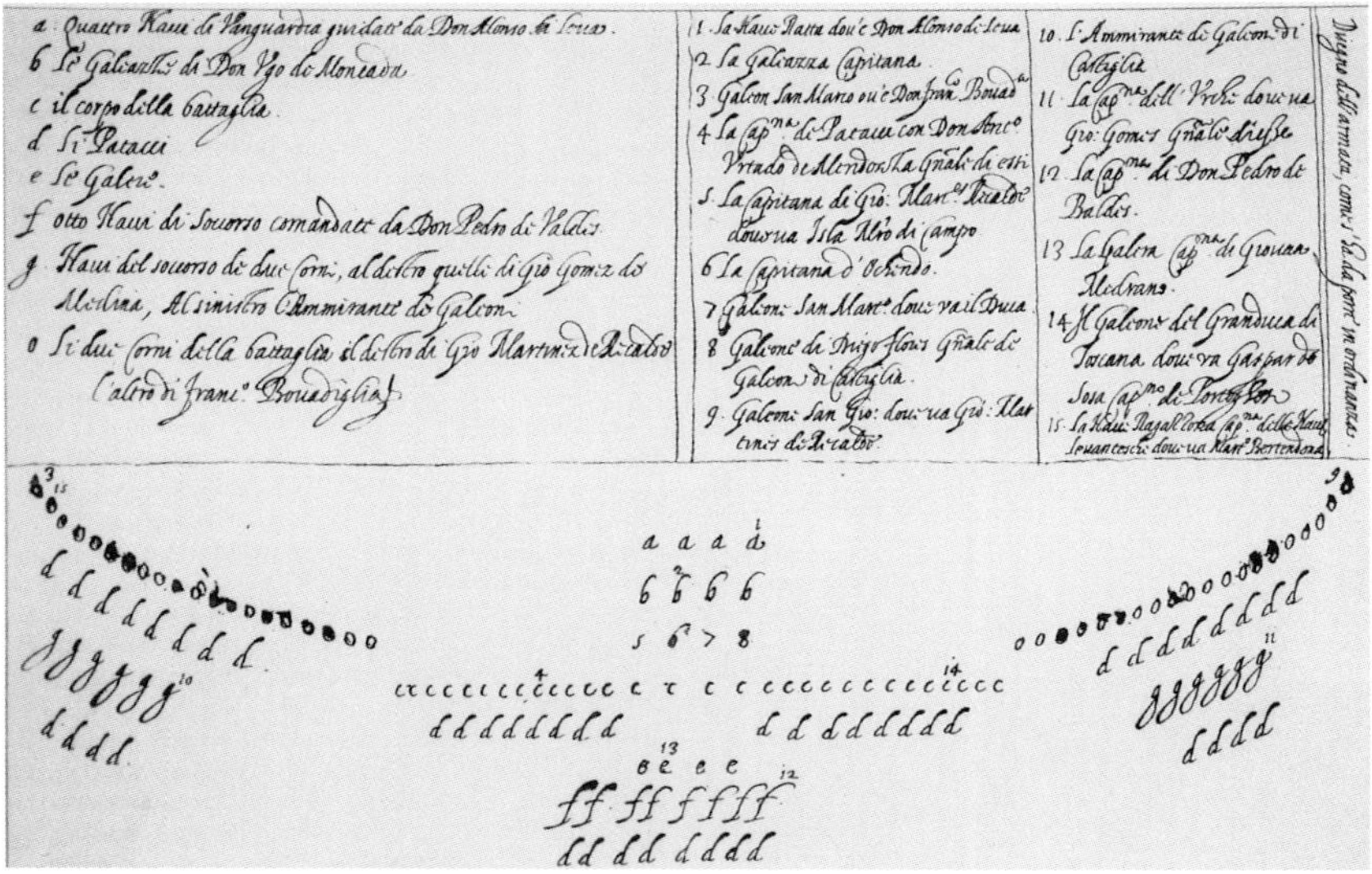

1588 年 5 月にリスボン駐在の大使からトスカーナ公爵へ送られた手紙の中に、スペイン無敵艦隊の戦闘陣形が描かれていた。この詳細な図は驚くほど正確で、1588 年 7 月 31 日にプリマス沖でイングランド艦隊と交戦したときのスペイン艦隊の配置を示している。（スタト文書館、フィレンツェ）

いが起こるという問題にぶつかった。

たとえば、マルティン・デ・ベルテンドーナはレバント戦隊の指揮官だったが、八月二日のポートランド沖の海戦では〝先駆部隊（ヴァン）〟の指揮権を与えられた。先駆部隊は、各戦隊からえり抜かれた最強の艦で構成された。

また、ファン・マルティネス・デ・リカルデはビスケー湾戦隊の指揮官だったが、艦隊の副司令長官でもあったので、ポルトガル戦隊に副司令長官旗を掲げていた。ビスケー湾戦隊もまた、同型の艦が集まっていた。ポルトガル戦隊は、一五八〇年にポルトガル海軍から接収した強靭で重武装したガレオン艦で構成されていた。このポルトガル戦隊が無敵艦隊の中核になっており、英仏海峡で行なわれたアルマダ海戦の大方の戦闘で最前線を作っていた。

カスティリャ戦隊は、財宝輸送用に造られたガレオン船で構成されていた。このガレオン船は頑強で、船体が低く、大洋航海するための設計になっていて、戦闘装備より航行性能のほう

が重視されていた。

レバント戦隊を構成しているのは、地中海の大型穀物輸送船で、アルマダ作戦のために軍艦に改造された。

ビスケー湾戦隊とギブスコア戦隊は、イベリア半島北部の大西洋沿岸地区から集めたスペイン商船が中心になっており、こうしたバスク地方で建造されたスペイン船は最上の船と見られていた。

アンダルシア戦隊の船は、スペイン南部の海岸から集めた商船だった。このような船は頑健さには劣るが、特別に戦闘装備をよくして欠陥を補った。ナポリから来た四隻のガレアス艦は折衷型の船で、ガレー艦のオールと、ガレオン艦の火力と帆をあわせもっていた。こうした艦は動きがにぶいが、スペイン艦隊が英仏海峡を進んでいくあいだに遭遇した弱い風とべた凪の最中には役に立った。

ハルク戦隊には、この作戦のためにヨーロッパ中から強制徴用された多数の商船が含まれていた。穀物輸送のために造られた船は、熾烈な戦場を走りまわるのにあまり適してはいなかった。

アルマダ作戦が始まってすぐにスペインへ帰った四隻のガレー艦を除いて、艦隊には小型船が三十四隻いた――カラヴェル船、パタチェ船、ファルア船、サブラ船である。これらの船は急送文書送達船や偵察船、艦船同士の連絡船として働いた。

スペイン無敵艦隊は現場では三つの戦術集団で構成され、この集団に所

【前頁】スペインのマスケット銃手（中央）が身につけているのは、高い天頂飾りのついた兜（モリオン）に、前身ごろをキルティングした胴衣、腰のふくらんだ半ズボン、籐のムチにスカーフ。また、重いマスケット銃と照準台をかつぎ、点火薬の入った小さな弾薬瓶を下げている。装薬は弾帯に縫い付けた木製の筒か箱に入れてある。1607年に出版されたデ・ヘインの有名な図版集によると、弾帯は最初は両肩にかけていたが、最後には右肩にかける習慣になった。ヘインの絵はこうした慣習にはそっているが、火のついている火縄はマスケット銃を持つ手とは別の手に持つという原則に反している。点火皿には蓋がついているが、飛び散る火花は容易に点火薬について、銃を暴発させてしまうからだ。幅広の帽子をかぶり、肩飾りのついた胴衣を着て、だぶだぶの半ズボンを膝のところでひもでくくっているみすぼらしい身なりの男（右）は、銃兵である。フランドル軍の一般兵士の姿をありのままに描いていると思われる。彼らは、生きるためには盗みや略奪をよぎなくされていた。スペインの槍兵（左）は〝めかし屋の歩兵連隊〟出身で、甲冑をリボンと羽根で飾っている。頭にかぶっているのは、ひさしと面頬がついた〝古典的〟な兜で、金をかけて飾っている。どうやらネーデルラントの占領した町で略奪して、懐が充分にうるおっていたようだ。（リチャード・フック画）

属する艦船は異なる戦隊から引き抜かれた。これには主となる戦闘集団である先駆部隊――いわば〝機動部隊〟も含まれていて、戦闘のもっとも激しいところへと随時移動した。

数を頼んで密集陣形を保っていることは、艦隊全体に集団による防衛力と、合同した攻撃力を与えてくれた。

最後に、戦闘力をほとんど、あるいはまったくもたない船もいた――待機船や倉庫船、輸送船である。こうした船は艦隊のほかの艦船が守らなければならなかった。

よくある誤解は、スペイン無敵艦隊は大型の重武装したガレオン艦で構成されていたというものだ。実際には、ヨーロッパ中から急いでかき集めた艦船で成り立っていて、本格的な軍艦はひと握りしかなく、改造された商船で補強されていたのだ。スペイン無敵艦隊は十六世紀に

スペイン領ネーデルラントの大砲鋳造所（当時の版画より）。スペイン無敵艦隊はヨーロッパ中の国々から集めた大砲を搭載していたが、この絵に描かれているようなネーデルラント・フランドル地方の大砲鋳造所がヨーロッパで最高だと見られていた。考古学上の遺物が示しているが、無敵艦隊に積まれていたイタリアやスペイン、ポルトガルの大砲の多くは、フランドル地方製造の大砲より質がはるかに劣っていた。（ストラトフォード文書館）

集められた最大の艦船集団ではあったが、個々が均一な力をもつ集団ではなかった。また、少なくとも戦闘力という点では、実験的なものでもあった。それまで誰もこんなに巨大な帆船集団を指揮したことはなかったし、戦闘中に大艦隊をどう動かすべきか、自分自身の明確な答えをもっている指揮官も一人もいなかった。スペインはそれまでに海軍の明確な戦闘原則を発展させてきており、一五八二年に行なったアゾレス諸島沖の海戦の経験によってさらにそれが強化されていた。一五八八年のアルマダ海戦はごたまぜ集団ではあるが無敵を誇る艦隊にとって、指揮をとる人々にとって、究極の試験の場になったのだ。

スペインの戦法

スペイン艦隊司令長官メディナ・シドニア公爵と彼の先任指揮官たちは、大きな問題に直面した。イングランド側の武力の程度がほとんどわからないのだ。スペイン艦隊はちょうど六年前にアゾレス諸島でフランス艦隊と戦ってこれを叩きのめしたが、スペインには、イングランド・チューダー朝海軍と外洋で戦った経験のある指揮官は一人もいなかった。二十年前にメキシコのサン・ファン・デ・ウルアでホーキンズを撃破した戦いはごく小規模なものにすぎなかったし、戦った場所も外洋ではなく港内だった。メディナ・シドニア公はせいぜいこ

無敵艦隊時代のスペインの艦載砲と、その砲車。アルマダ作戦の際、スペイン側の大砲が載せられていた砲車は２輪で、これは、敵イングランドが使っていた４輪の砲車より艦上で使うにはるかに不適だった。（シマンカス文書館、バヤドリード）

う望むしかなかった——指揮官たちは自分が慣れている戦法で戦い、アゾレス諸島で成功した戦術を英仏海峡でも使うことはできるだろう、と。

問題は、スペイン人指揮官たちはほとんど例外なく、白兵戦を基盤とした戦闘原則に頼っていることだった。スペイン艦は重武装しているにもかかわらず、指揮官たちは直射できる距離でただ一回だけ敵に破壊的な一斉射撃を浴びせ、それから斬り込み隊を乗りこませて敵を制圧する戦法を好んだ。このことは乗組員の構成に反映していて、海軍水兵は自分たちの二、三倍の数の陸軍兵士で支えられていた。たとえば、艦隊旗艦のサン・マルティン号（ポルトガル戦隊、一千トン、ガレオン艦）に乗り組んでいたのは、水兵が百六十一人、兵士が三百八人。また、サンティアゴ号（同戦隊、五百二十トン、ガレオン艦）は、兵士が三百七人だったのに対して水兵はわずか八十人だった。スペイン海軍の戦闘体験はほとんどフランスやポルトガル、オスマン帝国との戦いで得られたもので、これらの国々はみな、スペインと同様に斬り込み戦術に頼っていた。もしもスペインの大型艦がどのイングランド艦でもいいから四爪錨を引っかけて接舷していたら、訓練と経験を積んだスペイン兵の優位性がものをいって、勝利は保証されたも同然だったろうに……。問題は、このアルマダ海戦のあいだ、どのイングランド艦船もスペイン兵の斬り込みを絶対に許さないようにしたことだった。

ガレオン艦の時代ずっと、スペイン人は自分たちの海軍兵器のもっている潜在的力に気づかなかった。十六世紀においては、艦載兵器は補助的なものと見られており、使われるのはもっぱら決定的な斬り込み戦術に先だって敵の士気を弱めるためだった。

一五八八年のアルマダ海戦を経験したあと、スペインの海軍指揮官たちは艦載砲をもっと用途の広い武器と見るようになり、部下たちが斬り込み戦と同様に距離をおいた砲撃戦もできるように訓練した。実際には、この砲撃戦法は一五二〇年代からすでに使われはじめていたのだが、陸上に攻撃目標がある場合は別として、スペイン人が砲撃戦を洋上で全面的に採用したことは一度もなかった。

十六世紀から十七世紀初頭にかけて、スペインの艦載砲は例外なく、一枚の台に車輪が二つついた台車に載っており、海上使用のものというより、陸上で使われる大砲に似ていた。

これは十七世紀の前半に変わった。スペイン以外のほぼすべての国の海軍はこのころまでに砲車《キャリッジ》を使うようになっていたが、スペインもしだいにこの形を採用するようになったからだ。それで、遅くとも一六三〇年ごろにはガレオン艦の重砲は例外なく、大きな車輪ではなく小さな車輪《トラック》を使った実用的な四輪砲車に載せられるようになった。その結果、十八世紀にはこの初期の形の砲車が大西洋のすべての国の海軍で使われるようになった。

さらに、時代遅れになった元込めの錬鉄の大砲、これは十六世紀のほぼ全期間、使われていたのだが、しだいに姿を消して、もっと信頼性の高い先込めの青銅砲に置き換えられた。もちろん、こうした変化が起こるのはあまりにも後の時代のことで、メディナ・シドニア公爵の助けにはならなかったが。

スペイン艦隊の多くの艦船に積まれていた錬鉄砲は、直射する場合には射程は充分だったが、長距離射撃や二隻間の砲撃戦となると、射程が足りなかった。大型艦のなかにはまだこういう古い大砲が積まれているものがあったが、こうした艦はほとんどが輸送船や補給船の護衛艦で、スペイン艦隊の主戦力となるガレオン艦ではなかった。そのため、錬鉄砲は時代遅

【左】甲冑をつけていない槍兵（左）は〝第６連隊〟所属の兵士で、地味な服装で有名だった。この軽槍兵は重槍兵よりも機動力にすぐれていたが、その機動性は防御用の甲冑をつけていないところから来ているのは明らかだ。こうした考え方はヨーロッパ各国の槍兵に適用されたが、受け入れられるまでには１世紀近くかかった。スペインにおいて伝統的に陸軍は貴族の子弟にとって尊ぶべき職業であり、戦場においては名声と略奪品を得られるという期待から、彼らは立場以上の働きをした。そういう陸軍将校たちを無敵艦隊は引きこんだ。イングランドで得られる富とフェリペ二世の報賞は強い魅力だったのだ。1580 年代の野心あふれる将校（右）として、この軍装は最高レベルのものである。兜と甲冑の胸当てには豪華な彫刻をほどこし、金で象眼がされている。ショートパンツをふくらませたようなズボンは繊細な〝おしゃれ〟をほどこして、小さな切れ目模様がつけられている。タイツは半ズボンのように膝の下で縛っている。連隊旗手（中央）は豪華な外胴衣の前を開けて、下に着ている高価な下胴衣を見せている。頭には戦闘用の兜の代わりに快適な帽子をかぶり、旗にはセント・アンドリューとブルゴーニュを示すぎざぎざの赤帯で斜め十字が描かれている。これははっきりと識別できるスペイン軍の目印だった。（リチャード・フック画）

れのものとなり、艦隊の大部分を占めている武装商船の火力を増強する役目に格下げされた。

無敵艦隊の時代には、スペイン・ガレオン艦は新しい青銅砲を積んでいたが（台車は非効率的な二輪砲車だったが）、指揮官たちは青銅砲をうまく使う方法を習得していなかった。アルマダ作戦中に使われた弾薬の量を詳しく分析した書籍が、一九八八年にマーティン&パーカー社から出版されたが、それによると、一五八八年でもスペインはまだ砲撃戦より海上で敵艦に斬り込んで戦うという考え方にしがみついていた。大型艦の大砲はほとんど撃たれず、小型艦の弾薬消費量のほうが桁外れに多いのだ。

これは、この当時、スペインがどういうふうに艦載砲を使っていたかということによって説明される。各砲は掌砲長の指揮下におかれており、掌砲長は水兵と陸兵からなる班で補佐されていた。いったん大砲に弾薬が装塡されると、班員は各自の戦闘部署に散り、大砲には掌砲長だけが残る。掌砲長は燃えている火縄を持って、射撃命令を待つ。スペイン海軍の戦闘原則は、敵艦に斬り込む直前に舷側砲を正しく撃つようにと強調していた。そうすれば、百戦錬磨のスペイン兵は〝硝煙にまぎれて〟敵艦に斬り込めるからだ。こういう戦法なら、戦いが終わるまで、大砲に再装塡する必要はない。

言い換えれば、スペインは艦載砲を主たる攻撃手段ではなく、艦載歩兵を支援するための武器と見ていたのだ。ガレオン艦の時代、スペイン海軍のもっとも強力な武器は、艦に乗り組んだ陸軍兵士だった。他の国の海軍は海上で接近戦になったら、スペインの陸兵にはかなわなかった。つまり、スペインのガレオン艦が敵艦に四爪錨を引っかけて、陸兵が斬り込んだら、敵艦はもう奪われたも同然だったのだ。一五八二年のアゾレス諸島沖の海戦で、この戦闘原則が有効なことは、斬り込み隊が短時間のうちに――激しい戦闘ではあったが――敵フランス艦隊の中枢を拿捕したことで実証された。一五八八年にも、スペインはただ単純にこの戦術を使う作戦を立てたのだった。

一五八八年のアルマダ海戦では、戦術的に見ればスペイン海軍は敵の海軍に圧倒された。この戦闘中、イングランドの指揮官たちは終始、スペイン兵を自分の艦に乗り込ませないようにと〝射程〟外にとどまり、砲撃戦にもちこんだのだ。

このため、アルマダ海戦のあと、スペインは戦術を考え直さざるをえなくなり、艦載砲をもっと多様に使う方法を見いだした。最初の方法は、陸軍兵士を砲術任務からはずし、大砲を扱うのは水兵にまかせるというものだった。その結果、水兵たちは砲術に関する機械操作に熟練していった。次は、砲車の見直しがされて、結局、四十年かかったが、スペイン海軍はより改良された砲車を導入した。最後には威厳のある大型の（それゆえ動きのにぶい）軍艦に背を向けて、もっと小型のガレオン艦を使うようになった。たとえば、ヨーロッパ海域での艦隊行動のためではなく西インディアス貿易護衛のために造られたガレオン艦だ。こうした改革はすべて時間がかかった。公平に言えば、他国の海軍でも軍艦を浮かぶ要塞として使う方法が研究されていた。研究が成果をあげるのは、イングランドとオランダが戦列艦という概念を生みだす十七世紀なかばまで待たなければならない。

一五八八年のスペイン艦隊はまた、英仏海峡を進んでいるあいだ、緊密な防御陣形を保とうと努めていた。海峡を航行しているあいだに失った艦は、百二十隻のうちわずかに二隻。しかも、二隻が失われたのは、敵の砲撃によってではなく、事故による損傷のためだった。この海戦のあと、スペイン海軍は戦術原則は考え直したかもしれないが、艦隊を動かす方法はほとんど変更しなかった。最終的には一五八八年のアルマダ海戦は、スペインの艦隊操縦がすばらしいことを証明したからだ。

一五八八年の大敗のあと、スペイン当局は海戦における艦船の運用法を定めて、戦闘指示書を印刷出版した。その出版が敗戦後すぐだったことからして、戦闘原則のいくつかは無敵艦隊が出撃する数年前からすでに見直しがはじめられていたのだろう。しかし、見直された砲術原則は、それに基づいて実際に訓練がされたことは一度もなかった。それに対して、艦載歩兵の運用原則のほうは、一五八八年の戦闘で実践された戦法に反映していたことはほぼ確かだ。

艦載砲の運用に関しては、次のような詳細な指示が与えられていた。

まず、インディアス艦隊のガレオン艦では、砲列甲板はふつう乗組員やその所持品だけでなく、補給品や積み荷でうまっているので、大砲の戦闘準備にかかる時間はふつうより長い。だが、指示書ではいつでも大砲の使用準備は整えておくこと、となっていた。

また、たいていのガレオン艦では搭載砲の口径は何種類かあった。それぞれの口径の砲弾は別々に保管し、戦闘中に間違いを避けるため、口径を書いた張り紙を各砲の上の梁に留めておくこと、とされていた。

通常は一人の砲手長が一門の砲を監督し、残りの水兵たち（ヘンテ・デ・マル）は等級に従って（ふつう六人から八人に）編制され、砲一門に一等水兵と新米水兵、そして少年水兵が一定数ずつ配置された。

少年水兵は弾薬運びに使われた。革の容器に入れた装薬袋を持って、弾薬庫（パニョル・デ・ポルベラ）と大砲のあいだを走る。ときには、陸軍歩兵が大砲の操作にまわされることもあった。掌砲長は戦闘中、艦長ではなく歩兵指揮官から命令を受けて、すべての大砲と小火器の運用を指揮した。つまり、歩兵指揮官というのは所属が陸軍だろうが海軍だろうが、戦闘中は実質的に艦の責任を負ったのだ。

戦闘中、歩兵は艦中に配置された。戦闘命令に従って、もっとも熟練した歩兵からなる分隊が分隊長（カボ）の指揮のもと、艦首楼に配置される。ほかの分隊は、中央部と艦尾甲板、艦尾楼甲板に集められた。理想を言えば、兵員が充分にいる場合には、斬り込み隊や敵の攻撃を跳ね返すために、下の甲板に予備の分隊を置いておく。各分隊は（艦首楼であろうと、中央部、艦尾甲板、艦尾楼甲板であろうと）マスケット銃兵と火縄銃兵が射撃を開始するのに従って、戦闘開始する。銃兵たちはその場で二列横隊を作り、一列が船べりから撃つあいだに、もう一列は艦の中央に下がって銃に再装塡する。

白兵戦用の武器で武装した兵士たちは反対舷の甲板に集合して、戦闘開始命令が出るまで、邪魔にならないように待機している。攻撃命令が出ると、斬り込み隊はふつう、艦首楼に集まる。カリブ海沿岸スペイン領の守備艦隊（アルマダ・デ・ラ・ガルディア）に出された指示書によると、斬り込み隊は剣や盾、短槍、火縄銃を武器とする兵が同じ割合で構成されなければならなかった。どんな襲撃の場合でも、斬り込むと同時に焼夷弾や手榴弾を投げ込む。中央部にいる分隊は敵が投げ込んだ同様の爆発物を消火するため、艦に残る。

一六三〇年に出された同様の指示書によると、十七世紀の初めになってもこのような多様な兵が使われていた。

指揮官たち

スペインの指揮体系は複雑で、矛盾したところもあったが、頂点に立つのは国王フェリペ二世であり、司令部となったのはマドリードの北にあるエスコリアル宮殿だった。フェリペ二世は事実上、アルマダ作戦の策定と準備のすべてに関わっており、この大事業のすべてに激しい関心を抱いていた。側近たちの助言を受けたが、側近の中でもっとも有名な二人は、主席顧問官のドン・ファン・デ・スーニーガと彼の配下の砲術長であるドン・ファン・デ・アクーニャ・ベレだった。戦略は国王によって指示されたが、作戦の策定作業には二人の主軸となる指揮官、サンタ・クルス侯とパルマ公が関わった。この四人は国王の作戦会議のメンバーを構成したが、会議にはほかに陸海両軍の経験豊富な顧問官数人が含まれた。作戦の軍事以外の面については、国務会議と財政会議のメンバーたちが国王に助言した。

スペイン艦隊（アルマダ）自体は、メディナ・シドニア公爵の直接指揮下におかれた。シドニア公はサンタ・クルス侯が急死したあと、艦隊の指揮権を引き継いだ。シドニア公は外洋艦隊司令長官に任命された。

これは実質的にはアルマダ作戦の司令長官を意味した。しかし、シドニア公には陸海軍の経験がほとんどなかったので、先任指揮官会議を頼みの綱とした。副司令長官はファン・マルティネス・デ・リカルデ。彼は有能で経験豊富な海軍指揮官で、少なくとも書類上はビスケー湾戦隊の指揮官であるが、実際の任務は、英仏海峡を進む無敵艦隊を防御する特別〝機動部隊ヴァン〟を指揮することだった。

艦隊には八人の戦隊指揮官がおり、それぞれ自分の指揮下にある戦隊の艦船と人員に管理責任を負っていた。それは実際に指揮をとるというより管理上のことで、戦闘作戦中は、より強力な艦船がまとめられて集団を作ったので、艦隊編制は変わった。

司令長官メディナ・シドニア公は、艦隊の統制を八人の指揮官のあいだで分割した。戦隊指揮官（カボ）の位にあった八人である。この八人に加えて、シドニア公はさらに旗艦に自身の幕僚をもっていた。司令長官付き書記官ヘルニモ・デ・アルセオをはじめとして、陸海両軍のさまざまな補佐役がいたのだ。こうした参謀将校の最先任者はディエゴ・フロレス・デ・バルデスと、ドン・フランシスコ・デ・ボバディラで、前者バルデスは海軍に関する問題で司令長官に助言し、

【左】銃はイングランド軍よりスペインの騎兵隊で一般的に使われ、〝馬上で撃つ〟ということが確立して、騎兵隊は軍の一部隊として受け入れられた。騎銃兵（右）は軽騎兵と銃兵の役割を兼ね、フランドル軍ではパトロール兵や斥候として使われた。しかし、低地諸州（ネーデルラント）の戦闘は包囲戦が主だったので、騎銃兵は大きな陣形では実際に戦うチャンスはほとんどなかった。スペインの槍騎兵（左）はイングランドやネーデルラントの短槍騎兵と戦ったが、数は多くなかった。スペインにも敵と同様の問題があったからだ。つまり、騎馬として強い馬を多数、供給しなければならなかったのだ。彼の着ている〝カサック〟という白い衣服はよく見られるもので、甲冑の上にはおっており、一般的な戦場服だったのかもしれない。真ん中の騎兵は悪名高いドイツの傭兵で、真っ黒な目立つ甲冑をつけている。イングランドやネーデルラント、フランス、スペインの陸軍部隊の中にドイツ傭兵が混じっているのはよく見られる光景だった。彼らが忠誠を誓うのは、ただ給金を与えられるからだった。スペイン人ベルナディノ・デ・メンドーサの著作『戦争の論理と実践』（1597年出版、英訳本）はこう記している——「のちに兵士たちは、銃兵になりたがるようになった……理由は明らかで、銃は兵士にとって利点が大きいからだ。運ぶのが容易なのだ。槍は面倒で手間のかかる武器だが、銃はそれほどでもないとわかってきたのだ」。サー・ロジャー・ウィリアムズはこの説に賛成して、こう書いている——よく鍛錬されたひるまない兵士が使った場合、銃は槍よりもはるかにすぐれている。だが、未熟な兵の多くは一斉射撃するのに早く撃ちすぎてしまう。また、敵に損傷を与える射程内に入っていなかった場合には、後退して再装塡し、隊列を再編制するあいだに、敵の槍兵に突撃されてしまった。（リチャード・フック画）

軍旗の一部。スペインのガレオン艦サン・マテオ号から引き揚げられたものと言われている。このガレオン艦はグラヴリーヌ沖の海戦で大きな損傷を受け、翌日、ネーデルラント軍に捕獲された。この彩色した麻の旗は、戦いのあと、ライデンの教会に３世紀にわたって掛けられていた。（市立博物館、ライデン）

後者ボバディラは艦隊にいる陸軍兵士を統率した。

一艦における指揮体系もやはり複雑だった。艦隊は五つの連隊（テルシオ）の熟練スペイン歩兵を便乗させており、これらの兵士たちは艦隊中の艦船に割り振られた。どの連隊にもそれぞれ指揮体系があり、連隊長（マエストレ・デ・カンポ）の指揮のもとにそれを支える二十五人の将校がいた。この艦載軍はパルマ公率いるフランドル軍からは独立しており、理論上は少なくとも艦隊司令長官メディナ・シドニア公によって指揮された。

司令長官はさまざまな陸軍参謀に補佐されており、彼らはいったん艦を降りて上陸したら、兵士たちの安全な行軍と生活に責任をもつことになる。

陸軍参謀たちを構成するのは、視察総監（ベードル・ヘネラル）のドン・ロペ・マンリケ、彼を補佐する兵站総監（プロベードル）のベルナベ・デ・ペドロソ、主計長（パガドル）のファン・デ・ウェルタだった。連隊にはさらにたくさんの独立中隊と、兵器部中将アロンソ・デ・セスペデスの指揮する砲兵隊がついていた。

また、軍医隊もおり、軍医は各戦隊に割り振られたが、統括したのは参謀長兼、管理官であるドン・マルティン・デ・アラルコンだった。

結局、艦隊には百七十六の歩兵中隊が便乗し、各中隊に将校たちがいた。理論上はこれらの中隊はそれぞれ独立した隊で、各連隊に約三十五中隊ずつ配分された。これらの中隊は艦上では自身の指揮体系を維持し、連隊が指揮体系を崩した場合でも、中隊はそのまま変わらない。中隊が再編制されるのは、イングランド本土に上陸して、合同の戦闘隊形がとられるときである。実戦上の目的から、これらの中隊はパルマ公軍に組み入れられることになるが、詳しいことはわかっていない。パルマ公は当然、自身の部隊と、イングランドへの輸送のためにフランドルの各港に集めたはしけ戦隊を統制していた。

最終的には、無敵艦隊がフランドル軍と合流したあと、総指揮権がどうなるかという問題があった。フェリペ二世は艦隊がなんとかパルマ公軍と出会うまで、メディナ・シドニア公に作戦の総指揮権を与えた。出会った時点から、指揮権は二人の公爵のあいだで二分されることになる。たとえパルマ公がもっとも経験のある指揮官であり、貴族としてより高い地位にあるとしてもだ。パルマ公はフェリペ国王に作戦の総指揮権を自分に与えるように願いでたが、国王は自分の指示に従って共同指揮をとることに同意するようパルマ公に命じた。結局、艦隊には艦隊自体の先任指揮官が必要で、その役割は、イングランドに侵攻して行軍を統括する陸軍指揮官に劣らず重要なものなのだ。

こうした視点から、アルマダ作戦を率いた六人の指揮官をもう少し詳しく見ることは意義があるにちがいない。

スペイン国王フェリペ二世(一五二七―九八　在位一五五六―九八)

フェリペ二世は、陸海両軍の指揮官が提案したイングランド侵攻作戦案を検討して、その折衷案を選んだ張本人である。折衷案にしたため、侵攻作戦は欠陥のあるものになった。その責任のほとんどはフェリペ国王と、国王の主席顧問官であるドン・ファン・デ・スーニーガにある。

一五八三年にイングランド侵攻が初めてフェリペ国王に具申されたとき、国王は、この考えには取るべきものがあると言って、海軍のサンタ・クルス侯爵に作戦を練るように要請した。そのとき国王は、陸軍のパルマ公にも作戦案を求めるという間違いを犯したのだ。二人の作戦の折衷案になったのはほとんど経済的な理由からだったが、その結果、作戦が失敗する可能性は著しく大きくなった。さらに悪いことに、費用をけちるために成功間違いなしの原案を変えたことによって、経済的にはプラスになったものの、作戦の失敗によって引き起こされた政治的問題ははるかに大きなものになった。

折衷案によって、イングランド侵攻は必然的に最初の作戦担当が海軍で、次の作戦担当が陸軍になる。結局、陸軍の百戦錬磨の兵士たちが敵と戦えるようになるには、まずイングランドまでうまく輸送されて、安全に上陸し、しかも、必要な補給品もうまく陸揚げしなければならないのだ。この部分は海軍の仕事だから、国王は経験豊富な海軍の指揮官たちの話にもっと注意深く耳を傾けるべきだった。

いったん〝大事業〟の準備が始まると、フェリペ国王は作戦に対して〝こと細かな管理〟をしだし、サンタ・クルス侯とパルマ公の両方にしばしば矛盾した命令や要求を浴びせた。その多くは、作戦が成功する可能性を大きくするものではなかった。従って、アルマダ作戦が失敗したのは大方が国王自身のせいであって、作戦を実行するために国王が指名した部下たちのせいではなかった。

初代サンタ・クルス侯爵ドン・アルバロ・デ・バサン（一五二六—八八）

サンタ・クルス侯爵は、アルマダ作戦を最初に考えだした人物である。そのときすでに彼は経験豊かな海軍の指揮官で、一五七一年にレパント沖の海戦で、一五八二年にはアゾレス諸島沖の海戦で戦っており、それより小規模な海戦にも数回、加わっていた。プロテスタント国であるイングランドはスペインの海外領地にとって大きな脅威である、というのがサンタ・クルス侯の確固たる持論で、彼はこの〝大事業〟をやるべきだと考えていた。現に、アゾレス諸島サンミゲル島沖でフランス艦隊を破ったあと、彼はフェリペ国王に親書をしたためて、この勝利を生かしてイングランドに侵攻すべきだと進言した。これが〝大事業〟に初めて触れたもので、最初にサンタ・クルス侯によって作戦が立案されたとき、勝利する可能性はいくらでもあった。

老練な財政管理官であるサンタ・クルス侯爵は、大事業に必要なさまざまな兵力や武力をかき集めたが、事業を縮小するというフェリペ国王には反対をしつづけた。縮小案には侵攻部隊をリスボンからイングランド本土へ輸送するのではなく、フランドルにいるスペイン軍と合流させるということが組み込まれた。サンタ・クルス侯は見積もり書と目録を作成して、艦船や人員、補給品を集めるように命令を出し、自ら監督して、寄せ集めの武装商船を改造してスペインの栄光を守ることのできる軍艦に仕立てた。齢六十二歳、侯爵はこのように重大な指揮をとるには年をとりすぎていたが、艦隊を準備し、腐敗や倦怠、王室の干渉と戦う奮闘ぶりには活力がみなぎっていた。

もしもサンタ・クルス侯爵が無敵艦隊を指揮していたら、艦隊を無傷のままフランドル軍と合流させ、フランドル軍がイングランドに上陸するあいだ、艦隊を待機させておくこともできたかもしれない。高齢ではあったが、侯爵はこの大事業を成功させるために必要な戦略的・戦術的技量をいぜんとして持っていたのだ。こうした激務の結果、国王から援助されることもなく、ついに侯爵の健康状態は悪化した。一五八八年二月初めにリスボンで侯爵が亡くなったとき、無敵艦隊が最終的に勝利する見込みは危ういものとなった。

第七代メディナ・シドニア公爵ファン・アロンソ・ペレス・グスマン(一五五〇—一六一九)

メディナ・シドニア公爵はサンタ・クルス侯爵が亡くなって数日のうちに、無敵艦隊の新しい司令長官に任命された。この任命は国王自身によってなされた。公爵が陸軍あるいは海軍の軍人として適任者だというより、貴族の筆頭であり、国王の寵臣だったからだ。しかも、公爵は前任者のサンタ・クルス侯爵とちがって、自分自身で判断をくだすより、国王の指示に文字通り従う傾向があったのだ。スペインで随一の資産家でもっとも力のある貴族一家の家長であり、正直で、敬虔で、高潔な人物だと言われていた。背は低く、がっちりした体格の三十八歳で、すぐれた外交手腕をもち、スペインでもっとも権威のある金毛勲爵士の一人だった。

公爵はまた知性豊かな人物だったが、海軍の軍務経験には欠けていた。任命されたとき、自分は健康を損ねており、財源も欠いていると国王に辞退を願う手紙を書いたが、結局、引き受けた。こうした腰の引け具合から、公爵がこの任務に適任だったかどうか、疑問が投げかけられる。公爵は自分が陸上の人間であると自覚していたので、作戦を順調に運ぶには艦隊の経験豊かな部下たちに頼らなければならなかっただろう。作戦中、大きな勇気を示し、艦隊が英仏海峡を進んでいるあいだ一隻の艦船も失わなかったが、この任務が次々と叩きつける挑戦に対抗するには力量不足だった。

　また、敵イングランドが犯した間違いにつけ込む指導力も自信も公爵には欠けていた。たとえば、ポートランド沖では自分の艦隊をいくつかのグループに分けてしまった。さらには、パルマ公軍と連絡を保つことが重要だということを、さほど認識していなかったようだ。こうした失敗だけでも、この大事業全体を危うくするに充分だった。しかし、その危うさを作り出したのは国王であって、公爵ではない。彼はただ、自分自身で判断をくだしてもともと間違っていた作戦を正しくする勇気に欠けていたのだ。

　メディナ・シドニア公が司令長官旗を掲げたのは、ガレ

第七代メディナ・シドニア公爵ファン・アロンソ・ペレス・グスマン。彼は海軍の経験に欠けていたが、スペイン無敵艦隊司令長官として、勇気と戦略手腕を見せ、寄せ集めの艦船の大半を自分の統制下に保った。（ファンダシオン文書館、メディナ・シドニア公爵家）

オン艦サン・マルティン号（一千トン）だった。

ファン・マルティネス・デ・リカルデ（一五二六—八八）

リカルデはスペイン北部のビルバオで生まれた。二十年間、王室役人として勤務し、ビルバオとスペイン領ネーデルラントのあいだを行き来する艦船の運航を監督した。この間に彼は王室艦を指揮して多くの海上経験を積み、一五七二年にフェリペ国王からフランドル行き艦隊の指揮官に任命された。それから八年間、彼はフランドルにとどまって、スペイン海軍部隊を指揮し、ネーデルラントの〝海の乞食団〟と戦った。

一五八〇年にはスペイン上陸部隊によるアイルランド・スマーウィック湾遠征を支援し、一五八二年から八三年にかけては、フランス艦隊と戦ったアゾレス諸島沖の海戦で戦隊を指揮した。一五八八年当時、リカルデはスペインでもっとも熟練した海軍指揮官の一人と見られるようになり、サンティアゴ勲爵士に叙せられた。六十二歳の老齢で、ひどい座骨神経痛をわずらっていた。

デ・リカルデは「背が高く、ほっそりとして、顔色は明るく、頭髪はなめらかで亜麻色」と記されている。部下たちからは尊敬を集めていたという。アルマダ作戦では常に艦隊中でもっとも戦術に優れた指揮官であることを証明し、いつも戦いのまっただ中にその姿が見られた。彼はこの海戦を生きのびたが、ビルバオに帰還して二週間後に他界した。病気の上に負傷していたのだ。もしもデ・リカルデがアルマダ作戦の艦隊指揮をとっていたら、結果は違っていたかもしれない。

彼の旗艦はサン・ファン・デ・ポルトガル号（一千五十トン）だった。

ドン・アロンソ・マルティネス・デ・レイバ（一五四〇ごろ—八八）

レイバはスペイン国王の寵臣で、スペイン騎士の見本と見られていた。彼は陸軍での戦闘経験が広く、イタリアと北アフリカで戦った。一五七六年にはドン・ファン・デ・オーストリアとともにネーデルラントの反乱者と戦い、そのあとイタリアに戻ると、シチリア・ガレー戦隊の司令官に任命された。一五八〇年、海軍指揮官として彼はポルトガル征服に参加し、その後、ミラノ騎兵隊の指揮権を与えられた。

一五八七年、レイバは無敵艦隊に便乗した上陸部隊の指揮権を与えられた。海軍の正式な指揮権をもってはいなかったが、司令長官メディナ・シドニア公は彼を無敵艦隊・前衛部隊の指揮官にした。

レイバはまた、極秘書類をたずさえていた。その書類には、もしもメディナ・シドニア公が死んだ場合には、レイバが司令長官の後任者として指名されていた（従って、リカルド副司令長官を飛び越えることにな

ファン・マルティィネス・デ・リカルデ（1526-88）。油彩画、作者不明。すべてのスペイン海軍指揮官の中でもっとも経験に富んだ人物。このスペイン無敵艦隊副司令長官は司令長官であるメディナ・シドニア公よりも攻撃的な戦術を好んだ。作戦中、彼はもっとも熾烈な戦いの場にとどまった。（ディスプタシオン・フロレル・デ・ヴィスカーヤ、ビルバオ）

る）。レイバは一五八八年十月、ガレアス艦ラ・ジローナ号が北アイルランドのアントリム州沖で難破したとき、溺死した。

アルマダ作戦中、彼の旗艦はラ・ラタ・サンタ・マリア・エンコロナダ号（八百二十トン）だった。

パルマ公爵アレッサンドロ・ファルネーゼ（一五四五―九二）

彼はスペイン国王カール五世の孫で、フェリペ二世の甥である。イタリアのパルマで生まれたが、スペイン王室で教育を受けた。一五七一年、副官としてレパントの海戦に参加し、一五七八年にスペイン領ネーデルラントの総督に任命された。それにともなって三十八歳のとき、スペインの百戦錬磨の兵員で編制されたフランドル軍の司令官になり、ネーデルラントの反乱者たちを抑えるのにすばらしい力を発揮し、フランドル地方の大半を反乱者の手から奪還した。その中には要となる都市アントウェルペンも含まれた。

パルマ公の立てたイングランド侵攻作戦にはアイルランド上陸という陽動作戦が組み込まれており、イングランドの指揮官たちがアイルランドに注意を引かれているあいだに、フランドルから一気に英仏海峡を渡るという計画だった。彼は陸軍指揮官として経験豊富だった。しかし、海軍経験には欠けていたため、彼の作戦には致命的な欠陥があった。風と波を考慮に入れず、最適な出動・上陸場所を選ばず、ネーデルラント海軍の動向や、イングランドが英仏海峡の東端に強大なダウンズ戦隊をいぜんとして配備している可能性をつかんでいなかったのだ。

イングランドに対する〝大事業〟に加わるべし、という命令が届いた一五八八年まで、パルマ公は一つまた一つとネーデルラントの町々を征服する戦いに明け暮れていた。その第一の目的からイングランド侵攻作戦は自分をそらすものであり、侵攻作戦は危険な冒険であると見て、パルマ公は侵攻作戦に自分が駆り出されるのに乗り気ではなかった。しかし、優秀な軍人として、また外交官として、もしも上陸できれば、彼に

タイル壁に描かれたスペイン将校たち。16 世紀末。アルマダ海戦当時、スペイン陸軍はヨーロッパでもっとも手強い軍で、連戦連勝を楽しんでいた。（パラキオ・デ・エル・ビソ・デ・マルケス、レアル）

は敵イングランドを負かす能力があった。戦局を把握し、それに従って部隊を展開させる冷徹なまでの力があったのだ。もしもパルマ公に自由に使える選りすぐりの兵員が与えられていたら、いったんイングランドに上陸したあとは、彼の軍が勝利を収めることはほとんど保証されていたにちがいない。

人員

スペイン無敵艦隊は百三十隻の艦船で構成され、二万九千四百五十三人の人員が乗っていた。その中の約一万八千人が兵士だった。イングランドとスペインの両艦隊がたがいを視認し合うまで、スペイン艦隊が海上にいたのはラ・コルーニャを出港してから一週間だった。しかし、実際にはみな、ほとんど二か月間も船内におり、どの艦船もどうしようもないほどすし詰め状態だった。船内の使える空間にはすべて艦船や陸軍部隊のための補給品が積みこまれ、大勢の士官や志願兵、司祭、取り巻き連中のための部屋が作られ、そしてもちろん何千人という陸海軍の兵士たちの洗っていない体も詰めこまれた。プライバシーはないし、衛生観念など皆無に等しかった。そして、全員に食べさせて、眠る場所を与え、操船や守備ができるように訓練もしなければならなかった。幸運なことに、兵士の誰一人として艦隊が二、三週間以上も海上にいるとは思っていなかった。もしもこうした生活状態が問題にされるとしたら、それはイングランド上陸が遅れた場合だけだっただろう。

艦船の人員構成

16 世紀後半の彫刻に描かれた海戦。スペイン流の戦い方が示されている。片舷斉射を交わしているあいだに、乗組員は白兵戦に持ちこむ準備をする。イングランド側は敵に距離をおき、大砲を主戦力として勝利に持ちこむ。（ストラトフォード文書館）

無敵艦隊は出動するまえに、厳しい指針に従って、各艦船に配分する陸軍兵士と海軍水兵の総数を決めていた。少なくとも理論上はそうだった。この指針はスペインと新世界のあいだを航行しているインディアス艦隊が経験から割り出した人員編制と補給計画に基づいたものだった。インディアス艦隊の基本的な規定では、ガレオン艦の一トン（トネラダ）につき一人を割り当てていたが、無敵艦隊では一トンにつき約二・五人に増やした。五個連隊の兵士を乗せなければならないからだ。一人の水兵（ヘンテ・デ・マル）に対して約四人まで陸軍兵士が分配された。

実際には、艦隊のガレオン艦の人員数は大幅に変更され、大型艦では主に経済面を考えて、乗組員数を減らした艦もあり、一トンにつき一人というのを〇・五人にする艦も多かった。

当時の管理報告書によると、一艦につき乗組員は約九十人から百人だった。この数字に陸軍兵士は含まれていない。海軍の訓練を受けていない陸《おか》者《もの》や専門職の砲手、給仕、従卒に対する水兵の割合は艦によって少し変わることがあったかもしれないが、乗組員数はだいたいわかる。典型的な五百トンのガレオン艦に乗っていたのは、ほぼ士官が十五人、水兵が二十六人、見習い水兵が十九人、年少兵が十人、砲手が二十一人だった。合計九十一人で、つまり五・五トンに一人の割合になる。この数字には陸軍兵士は含まれていない。そしてこの五百トンのガレオン艦は百二十五人ぐらいの陸軍兵士を乗せていることになり、乗員総数は二百十六人になる。臨時雇いや乗客、移動のために乗せた部隊は含まれていない。

この数字は当時のスペイン・ガレオン艦の乗組員に関するさまざまな資料の記録を反映したものだが、五百トンのガレオン艦に乗せる陸軍兵士の数は必要に応じて最大二十五パーセントまで増減された可能性がある。スペイン艦が乗せていた陸軍兵士の数は驚くほど多く、イングランド艦の兵士数をはるかに上回る。一般的には、イングランド艦が乗せていた兵士一人に対して、スペイン艦は五、六人にものぼった。

戦隊や各艦の編制は、少なくとも理論的には明確に決められていた。まず、無敵艦隊を全体として指揮するのは、国王に任命された司令長官である。このアルマダ作戦の場合は、メディナ・シドニア公爵だった。一五七五年にファン・エスカランテによって書かれた『艦隊手引き』によると、完璧な〝司令長官〟というのは「人格者で、家柄がよく、生粋のセビリャ人で、良きキリスト教徒であり、海上経験が豊かで、年齢が年寄りすぎず若すぎない人物」とある。

この理想にメディナ・シドニア公は及ばず、とりわけ経験に関しては問題があった。

幸い、各戦隊の指揮官はほとんどこの理想に近かった。たとえば、アンダルシア戦隊のドン・ペドロ・デ・バルデス指揮官や、ギプスコア戦隊のミゲル・デ・オケンド指揮官、レバント戦隊のマルティン・デ・ベルテンドーナ指揮官、あるいは、ガレアス戦隊のドン・ウゴ・デ・モンカダ指揮官、彼らはすべてスペイン貴族の出で、騎士団所属の軍人であり、スペイン軍の勇士だった。さらに、有能な廷臣であり、外交官であり、陸軍軍人、あるいは海軍軍人だった。こうした戦隊指揮官は大きな責任を担っているが、難局にぶつかってもたいていうまく対処した。

戦隊指揮官（カピタン・ヘネラル）は、自身の側近と王室役人も含む数人の参謀たちとともに戦隊旗艦（カピタナ）に座乗する。戦隊副指揮官（アルミランテ）は指揮官に任命された士官である。副指揮官は戦隊の航行性能と、航行陣形および戦闘隊形の保持、そしてあらゆる面における準備と効率、維持管理に責任を負っている。必要上、副指揮官はたいてい陸軍軍人より海軍軍人のことが多い。伝統的に副指揮官の旗艦（アルミランタ）は、戦隊の最後尾か、陣形においては指揮官旗艦の反対側に位置した。

一隻のガレオン艦では、最先任士官は艦長（カピタン）である。当時、艦長には二つの形があった。一つはカピタン・デ・マル、つまり海軍艦長で、これはふつう職業船乗りだったが、たとえその艦で最先任士官だったとしても、乗せている陸軍兵士に対する司法権はなかった。こうした海軍艦長はまれな存在で、ふつう艦長は海軍軍人ではなく、陸軍軍人（カピタン・デ・ゲラ）だった。こうした形の陸軍艦長は、艦の航行に関することは航海長（マエストレ）に任せた。

ほかの国の海軍では一隻の艦には一人の指揮官という形を好んだが、スペイン海軍は無敵艦隊の敗北で指揮系統の弱さを露呈したにもかかわらず、アルマダ海戦以後も二人艦長をつづけたのだった。

陸軍艦長が指揮官だった場合、この艦長は理論的には自艦の乗員すべてに司法権を持つが、海上経験はほとんどなかった。陸海両軍の経験を持っている士官もいないことはなかったが、ほとんどは主として歩兵隊の指揮官である場合が多く、艦の作戦行動に参加した経験があったとしても、その任務は実戦行動ではなく官僚的な管理面に限られた。

航海長（マエストレ）は事実上、海軍乗組員の長であり、艦長の仕事がほとんど管理面だったのに対して、航海長の仕事は実務的なものだった。実質的には航海長が艦を指揮し、上官である艦長は歩兵を指揮していたのだ。

理想的な航海長とは「信頼され、自信のある有能な船乗りである」と、ファン・エスカランテは書いている。さらに、航海長はハチの巣の女王蜂のようなものだと言う。一回の航海にだけ任命される他の士官とちがって、航海長はふつう、進行中の任務が終わるまでずっと一隻の艦にとどまる。そして、操艦と、補給の監督、船材の維持管理に責任をもつ。航海長の役割には管理的なことも多く、そういう場合には、艦の運航面は副長（アルフェルス・デ・マル）が引き受ける。

指揮系統の次にいるのは水先人（ピロト）で、水先人はガレオン艦の安全な航海に責任を負っている。戦隊においては、主席水先人（ピロト・マジョル）が戦隊の針路を決め、配下の艦船はその指示に従った。この水先人を港や河川の水先人と混同してはならない。港や河川の水先人は、リスボンやラ・コルーニャなど、港を航行するときに、海岸や河口で艦に乗りこんでくる人物である。

等級《レート》で見ると、水先人の下につづくのは、掌帆長（コントラ・マエストレ）である。航海長の筆頭助手として、掌帆長は物資の積みこみや、帆と索具の管理、艦の運航などを担当する。掌帆長を補佐するのは掌帆手（グァルディアン）である。掌帆手には、厨房のかまどの火やろうそく、ランタンを使う際の火災予防といった特別な任務があった。掌帆長のもう一人の助手は司厨長（デスペンセロ）で、司厨長は艦の糧食、つまり、食料とワイン、水の貯蔵と分配の責任者である。不足しているときにはその配分量を決めるのも司厨長の責任だった。その場合は司厨長の仕事を補佐するために、水兵が一人、水配分係（アルグアシル・デ・アグア）に指名された。

掌砲長（コデスタブル）の任務についてはあとで述べる。

そのほか定員外として、指揮官に任命された従軍司祭（カペジャン）と、各艦の艦長に任命された軍医（シルハノ）がいた。

乗組員に関して見ると、ひと握りの専門員を除いて、水兵（ヘンテ・デ・マル）は四つのグループに分けられた。一等水兵（マリネロ）、見習い水兵および陸者《おかもの》（グルメテ）、年少兵（パヘ）、そして、砲手（アルティジェロ）である。

専門員は下士官グループを構成する。正規には技術兵（マエストランサ）として知られ、ふつう船匠に潜水兵、樽修理兵が各一名、ラッパ兵が一名以上いた。

砲手は自分たちを他の水兵より位が上だと見ており、掌砲長の厳しい指揮下におかれて、大砲の整備に当たり、戦闘中は大砲を操作し、専門員を除く水兵からなる砲員たちを監督した。

一等水兵は熟練した水兵であり、その正反対なのが見習い水兵および陸者である。彼らは十三歳から十九歳までの見習いで、海上にいるあいだに水兵技術を習得する。

帆船時代にはほとんどどの艦船でも水兵技術によって等級が分けられた。

水兵の等級の最下位にいるのは年少兵で、彼らは現役士官の縁者とか友人である場合もあったが、たいていは孤児か家出人だった。年齢は十二歳から十六歳で、こうした少年たちは艦内の雑用をすべてやった。たとえば甲板磨きや食事の用意、水兵たちの手伝いなどだ。

水兵は夜のあいだも航海できるように航海長の決めた二班か、ときには三班の〝当直〟に分けられた。非番の水兵は当直員を補佐するために呼集されることもある。

最後に、陸軍兵士は艦内において、彼ら自身の編制をしていた。戦隊にいるすべての兵士は戦隊指揮官に統括されていたが、戦隊指揮官は軍政官（ゴベルナドル）に補佐された。軍政官というのは、たいていは旗艦ではないガレオン艦の一隻——正式には軍政艦（ゴビエルノ）と呼ばれたが——その艦の艦長が務めた。

各ガレオン艦では、陸軍兵士は陸軍艦長（カピタン）か、海軍艦長（カピタン・デ・マル）に指揮された。ガレオン艦は歩兵中隊を乗せており、その編制は陸上での慣例に従った。艦長は陸軍少尉（アルフェレス・デ・ゲラ）の補佐をうけ、陸軍少尉は兵士の規律遵守を監督し、居住環境を管理した。ほとんどの陸上部隊でもそうだったように、艦内でも、少尉は兵士を監督するのに軍曹（サルヘント）を右腕とした。歩兵中隊は二十五人からなる〝戦隊（スコードロン）〟に分けられ、これは現代の歩兵小隊に匹敵する。どの〝戦隊〟も下士官の戦隊長、つまり小隊長（カボ・デ・エスクアドラ）に指揮された。水兵と同様に、兵士も経験によって分けられた。熟練兵（ソルダド・アベンタハド）はほかの兵士より高い給料を支払われた。熟練兵の中には旗手（アバンデラド）一名、鼓手（タンボリレロ）二名、それに横笛手（ピファノ）一名が含まれた。さらに、マスケット銃兵（モスケテロ）と、火縄銃手（アルクブセロ）もほかの兵士より給料が高かった。当時の職種を調査したところ、典型的な中隊では五十パーセントが短槍兵や斧槍兵で、残りがマスケット銃兵と火縄銃兵に二分された。

艦内環境

スペイン・ガレオン艦の生活空間はきわめて限られていた。たとえば、無敵艦隊の典型的なガレオン艦であるカスティリャ戦隊のサン・ペドロ号は、約二百人の海軍乗組員を乗せていた。陸軍兵士の数は含まれていない。全員が艦内に収容されなければならない。主甲板《メイン・デッキ》の広さはわずかに五十三×十七コド（一コドは約〇・四二メートル）。つまり、乗組員一人当たりの面積は一平方メートル以下ということだ。もちろん、艦長（カピタン）や士官たちの生活環境はそれより格段に快適だ。艦長室は上甲板《アッパー・デッキ》の艦尾にあり、海軍艦長（カピタン・デ・マル）が乗っている場合には、その居住空間を二人の艦長が共有した。水先人は艦尾楼甲板の艦尾にある船室（カマロテ）に居住し、航海長はその下の甲板の操舵手の配置に近いところで寝起きした。従軍牧師もまた、上甲板の船室区画に個室がある。艦長と先任士官たちはかなりプライバシーが保てた（とくに艦長の居室は艦内でもっとも大きな区画だった）。一方、後任士官や乗客たちは、カーテンや木の衝立で仕切った仮設の寝場所で辛抱しなければならなかった。その仕切りは昼間はほとんどが取り払われた。

それ以外の水兵や兵士は、原則としては下甲板《ロワー・デッキ》で寝ることになっていたが、洋上にいるときは、新鮮な空気の流れる上甲板を好む者が多かった。掌砲長と部下たちの寝場所は下甲板の艦尾で、艦尾迎撃砲が置いてある場合は、そのあいだで寝た。そのすぐ前の甲板で軍医が収納箱やのこぎり、薬などに取り囲まれて過ごした。さらにその前の、メイン・マストとミズン・マストのあいだの空間か、艦尾甲板の前部で一等水兵が寝起きした。見習い水兵には下甲板のフォア・マストとメイン・マストのあいだの空間が割り当てられた。年少兵は、空間があればどこででも寝た。

陸軍兵士には独自の決まりがあり、中隊の兵士は軍曹と一緒に下甲板の右舷側で（あるいは、天気のいい時は上甲板で）眠った。

もしも、艦隊司令長官か副司令長官が座乗する場合は、その艦が二つの大きな艦尾室を備えているほど広くなければ、艦長が自分の居住区画を明け渡した。その場合には、全員が階級に従って一段下の寝場所に移動した。予定外の部隊が乗った場合には、その部隊は主甲板で寝るか、巨大な漁網のような網を中甲板に吊して艦首楼と艦尾楼までのばし、その上で寝た。

こうした大勢の男たちが狭い空間に押しこまれたので、衛生設備が考えなければならない大きな問題だった。ちゃんとした排泄設備がなかったため、艦尾の角から吊した花箱（ハルディン）を使ったり、艦首突出部の格子板の上で用をたしたり、バケツやあか水溜めを使ったりする者も多く、排泄物でたちまち悪臭が充満した（あか水溜まりというのは、船艙の下にある空間で、そこに艦内に入った海水や廃水が集まる。汚水は生ぬるくなり、あか水溜まりの蓋を開けた者は有害な蒸気で昏倒しかねなかった）。

一五七三年にガレオン艦に便乗した客、エウヘニオ・デ・サラザールはその体験を書き、「中甲板でポンプを突いてあか水溜まりから汚水を汲みあげると」、いつでも「地獄のようにガスが立ちのぼり、悪魔のように悪臭を放った」と記している。

こうした汚物はネズミを引きつけ、ネズミは健康を害するだけでなく、保存食料を食い、真水を汚染し、帆やロープ類を食いちぎった。ガレオン艦は食料にするために家畜を乗せていた。ふつうは鶏や豚、羊だが、畜牛の場合もあった。馬も特別に考案された吊り革で輸送船に積んだ。無敵艦隊がイングランドの海岸に部隊を上陸させたら、騎兵斥候隊や士官、砲兵隊、伝令隊が馬を使うのだ。ほとんどの艦が豚や羊などの家畜を飼っていたが、このことが衛生問題をさらに大きくした。家畜よりも小さい害虫の問題もあった。ゴキブリにサソリ、ネズミ、そしてもちろんノミにシラミ。船室も下甲板も定期的に燻蒸消毒しても、階級に関係なく水兵や兵士、士官、誰であろうと、ノミやシラミから逃げることはできなかった。

航海中は、各艦の日課は当直体制に従って行なわれ、時間の経過は操舵手のそばにおいた砂時計をひっくり返すことによって示された。三当直制がとられていて、乗組員の三分の一が一日四時間ずつ二回、当直についた。最初の当直は真夜中から午前八時までで、水先人が監督し、午前と午後の当直は航海長が、そして夜の当直は艦長が指揮した。乗組員は八時間の当直時間の真ん中で交代した。一五八八年までには当直が輪番になるように、午後直は二つの折半直《ドッグ・ワッチ》に分けられた。

夜が明けたことは年少兵が祈りをあげて艦内に知らせ、ひきづつき聖歌『パテル・ノステル』と『アベ・マリア』が歌われた。聖歌はまた、各当直の交代時間と、三十分用の砂時計を返す時間も教えた。食事は日中の当直交代時にとった。

士官や志願軍人は自分自身の保存食糧を用意したが、水兵や兵士の食事はきわめて限られていた。小麦粉で作った固パンが一日一人につき一・五ポンドと、ヒヨコ豆やヒラ豆、ソラ豆、それに米を混ぜたシチューの配給分が基本的な食事だった。また、毎日、半アスンブレ、約一リットルの赤ワインも支給された。伝統的に週に四日、こうした食事に塩漬け牛を煮たのが加えられ、水・金・土曜日には、塩漬け魚やイワシの煮物がついた。ワインの代わりにビールやリンゴ酒が配られることもよくあった。
レバント戦隊のラ・トリニダド・バレンセラ号の記録によると、次のような食糧が積まれていた――固パン一千八百五十八キンタール（一キンタールは約四十二キログラム）、生羊肉九百九十二ポンド（一ポンドは約〇・四五キログラム）、米九十六キンタール、タコ八キンタール、それに、樽詰めのカンディア・ワイン。チーズは、悪天候や戦闘が間近に迫っていて厨房の火がおこせないとき、よく肉の代わりに出された。オリーブオイルや酢、タマネギ、オリーブ、ニンニクは食物の香りを良くしてくれた。調理は前述の時間に個々に、あるいはそのつどグループを作ってやった。ちなみに、こうしたほとんど地中海式の料理のおかげで、スペイン人水兵は他の海洋国の水兵より壊血病にかかることが少なかった。実際、壊血病になるのは非常にまれなことだったので、スペイン人は壊血病を“オランダの病気”と呼んだ。艦上の食事は特別に食欲をそそる物ではなかったが、少なくとも健康を維持できる理にかなったものだった。

食事は満足できたかもしれないが、艦内の環境は恐ろしいほど劣悪で、ガレオン艦は病気の温床だった。十六、七世紀のヨーロッパでは死亡率が高かったが、スペイン艦では人員過剰だったため、状況ははるかに悪く、グラヴリーヌの大敗のあと、問題は大きくなるばかりだった。インディアス艦隊では、スペインからカリブ海へ帰る航海中、乗組員の死亡率は十五パーセントから二十パーセントというのが普通だった。無敵艦隊ではスペイン本国へ帰るまで、多くの艦船でひどい人員不足に陥って、艦を操縦することすらままならないほどになった。言い換えれば、アルマダ作戦中の艦内生活はペストが流行し、人口が過密だったスペインの都市と同じような状態で、その上さらに、戦闘や難破によって死ぬ危険も加わったのだ。もし陸軍兵士たちがなんとか上陸できたとしても、ロンドンへの行軍中に新たな危険や脅威と直面することになっただろう。

艦の概観　スペイン・ガレオン艦

スペインの典型的な軍艦がどのように建造され、どのように運航され、どのように武装されたのか、もう少し詳しく見てみよう。

艦隊にはさまざまな艦船が所属していたが、もっとも力のある軍艦の多くはガレオン艦で、そうした艦は元はポルトガルの艦隊に所属していたものか、インディアス艦隊から海軍に徴用されたものだった。スペイン・ガレオン艦は長いあいだ、海底に沈んだ金銀財宝とか海賊、征服者、そしてもちろんスペイン無敵艦隊《アルマダ》と結びつけられて、歴史上もっともロマンあふれ、十六、七世紀のスペインの海軍力を象徴する船になっていた。このロマンに一役買ったのがハリウッドだ。ガレオン艦は確かに堂々たる船ではあったが、銀幕に映し出されるスペイン国王のきらびやかな巨艦とは別物だった。むしろ海洋王国スペインの質実剛健な船で、ヨーロッパ海域におけるスペインの利権を守り、アメリカ植民地で生みだされる莫大な富をスペイン国王に確実に送り届ける船だったのだ。

幸いなことに、この当時のスペイン人は詳細な記録をつけており、ガレオン艦がどういう船だったのか、正確に知るための資料をたくさん残している。十七世紀初め、スペイン当局は詳しい解説書をシリーズで刊行して、ガレオンと呼ばれる船を正確に記した。そのおかげで、ガレオン艦の要目や、艤装、糧食、搭載砲、乗組員定員などが、現在わかっている。また、こうした豊富な文書資料を裏付ける大量の絵画資料もあって、ガレオン艦がどのように建造され、運航され、戦ったのか、充分に理解することができる。不運にも、沈没したガレオン艦はトレジャー・ハンターの格好の獲物だったため（考古学者とは正反対で）、こうした資料

錨泊中のサンタ・マリア号。油彩画。アンドリエス・ファン・エートフェルト作。高くて細い艦尾、広い船体、そしてかなり細長い輪郭など、16 世紀最後の数十年における典型的なスペイン・ガレオン艦。（国立海事博物館、グリニッジ、ロンドン）

を補う水中考古学上の遺物で重要な物はあまり残っていない。発掘品はたくさん公表されており、たとえ考古学上の重要な遺物を発見することはむずかしくても、ガレオン艦に積まれていた物品に関しては膨大な情報が明らかにされている。

ガレオン艦の主な役割を説明することは、要目を示すことに劣らず重要である。その誕生ははっきりしないが、最終的には、インディアスと密接に関わることになった。インディアスとは、南北アメリカ大陸のスペイン植民地を表わすスペイン語である。ペルーとメキシコの銀に加えて、南アメリカ北岸地域で採掘される金やエメラルド、真珠は、世界強国としてのスペインの地位を維持するために必要不可欠な物となった（南アメリカ北岸地域は、もっと夢のような言い方をして〝スパニッシュ・メイン〟と呼ばれていた）。ガレオン艦は、こうした金銀財宝がスペイン王室金庫に確実に届くように輸送船の護衛についたのだ。

また、ヨーロッパ海域においてスペイン国王の敵と戦うために艦隊が派遣されたときは、ガレオン艦がその先鋒となった。この役目が、一五八八年の夏にもガレオン艦に与えられた。船艙には正金の代わりに補給品や弾薬、武器がいっぱいに積まれ、甲板には陸軍兵士が詰めこまれて、陸海の戦いでその役目を果たそうと待機した。

無敵艦隊には二十二隻のガレオン艦が配備された。そのうちもっとも大きな十隻がポルトガル戦隊としてまとめられた。この十隻の中には、艦隊司令長官の旗艦サン・マルティン号と、同じく威風堂々たる副司令長官の旗艦サン・ファン・デ・ポルトガル号、さらに八年前にポルトガル海軍から接収した大型ガレオン艦五隻も含まれた。さらに十一隻のガレオン艦がカスティリャ戦隊を編制し、その大半はインディアス艦隊から徴用したものだった。最後の一隻は、アンダルシア戦隊のサン・ファン・バウティスタ号で、この艦もまた八百十トンの巨艦だった。

これらの艦はすべてガレオン艦の特質をそなえているが、半数以上は当時の典型的なガレオン艦よりはるかに大きく、そのため何隻かはヨーロッパで最強の軍艦に数えられた。このガレオン艦群は、ほとんど実体のつかめていないイングランド・ガレオン艦との戦いに投入された。イングランド・ガレオン艦はスペイン・ガレオン艦と設計は似ているが、イングランド流の戦法に合うように改造されていた。

アルマダ海戦は二種のガレオン艦の戦いであり、また、二つの国家の、二つの艦隊の、二つの君主国の、二つの宗教の戦いでもあった。

ガレオン艦の設計

ガレオン艦の起源ははっきりしないが、ガレオンという言葉が最初に現われたのは十六世紀初めであることは確かだ。この名前で呼ばれた最初のスペイン艦は、地中海でバルバリア海賊と戦うために一五一七年に建造された。たぶん、十五世紀後半にヴェネツィアで使われていたガレオニと同様に、帆とオールを組み合わせた船だったと思われる。

ポルトガルも一五二〇年代にインド洋で似たような小型船を巡視艇として使っており、これはガレオネスと呼ばれた。こうした船が二十一隻、一五二五年の日付のある調査リストに載っている。スペインの資料では翌一五二六年の記録に、スペイン艦隊の王室ガレオネスという記述があるが、それ以上詳しいことは記されていない。

ガレオンという言葉は一五三〇年代には容認されていたのは明らかだ。このころのフランスの資料がスペインの軍艦をガレオンと呼んでおり、また、この型の船を初めて描いた絵画も登場しているからだ。

一五六〇年代後半のスペイン・ガレオン艦は、帆だけでなく補助としての櫂（オール）も装備できるように造られていたが、このころにはもうガレオン艦は櫂漕船とは見られていなかった。帆走船であり、その独特な外見から当時のカラック船とは区別された。

十六世紀初めは艦船の革新の時代だった。設計者たちは艦上に大砲を積むためのより良い方法を工夫し、新しい索具を導入した。地中海ではカラヴェル船が小型で軽い、三角帆《ラティーン・セール》艤装の貿易船として普及していた。一四九二年にコロンブスが大西洋を渡った〝地理上の発見の航海〟では、カラヴェル船が二隻、コロンブスの旗艦である大型カラック船サンタ・マリア号に随伴した。カラヴェル船はじきに、探検船としてもっともよく使われるようになった。

北ヨーロッパでは、重武装したカラック船が国力の象徴として造られていた。イングランドのヘンリー・グレース・ア・ディウ号やスコットランドのグレート・マイケル号がその代表的な例である。カラック船はカラヴェル船より大きく、不格好で、中世の北ヨーロッパの船、コグにより近いが、メイン・マストには地中海式の三角帆を、フォア・マストには北方式の横帆を張っていた。カラック船は地中海とイベリア半島ではナオ船と呼ばれていたが、ナオ型とカラック型の違うところは、ナオ船が〝平張り〟であるのに対して北ヨーロッパのカラック船は〝鎧張り〟だった点だ。〝平張り〟は船体の外板が平らに張られているのに対して、〝鎧張り〟は板と板が重ね合わされている。ガレオン艦が登場するまで、ナオ船とカラック船はスペイン海域でもっとも一般的な船だった。

最初のガレオン艦はカラヴェル船から発達したものだということは証明されている。というのは、どちらも、たとえば船首楼が低いといった同じ特徴をもっているし（少なくともナオ船やカラック船とくらべると低い）、最初のガレオン艦はかなり小さな船であったらしいからだ。実は、ガレオン艦と十六世紀中ごろのナオ船もまた同じ特徴をもっていた。たとえば、構造的な強度や艤装といった点だ。ガレオン艦はたぶん、地中海のいろいろな造船法や伝統が混じり合って生みだされたと見たほうがいい。つまり、いろいろな船型の隙間を埋めるようにして造られたのだろう。

サン・ファン・バウティスタ号（アルマダ作戦に参加した2隻の同名艦のうちの1隻）1588年。1588年のアルマダ作戦に参加した22隻のガレオン艦のうちの1隻で、カスティリャ戦隊次席指揮官の旗艦（アルミランタ）だった。750トンの最新艦で、陸軍兵士も含めて乗員は296人。搭載砲は小型のベルソ砲を除いてわずか24門。無敵艦隊が英仏海峡を東進していくあいだ、サン・ファン・バウティスタ号は自分の戦隊から分遣されて、最強のガレオン艦数隻とともにその場で戦隊を作った。この〝特別機動部隊〟はアルマダ本隊の陣形を守り、その後、サン・ファン・バウティスタ号はひきつづき、アルマダ作戦の主要な戦いにはすべて参加した。8月8日から9日に行なわれたグラヴリーヌ沖の海戦では、イングランド艦隊を相手に伝説的な戦いをした旗艦サン・マルティン号を他の3隻のガレオン艦とともに支援した。丸一日におよぶ戦いでバウティスタ号はひどい損傷を負い、甲板という甲板が血でおおわれたという。戦いを生きのびただけでなく、傷つきながらもその後、なんとかスペインに帰還した。サン・ファン・バウティスタ号はインディアス艦隊の船として建造された。造りは頑強で、他のガレオン船とくらべると、船体がかなり低い。それで搭載砲が少なかったことも説明がつく。インディアス艦隊のガレオン船は伝統的に外洋艦隊の常備艦よりも兵器が少ない。1588年にリスボンから出動する前に、バウティスタ号は大小さまざまなベルソ砲1ダースを積みこんで火力を増強したのだった。（トニー・ブライアン画）

一五三〇年代末までにはガレオンは独自の船型になっていた。一五三八年、オスマン帝国軍がキリスト教国連合軍と戦ったプレヴェザの海戦のとき、ガレオンとして記録されたヴェネツィアの艦がオスマン軍のガレー艦数隻を撃退して、ガレオン型は兵器がたくさん積めるので、自己防衛ができると実証してみせたのだ。ガレオン艦が地中海のほかの帆走船より強いことは明らかだった。たとえば、ナオ船は敵の激しい砲火に耐えられるような設計にはなっていなかった。戦時には兵器を積み、陸軍兵士をたくさん乗せたが、軍艦というより容積の大きな商船だったのだ。ガレオンはさらに一歩進んで、船台に竜骨を置いたときから軍艦として造られた。軍艦に特化した船がなかったこの当時、ガレオン艦は他に類を見ない船だった。

一五五六年にフェリペ二世が即位するまでスペイン国家は、三十年間にわたって、スペイン本国と新世界を行き来する輸送船団を組織し運営していた。当初、このインディアス輸送船団は武装したナオ船一隻によって護衛されていたが、一五三六年にガレオン艦が登場し、その時点から小型ガレオン艦が特別な護衛艦になった。アメリカのスペイン領海に侵入するヨーロッパ船が増えるにつれて、インディアス輸送船団にまわす護衛艦も多くなった。一五三六年と一五四三年に出された通達は、護衛艦が準備すべき武装の規模と果たすべき役割について明記している。

一五五四年に現在のテキサス海岸沖で沈んだガレオン艦、サン・エステバン号の残骸を調査した結果、ガレオン艦の構造や設備を物語る物品が得られたし、現存する多くの絵画資料からこの新しいガレオン型の艦が増えたことが証明される。

フェリペ二世が国王になる前の十年間、ガレオン艦はナオ船よりもたいてい小型だった。当時のリストに記載されているガレオン艦は、平均してわずか百二十トンほどだった。これは、帆と同様にオールの力でも走らせることができたという当時の記述に合致する。もっと大きな艦だったら、〝長オール〟を使っても動かすことはきわめて難しかっただろう。オールを使った場合、走るのは沿岸海域か、地中海か、外洋ではべた凪の時に限られた。一五五六年の王室記録にあるガレオン艦は、平均して三百三十四トンで、つまり、その十年前のガレオン艦の三倍の大きさになったということだ。同様に、一五五八年にフランドルへ派遣されたガレオン艦は平均して三百六十七トン。ガレオン艦の標準的な大きさが増していることは明らかだ。

混乱させる要因が一つある。それは、スペイン人のお役所的な傾向の表われなのだが、この時代のどんな船でもガレオン艦と呼んでいることだ。しかし、少し努力をすれば、増大するガレオン艦の中から武装ナオ船を選り分けることはできる。

ガレオン艦という名称はほかの国の海軍でも使われだした。一五四五年にイングランド国王ヘンリー八世は、長オールを備えた小型の哨戒艇を誇らしげに〝ガリヨン〟と呼んでいる。ポルトガル・ガレオンとかフランス・ガレオン、フランドル・ガレオンという言葉も十六世紀なかばの書類に記されている。ガレオンという言葉は明らかに、スペインの軍艦を総称するのに使われているし、ポルトガルなどイベリア半島のガレオン艦に構造も外見も似ている他のヨーロッパの船を指してもいる。

絵画資料や船舶模型、考古学資料、歴史資料などを付き合わせると、十六世紀中ごろのガレオン艦がどんな船だったのか、正確に知ることができる。典型的なガレオン艦は舷側が高く、艦尾楼が非常に高くそそり立って、ふつうは二層以上に分かれている。艦首楼は艦尾楼より低く、艦尾はカーブしておらず平らだ。艦首はガレー船の衝角のように突きだしている。

砲列甲板はたいてい一層で、艦首から艦尾まで通っている。船体はタンブル・ホームと呼ばれ、舷側が船底から上へ行くに従って内側へ湾曲しており、また、幅がしだいに細くなって艦尾楼となる。ガレオン艦の輪郭は優雅で、とりわけ艦尾は切り落としたような艦首とくらべると美しい。この時代のガレオン艦はナオ船よりも細く、船の長さと幅の比率が四対一で、平均的なナオ船の三対一と対照的だ。一五五〇年ごろの平均的なガレオン艦はすでに見たとおり、三百トン以上あった。そうした形は大砲にとっては頑強な架台になったし、高い艦尾楼は接近戦の際に有利で、敵の斬り込み隊に対して要塞の役目を果たした。砲列甲板の下にはきちんと仕切りがついた船艙があり、一方、甲板上の高い上部構造物は便乗客や余分な兵士を乗せる余地となった。

典型的なガレオン艦にはバウスプリットと、フォア・マスト、メイン・マスト、それにミズン・マストがあり、たいていは横帆を掲げた。八百トン以上もある最大のガレオン艦にはミズン・マストの後ろに二番目のミズン・マストが立っていることも多く、これはボナヴェンチャー・ミズンと呼ばれた。艦首から斜めに突き出ているバウスプリットは四角いスプリットスルを広げる。フォアとメインのマストには三枚の横帆――メインスル、トップスル、ロイヤルスル――が掲げられた。ミズン・マストには三角帆をあげ、ボナヴェンチャー・ミズンがある場合には、これにも三角帆を張る。

時を経ていちばん大きく変わったのは、船の大きさである。一五七〇年までに五百トンのガレオン艦はふつうになり、一五八八年のアルマダ作戦のときには、一千トン近くもあるポルトガルの大型ガレオン艦三隻と、約八百トンを八隻、国王の配下に置くことができた。形も変わったが、スペイン・ガレオン艦の基本的な特徴は、アルマダ作戦当時も変わりはしなかった。

造船

十六世紀のスペインには二つの主要な造船地区があった。北部バスク地方のラ・コルーニャからサンタンデルまでの海岸地帯と、南部アンダルシア地方のカディスとセビリャ周辺の賑やかな港町一帯だ。バルセロナからカルタヘナまでの地中海沿岸地区はガレー船建造の中心地だったが、さまざまな理由からガレオン艦の建造には適さないと見なされた。

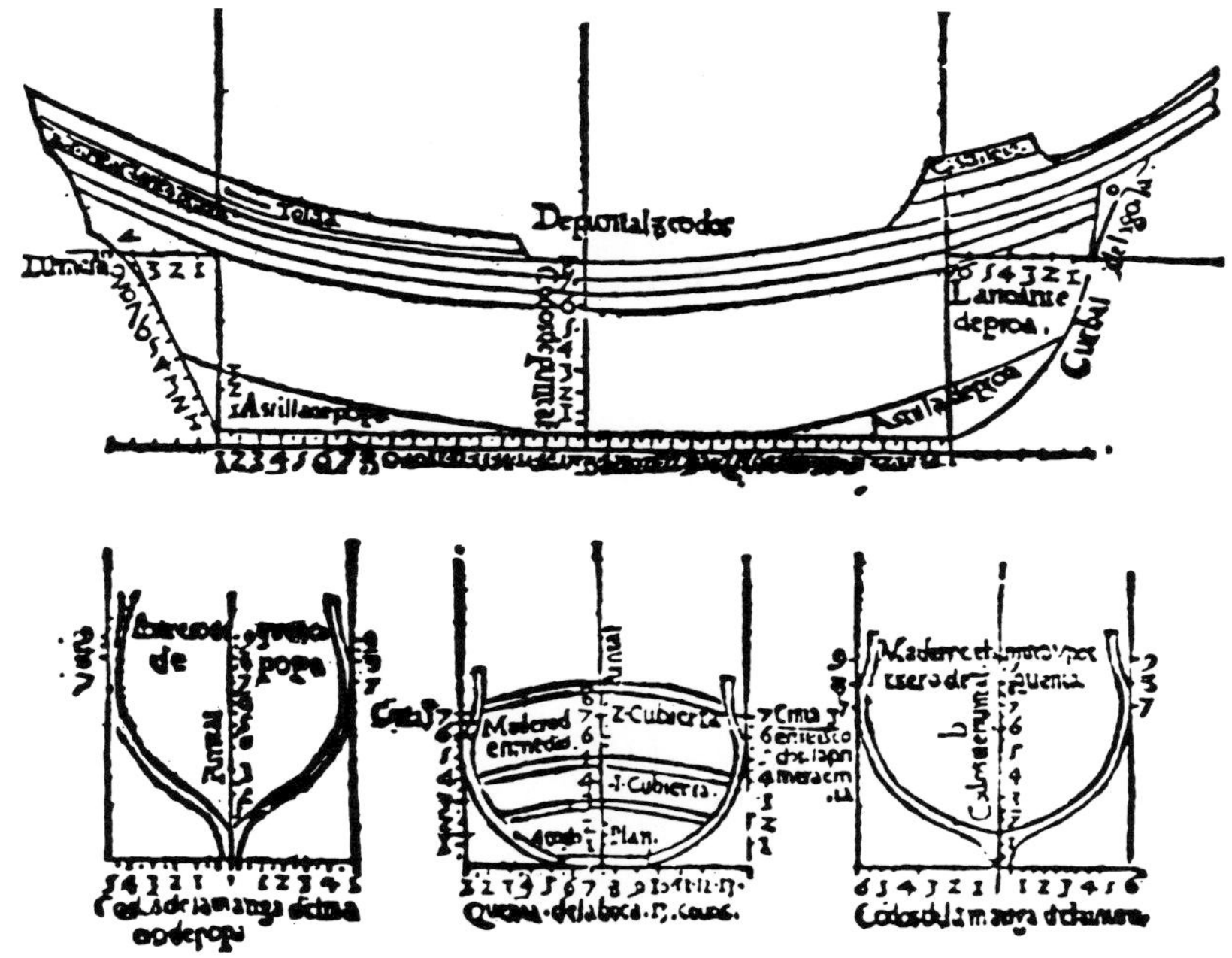

1580年代のスペイン財宝輸送ガレオン船の優美な輪郭。この線図では、財宝輸送船にとって積み荷スペースが重要だったことが強調されている。つまり、こうした船はアメリカからスペインへ財宝を運ぶ船として設計されたのだ。ディエゴ・ガルシア・デ・パラシオ著『海洋教本』(1587年発行)(スラットフォード文書館)

一五八〇年以降は、リスボンの近くのテグス川河口が主な建造場所だったが、スペインがポルトガルを併合したことによって、ポルトガルでも船を造ることができるようになった。イタリアやシチリア島、フランドルなどヨーロッパの港からは、ポルトガルより量は少ないが、建造資材を集めることができた。しかし、これらの港では、軍艦が完成した際にスペイン国王が買いあげる場合を除いて、建造することはめったになかった。

造船地区の中でもっとも高い評価を受けていたのは、バスク地方のビルバオ港を中心とする一帯だった。ビルバオのオーク材はドイツの中央部や北部のオーク材より品質がいいと見られており、またバスク地方は製鉄業が盛んで、大砲製造の中心地だったのだ。さらに利点は海洋都市として揺るぎない伝統があり、その貿易網は北ヨーロッパまで伸びていて、マスト用の松など長い丸太材やピッチ、ロープ、帆布といった資材が常時入ってきていた。

ガレオン艦はふつう私営の造船所で造られており、私営造船所はスペイン国家との契約のもとで仕事をした。国家の仕事をすることによって、造船所の所有者やその財政的支援者は一族の格が上がるものと期待した。その代わりに、国家役人は私営造船所側に王室船大工と共同で仕事をさせることができた。しかし、こうしたやり方は建造物の質を落とす結果になる場合がよくあり、建造時間は長引き、費用は増大した。

この時代のスペインの造船所は大半が原始的なもので、建造はたいてい屋外で行なわれた。精巧な設備よりも船大工の腕前や資材の質の良さのほうが重視されたのだ。

艦尾材を立てる角度から乾燥食糧庫の壁板の張り方まで、設計や資材や建造のほとんどすべての面が規定されていた。それは別として、建造工程はかなり単純だった。まずは、適切な木材を選ぶ。ふつうは、冬のあいだに切り倒されていた木だ。ガレオン艦の竜骨（キジャ）が地面に置かれる（この場所はアスティジェロと呼ばれた）。木材の長さは建造する艦の大きさによって決められた。それから、艦首材（ロダ）と艦尾材（コダステ）がそれぞれ竜骨に組み合わされて、当局の指示書に書かれている角度で上へ曲げられていく。十六世紀の中ごろまで造船作業はふつう、人間の目と判断が物を言ったが、一五八〇年以降は数学的原理に従わなければならなくなり、船大工はすべての物の寸法を計らなければならなくなった。

いちばん重要なのは梁（マンガ）の寸法で、ほかのすべての資材の寸法は梁との比率で決められた。つづいて、肋材（クマデルナ）にかかる。最初に主肋材（クアデルナ・マエストレ）が取り付けられ、これが舷縁（シンタ）から下の船体の基本的な形を造る。船体の形は中央部のU型から艦尾のY型まで場所によってかなり違い、それが艦首と艦尾の優美な反り（ガルボ）を生みだす。舷縁が取り付けられると、船体の形はできあがる。四十二コド（約十八メートル）の竜骨をもつ艦には、三十三組の肋材が使われた。

それから内部の甲板が敷かれる。甲板は曲材で下から支えられる。船艙（ボデガ）内はふつう、竜骨の上に敷かれた甲板と下甲板（プリメラ・クビエルタ）のあいだを空間にしておいた。艦が就航したとき、必要に応じて、中間に甲板を入れて仕切れるようにしてあった。

竜骨の上にマストを立てるための檣座《しょうざ》を据える。次に、甲板の張り板と船体の外板を張る。どちらも木釘と鉄釘を使う。鉄釘を使うと作業は早いが、信頼性は落ちるので、もっとも質のいい船体を造るには両方を組み合わせる。すると、材木に柔軟さと堅牢さの両方を与えてくれる。

舷側の張り板の厚さは舷縁から竜骨のほうへ下がっていくに従って増していく。船体をできるかぎり水密にするために、外板の合わせ目に麻繊維を詰めて塡隙《コーキング》する。コーキングを守るために合わせ目にタールを塗る。隙間にかしめる。フナクイムシやそのほか船材を食う海洋微生物は、とりわけカリブ海では猛威をふるう。カリブ海行きの船は船体を守るために、喫水線より下の部分を薄い銅板でおおい、さらにタールを塗った帆布でおおって外板と分離した。最終的な予防策としては、船体の下の部分にタールと獣脂や植物油を混ぜた保護液を塗った。

マストが船底へ降ろされて根本が檣座におさまると、マストをその場に支えておく何千メートルもある支索が張られる。

舵板の設置が実質的には最後の工程で、舵板は舵柱に数本の舵針で留める。後の時代の帆船とちがって、ガレオン艦の操舵にはすべて舵柄（カナ）が使われた。舵柄はその先端に舵棒（ピンゾテ）が取り付けられていて、これを使って舵板を動かすので、上甲板の艦橋（プエンテ）前部に立つ操舵手の位置から操艦ができた。索具の取り付けは別として、艦内の隔壁や昇降ばしご、索巻き機を設置して、マストにヤードを吊りあげれば、ガレオン艦は完成する。建造開始から完成までふつうは二年かかった。

造船所は三ないし四段階に分けて、報酬を受け取った。ふつうは、契約書に署名したときと、骨組みができたとき、そして完成したときだった。文書館にある訴訟関係の書類の数から見て、支払いが問題なく済まされることはめったになかったようだ。実際は王室役人が建造中のすべての段階で監督し、すべての面で国家の指針に合致するかどうか点検したからだ。不正が横行していたことは明らかで、王室か筆頭官僚が定期的に調査と監査をして、国家がだまされないようにした。造船所側は建造中、資材の代金や、雇った専門技術者の分も含めて高い人件費を支払い、国家監督官の宿泊費ももたなければならず、その代金は後まで待たなければならなかった。こうした過程を経るのも意味のあることだった。注文は前に使ったことのある造船所に出されることが多く、これもまた、先に述べた造船所の格が上がった証拠の一つなのだ。

こうして国王はガレオン艦を受け取り、そこで、造船契約に入っていないすべての設備や機器などの取り付けに責任を負うことになる。これには兵器や航海計器、ランタン、艦載艇、そのほか無数の物品が含まれた（艦載艇はふつう、艦尾に曳航するか、中甲板に格納された）。そのあとは艦の装飾がある。たいていは、艦尾の平たい面に艦名をもらった人物の肖像を描いた。聖人や処女マリア、あるいは宗教上の偉人などだった。艦尾楼の船室や艦首の突出部、艦首像、そのほか財源が許すかぎり、さまざまな場所に金箔押しが施された。

艦内は塗装されなかったが、船体外板の上の部分と上部構造物は帯状に塗装されることが多かった。だいたいは黒と黄土色だが、明るい黄色と赤、青、ときには白に塗られることもあった。

各マストには旗が掲げられた。ふつうは王室紋章の付いた旗だが、その艦がどこかの艦隊に所属している場合や艦隊司令長官が座乗している場合には、それを示す旗が加えられた。

最終段階は補給品の積みこみである。これには数週間、あるいは数か月もかかった。こうしてガレオン艦は使用できるようになる。

ガレオン艦の各部の名称は船よりむしろ中世の城の構造に由来する。ボデガ（船艙）とプリメラ・クビエルタ（下甲板あるいは砲列甲板）という言葉は、ナオ船やカラヴェル船のような他のスペイン船でも使われていた。メイン・マストの後ろに艦尾楼が何層にも重なって立ち上がっている。これは正しくはトルドといい、〝天幕〟という意味で、過去の船に見られた一時的に風雨をしのぐ覆い物から来ている。もっと一般的な言葉では、アルカザ（城塞）と呼ばれる場所がある。アルカザの上には艦尾楼甲板の末端があって、そこは小さな船室になっており、トルディジャと呼ばれた。やはり雨風から一時的に避難する場所という意味である。アルカザの下の甲板は中ほどまでがカマロテ（船室）と呼ばれた。ここはもっとも地位の高い人たちの居住区だった。その前部の艦首楼はカスティジョ（城）と呼ばれた。

アルカザ（城塞）とカスティジョ（城）という言葉は、スペイン人の戦術に対する考え方を表わしている。というのは、スペイン人は戦いを制するのに兵器ではなく歩兵を頼みとしたのだ。また、この高い艦尾楼や艦首楼は航行性能に悪影響を与えたため、ある方向の風に対しては操艦が難しくなり、風下へ落とされる傾向があった。しかし、ガレオン艦はよく言われるように鈍重な船ではなく、ナオ船やカラック船など同時代のほとんどの船とくらべても快速だった。その優雅な輪郭からガレオン艦は美しい船とさえ言うことができるし、もしも高い艦尾楼がほかに問題を与えないとすれば、ほんとうに堂々たる船で、まるで熟練マスケット銃手を満載した浮かぶ要塞のようだった。

アルマダの武装

ガレオン艦に兵器を装備するのは国王の責任だった。それはつまり、王室の財政管理官が大砲や弾薬、装備について詳細な記録をとっていたということだ。一五八八年のアルマダ作戦で生還した艦長たちでさえ、作戦中に使った弾薬の量とその理由を詳しく説明した帰還報告書を提出するように求められた。

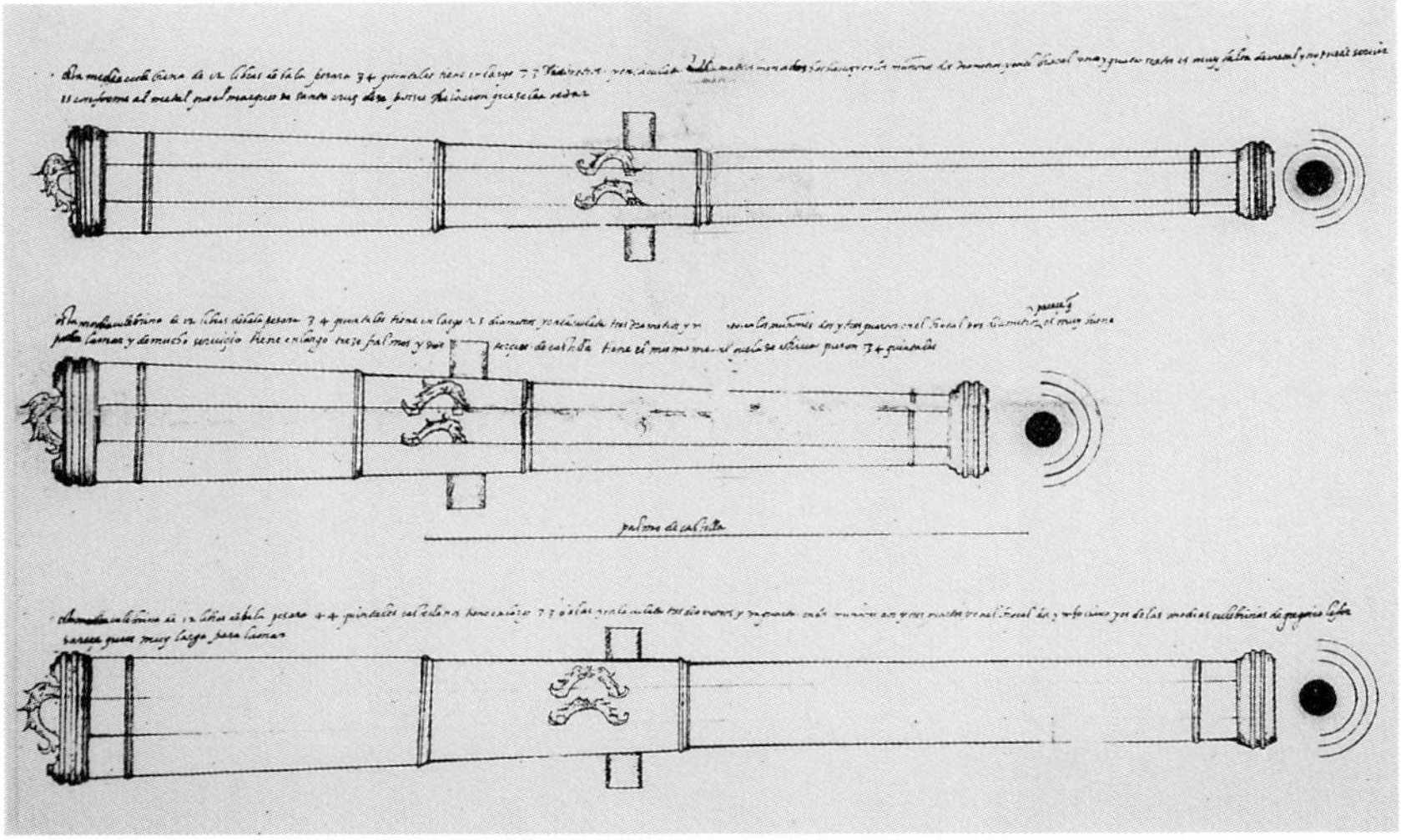

スペインの技術解説書に見られる３門のメディア・カレブリナ砲（半カルヴェリン砲）1587 年ごろ。この線図を描いた兵器専門家は報告書の中で、中型砲は砲身が短くて操作がしやすいため、艦載砲としては理想的であると書いている。それにもかかわらず、スペイン艦隊の難破船から引き揚げられた大砲の多くは、この線図に見られる長くて古い大砲にそっくりだった。（シマンカス文書館、バヤドリード）

　また、王室ガレオン艦に搭載する大砲の正規の数と大きさは法律で定められており、さらに一五五二年からは、兵器に対する人員の割合と、配分される弾薬の標準量も明記された。幸いなことに、スペイン人は官僚主義的なほどまじめに書類を作成していて、無敵艦隊の各艦には記録簿があり、搭載した大砲や配分された砲弾について詳しく記し、帰国した艦の場合には、イングランド艦隊に放った砲弾の数も書いてあった。

　国王は王室鋳造所で造った大砲をガレオン艦に装備した。また、弾薬はたいていの場合、王室工場で作られた。アルマダ作戦のあいだ、大砲は特定の艦に配備され、ほとんどはリスボンの造兵廠から供給された。もしもその艦が無事に帰還した場合は、大砲と備品は艦から降ろされて、王室倉庫に戻された。これは面倒な作業だったが、そのおかげでこうした兵器は最大限に活用することができ、ガレオン艦は特別な任務に必要な大砲を得ることができたのだ。一五八〇年代は兵器が不足していたが、スペインはなんとか外国から大砲を調達した。中でももっとも有名な鋳造所は、北イタリアやフランドル、中央ドイツの工場だった。

スペインは数種の大砲を使っていた。カノネ砲（カノン砲）と、カレブリナ砲（カルヴァリン砲）、ペドレロ砲（石弾砲）、ボンボルデタ砲（錬鉄砲）、それにベルソ砲（旋回砲）である。この中でカノネ砲は大きくて、ずんぐりしていて、重い大砲で、もっと一般に使われていたカレブリナ砲より長さに対する口径の比率が高い。

カレブリナ砲はさらに、カレブリナ砲とメディオ・カレブリナ砲（半カレブリナ砲）に分けられる。どちらも、カノネ砲あるいはカノネ砲より大きいカノネ・デ・バティィル砲より長くて、軽い。

ペドレロ砲は十六世紀末にはしだいに使われなくなった。石の砲弾を特別に作る費用がどんどん高くなったためである。ペドレロ砲は短射程の大砲で、砲身が短く、砲膛よりも薬室が小さい。主として接近戦の対人用武器であり、一六二〇年代までガレオン艦に積まれていたが、それ以後はもはや時代遅れの武器と見られた。

ボンボルデタ砲は錬鉄製の元込め砲で、初めてスペイン船に搭載されたのは一四〇〇年ごろだった。射程は同じ大きさの青銅砲よりかなり短く、その原因は主として、発射するときに砲尾からガスがもれて、砲口の圧力が失われることにあった。十六世紀の最後の数年まで使われていたが、スペイン王室ガレオン艦では一五七〇年代に見かけられたのが最後だ。一五八〇年代以降の在庫目録にはたいてい〝時代遅れの大砲〟と記されていたが、アルマダ作戦ではハルク戦隊とレバント戦隊を構成していた武装商船にこの大砲が大量に支給された。

最後のベルソ砲は短射程の対人砲で、船の手すりに取り付けた回転台から撃った。この大砲は型と大きさがいろいろあり、一般的に言うベルソ砲は一ポンドの砲弾を発射する。それより長くて大きいベルソ・ドブレ砲は一・五ポンド。この種の中で最大のエスメリル砲は二・五ポンドの砲弾を放った。どの種類のベルソ砲もすべて元込めなので、いざとなればきわめて素早く再装塡できた。また、固形の砲弾も対人用のブドウ弾も発射できた。

次の表は、アルマダ作戦のときにスペイン・ガレオン艦が搭載していたもっとも一般的な大砲を示している。括弧内にあるのは、ほぼ一致するイングランドの大砲名である。個々の大砲の重さ、口径、大きさには幅があるので、この数字は平均値を表わしている。というのも、この時代、大砲を規格化する試みはほとんどされていなかったのだ。個々の大砲はそれ独自のもので、スペインの史料の記録を見ても、二つの大砲の重さがまったく同じということはきわめてまれである。混乱を避けるために、大砲の重さの単位はリブラ（スペイン・ポンド）とし、ほかの数字はすべてイングランドの表記にならっている。

無敵艦隊の報告書を見ると、この作戦に参加した二十二隻のガレオン艦は大きさも装備もかなりまちまちだった。八隻は五百から六百トネラダ（トン）のあいだで、搭載砲は二十四門。もう八隻はもっと大きくて七百から八百五十トネラダのあいだ。搭載砲は三十門から四十門。三隻は巨大で一千トネラダ。搭載砲は約五十門。残り

1570年-1640年　大砲の平均的大きさ

種類	砲弾の重さ（リブラ）	口径（インチ）	大砲の重さ(青銅砲)（リブラ）	砲身の長さ（フィート）
カノネ砲（半カノン砲）	24	6	5400	11
カレブリナ砲（カルヴァリン砲）	16	5.5	4300	12
半カレブリナ砲（半カルヴァリン砲）	11	4.5	3000	10
サクレ砲（軽野戦砲）	7	3.5	2000	8
半サクレ砲（ミニオン砲）	3.5	2.5	1400	7

の三隻は小型で二百五十から三百五十トネラダ。砲は二十から二十四門。他のすべての船と同様に、ガレオン艦の搭載砲の総数にはカノネ砲からベルソ・ドブレ砲まですべての火器が含まれる。しかし、ほとんどの場合、ベルソ砲は数に入れられてなかったようだ。ベルソ砲はファルコン砲（あるいはファルコネタ砲）より砲弾が小さかったからだ。ファルコン砲は、イングランドの〝ファルコネット砲〟に匹敵し、これは当時の火器の中で最小で、砲弾は一ポンドか一・二五ポンドだった。

搭載砲数の約四分の一はスィーヴェルガン（旋回砲）と考えて、これを差し引くと、無敵艦隊の五百トネラダの典型的なガレオン艦は、およそ十八門の重砲を搭載していたことになる。それより大型の七百五十トネラダ級で二十四門から三十門。十六世紀末のガレオン艦はほとんどが通常、正金や便乗客、陸軍兵士一個小隊を積まなければならなかったので、大砲は大量にではなく、必要に足る分しか載せていなかった。

しかし、大砲は一回の片舷斉射に使われるだけで、そのあとスペイン艦はイングランド艦に体当たりし、そこで陸軍兵士が敵艦に乗り込んで、勝利をおさめた。陸軍兵士を艦上で最大限に活用する戦術に基づいて、大砲の搭載計画は立てられていたのだ。ガレオン艦の艦長がやらなければないのは、自分の艦を敵艦に横付けさせることだった。

第3章
エリザベスの海軍

イントロダクション

イングランドのエリザベス女王は、もてる戦力という点では敵スペインにくらべようもなかった。しかし、王室海軍は一五八八年までに三十四隻の王室艦という立派な戦力を作りあげ、また、大小さまざまな私有の武装商船百九十二隻も航行可能な状態にあって、不足を補うために海軍に徴用できた。もちろん、この数字の裏には、こうした船の多くが小型で、戦う役目を果たすことができないという事実は隠されていた。しかし、兵士や通信文、補給品などの輸送に使えるし、スペイン無敵艦隊と艦数は同じだと見せかけることもできた。

また、これも重要なことだが、イングランドには大規模な常備陸軍はなかったので、もしもスペイン軍がイングランドの海岸に上陸したら、立ち向かうことはできなかった。パルマ公率いるフランドル軍が相手にするのは、小規模な職業軍人の一団と、それを支える数こそ多いがほとんど訓練も戦闘経験もない市民兵たちだった。つまり、もしもスペイン軍が上陸に成功したら、彼らがロンドンまで進軍するのを阻むのは奇跡

イングランド女王エリザベス一世（1533-1603）。油彩画。ジョン・ベター・ザ・ヤンガー作。エリザベス女王はスペインとの〝冷戦〟を保っていたが、ネーデルラントにおけるプロテスタントの反乱を公然と支持したことによってスペインとの全面戦争は避けがたいことになった。（国立海事博物館、グリニッジ、ロンドン）

といっても過言ではなかったのだ。それでも、エリザベス女王とその顧問官たちは、利用できる限られた戦力を最大限に活用した。まず、ネーデルラントの同盟者たちの支援を取り付けた。同盟者たちの艦船はパルマ公軍とその上陸用はしけ船隊をフランドルの各港に釘付けにした。しかし、もしスペイン無敵艦隊が到着したら、ネーデルラント艦船は蹴散らされ、パルマ公軍は英仏海峡を渡りはじめてしまう。

イングランド艦隊に艦船を集める拠点となったのは、デットフォードやポーツマス、チャタム、ウリッジにある王室造船所であり、またプリマスやサザンプトン、ブリストルなどにある私有の造船所だった。武装商船は造船所でさらに兵器を増強され、王室艦は戦いの準備を整えられた。イングランド国家の存亡は艦隊にかかっている、そうエリザベス女王とその顧問官たちは充分に承知していたので、使える資材をすべて使って艦船を武装させ、準備を整えて、来るべき戦いに備えた。市民軍が海岸を監視しているあいだに、通信用ののろし台が建てられ、艦隊はプリマス港とダウンズ錨地に集まり、指揮官たちはいかに責任を果たすか、士気を高めていた。

エリザベス女王は、スペイン無敵艦隊をその進路からそらすのに経験豊かな海軍指揮官たちをとりわけ頼みとしていた。中でもドレイクやホーキンズ、フロビッシャーといった男たちはスペインと海上で戦った経験が豊富で、しかも、敵がエリザベス艦隊の潜在力を充分に把握していない可能性があるのに対して、この男たちはスペイン艦隊が現われたときどうなるか、知っていた。彼らは敵を知っている。撃滅できたら最高で、そらすのがせいぜいだとわかっていた。いまやこの小さな〝海の猟犬〟集団の動きに作戦全体がかかっていた。数では無敵艦隊に対抗できないので、彼らは、勝利するためにイングランド海軍の砲術力という強みを活用しようと考えた。これがイングランド側の大きな〝切り札〟だった。イングランド艦隊はスペインの斬り込み戦に対抗することはできないので、自分たちの弾薬とプロテスタント信仰を信じるしか道はなかった。

FRANCISCVS DRAECK · NOBILISSIMVS
EQVES ANGLIAE · IS EST QVI TOTO T
TERRARVM ORBE CIRCVMDVCO
id circumducio pernosco in longitudine, in latitudine est impossibile, etc

1570年代にカリブ海沿岸スペイン領を襲撃した際のフランシス・ドレイク。この時期、イングランドとスペインの緊張を高めた責任はほかの誰よりもドレイクにある。イングランドにとって彼は国家の英雄である。スペインにとってはただの海賊にすぎない。

艦隊

対アルマダ作戦において、エリザベス艦隊の頼みの綱は三十四隻の王室艦だった。このうち十三隻だけが最新の設計による大型で重武装の、五百トン以上ある快速船仕様のガレオン艦（レース・ビルト・ガレオン）だった。残りはずっと小型だった。これに対してスペイン無敵艦隊は百三十隻の艦船で編制され、その半分以上が五百トン以上あり、そのうち七隻は一千トンを越えていた。つまり、イングランド艦船の大半はスペイン艦船より小さかったということだ。また人員もスペイン艦隊より少なく、乗っていた陸軍兵士の数もそれに比例して少なかった。従って、もしもスペイン兵に斬り込まれたら、イングランド側にはまったく勝ち目はない。

エリザベス女王の王室艦がイングランド艦隊の艦数に占める割合は、わずか十八パーセントだった。三十四隻の王室艦に加えて、イングランド艦隊を構成したのは、プリマスの三十四隻の武装商船と、ポーツマスの三十三隻、ロンドンの三十隻（これらの平均トン数はほぼ百五十トン）、それに武装沿岸航行船が四十三隻（平均トン数は百トン）だった。合計するとイングランド艦隊の艦数は百九十七隻で、人員は一万五千九百二十五名。スペインより艦船の数こそ多いが、大半はあまりにも小型で、数の埋め合わせをする以外にはどうにもできない代物だった。

敵スペインと同様に、イングランド艦隊も王室艦の占める割合は小さかった。エリザベス女王は二百トン以上の軍艦を二十一隻保有していたが、一五八八年のアルマダ海戦前の十年間に造られたのはわずかに四隻だけだった。この四隻は、リヴェンジ号と、ヴァンガード号、レインボー号、それに艦隊旗艦のアーク・ロイヤル号である。スペインのガレオン艦とくらべて、イングランドのガレオン艦は上部構造物がはるかに少なく、同型の強力な火砲をそろえていた。また、同じ大きさのスペイン艦とくらべてスピードは速く、この四隻のうちの一隻などは（たぶんリヴェンジ号だろうが）その装帆の設計を見ると、速さと力をあわせもつ優美な艦に思える。

ホーキンズは海軍艦船監督官としての才能によって、この四隻以外の王室艦を指揮する任務についた。これらの艦はほとんどがカラック艦で、スペインのナオ船に相当するが、その設計は商船というより軍艦だった。建造は一五六〇年代と古く、六〇年代当時はイングランド海軍の戦術原則もスペインと同じで、軍艦を要塞、つまり敵艦に斬り込んだり、敵の斬り込みを撃退したりする拠点と見ていた。ホーキンズは一五七八年からこれらのカラック艦を改造して再艤装する長大な計画を立て、対アルマダ作戦時までにもっと最新式の快速船仕様ガレオン艦に近いものに仕立てあげた。改造された艦は古いし、最新式の軍艦より船幅が広くはあったが、敵スペインのどんな艦船より快速で、風上への切り上がり性能がよかった。

一五八七年に王室船大工長のピーター・ペットとマシュー・ベーカーは王室艦隊の三十四隻をすべて調査して、一五五七年建造のメアリー・ローズ号など数隻の古い軍艦が〝危険な〟状態であると指摘した。しかし、メアリー・ローズ号はいぜんとして対アルマダ作戦で積極的な役割をになっていた。こうした王室艦は最高の現役艦で、スペイン艦隊の強大なガレオン艦にひけをとらない船だったのだ。

そのほかは大半がこの作戦のために女王陛下の軍務に徴用された商船だった。商船を雇って装備した記録は断片的にしか残っていないが、概略を示してくれるには充分だ。こうした補助船の一グループは艦隊に志

スウィフトシュア号、1573 年。250 トンのこの小型ガレオン艦は 1573 年に王室船大工長ピーター・ペットによってデットフォード造船所で建造された。ピーター・ペットには船大工になった数人の息子がおり、その 1 人、フィニアス・ペットは 1637 年にソヴリン・オブ・ザ・シーズ号を造った。スウィフトシュア号はサー・ジョン・ホーキンズが設計したイングランド初の高速船仕様ガレオン艦の 1 隻で、4 年後にリヴェンジ号が進水するまで、その姉妹艦ドレッドノート号とともに艦隊でいちばんの快速艦と見られていた。しかし、ある方面からスウィフトシュア号は造りがあまりにも軽すぎると批判があった。1592 年に 2 隻の姉妹艦が改造されることになったのは、この批判のためだったかもしれない。ホーキンズの設計したガレオン艦の中で、設計者本人が存命中に改造されたのはこの 2 隻だけだ。スペインとの〝冷戦〟のあいだ、スウィフトシュア号は本国海域で通常の護衛艦隊に属し、1580 年のアイルランド・スマーウィック湾包囲戦に参加した。1588 年の対アルマダ作戦中は、エドワード・フェナー艦長の指揮のもと、ドレイク戦隊に所属した。（トニー・ブライアン画）

タイガー号、1580 年。1545 年に行なわれたポーツマス沖の海戦で、ヘンリー８世がフランスのガレー艦隊を見た結果、タイガー号はオールと帆をあわせもつ 160 トンのガレアス船として造られた。1546 年に進水したが、３年足らずで帆走船として再登録された。たぶん、長オールを取り除いただけだったのだろう。いぜんとしてガレー船そっくりだったため、タイガー号とその姉妹船ブル号はほかの艦船とひどくちがっていて、２度目の改造にうってつけの候補となった。２度目の改造はサー・ジョン・ホーキンズの勧めた設計に従って、船体がかなり改造された。改造は成功し、1570 年以降、タイガー号は 200 トンのガレオン艦として再登録された。イラストは 1580 年のスマーウィック湾包囲戦で見られたタイガー号である。当時の戦闘図に描かれた同号に基づいている。（トニー・ブライアン画）

願した武装商船で、〝志願予備船〟と呼ばれた。もう一つのグループは艦隊に乗組員ごと強制徴用された船だった。

大きさが二百トン以上で、搭載砲が四十門までの武装商船は約三十隻おり、このクラスの船はスペイン艦隊の武装商船の多くと同等の戦力をもっていた。そのうち数隻は、三年前の一五八五年にドレイクが南米北部のカリブ海沿岸スペイン領へ遠征して私掠船活動をしたとき同行した船であり、その他の多くは一五八七年にカディス港を襲撃したときの船だった。

武装商船の大半は、イングランド海軍の先任指揮官本人や、先任指揮官と婚姻関係や貿易業で繋がりをもった一族が所有していた。チャールズ・ハワード卿は対アルマダ作戦に参加した私掠船と武装商船を合わせて七隻所有し、ホーキンズは二隻、ドレイクは三隻持っていた。この作戦に参加した百六十三隻の私有船には一つ問題があった。それは百八隻が百トン以下だったことだ。

チューダー朝艦隊の兵器長サー・ウィリアム・ウインターがこう言った――「わたしは商船や沿岸航行船の戦いぶりを見たが、それを見れば誰しも、こうした船はほとんど助けにならず、物笑いの種になるだけだと言うことだろう」

対アルマダ作戦においてこうした船は実際にほとんど使えなかったが、イングランドは未曾有の脅威に直面しており、どんな船でもないよりはましだった。

こうした寄せ集めの船にはカラック船やホイ艇、ピンネース艇、クロムスター艇といった船が含まれ、その説明が必要だろう。王室海軍のすばらしい戦闘力を作っていた誉れ高い高速船仕様のガレオン艦や、改造された王室カラック艦とこうした船艇がどう違うのか、それを理解することが必要だ。

快速船仕様のガレオン

一五七五年以降、イングランドの船大工たちは、ジョン・ホーキンズのような革新的な艦船監督官やマシュー・ベーカーのような船大工長にうながされて、ガレオン艦に改良を加えていった。

一五七七年に完成した五百トンのリヴェンジ号は改良された第一号である。船体の輪郭線はなめらかで優美、強力な兵器を搭載する広さだけでなく、スピードも追求した設計だった。スペインのガレオン艦とくらべて艦の高さは低く、上部構造物は少なく、ガレオン艦のそそり立つ艦尾楼はゆるやかに傾斜した艦尾甲板に変えられた。このようなイングランド艦は船の幅に対する長さの比率が大きくなっているため、設計者が望んでいた快速性が備わり、また、もっと大型のスペイン艦より帆面積を広くする装帆計画によって推進力も増した。とりわけ、こうしたガレオン艦は敵艦に斬り込むための拠点としてではなく、砲術戦をする場として船体の設計がされた。ホーキンズはエリザベス海軍の古い型のガレオン艦やカラック艦も、なめらかな輪郭の快速船仕様に近づくように改造した。

王室カラック

一五六八年にジョン・ホーキンズに貸与された王室艦ジーザス・オブ・リューベック号は典型的なカラック型である。

一五四五年に七百トンのドイツのカラック艦がヘンリー八世によって購入され、イングランド海軍に編入された。このカラック艦は二十年たつと、もはや航海に耐えられないと見なされた。年月を経た艦はそそり立つ艦首楼と艦尾楼が切り落とされて改造され、船体にはつぎはぎ修理がされたが、大砲を積むには適しているし、広い船艙もあった。トライアンフ号やヴィクトリー号、ホワイト・ベア号、エリザベス・ボナヴェンチャー号を含むこうした王室カラック艦のうち数隻は、ホーキンズが艦船監督官を務めている一五七八年から八九年のあいだに改造がなされた。目的は快速船仕様のガレオン艦にすることだったが、以前のままの幅の広い船体と切り立った艦首を見ると、改造は部分的にしか成功しなかったと言っていい。改造は上部構造物を小さくすることと、帆を改良することに集中していたのだ。こうした改造艦が対アルマダ作戦の前後に使われたことはほとんどなかったが、数隻はイングランド艦隊の中でもっとも強力で、もっともよく武装されていた。本格的な快速船仕様のガレオン艦よりスピードは遅かったが、スペインの同型艦よりはるかに操縦性がよく、帆走性能もスペインの大型ガレオン艦よりすぐれていた。

ピンネース、シャラップ、ホイ

小型の補助船はさまざまな名前がつけられており、その区別はあいまいである。一五八〇年にアイルランドのスマーウィック湾に上陸することを決めたスペイン艦隊に対して、イングランド艦隊は攻撃を加えたが、その戦いを描いた挿絵にピンネース艇が見られる。三本マスト、六十トンの船で、竜骨の長さは五十フィート、船幅はおよそ十七フィート。これはピンネースとしては大型で、ほかは二十トンから四十トンと記録されている。典型的なピンネースの推進力はオールまたは帆である。スペイン人が使っているパタチェにたぶんよく似ているのだろうが、ピンネースのほうは独航船としてより大型艦に曳航される補助艇として使われることが多かった。

ピンネースの大型のものはバークと呼ばれ、百トンから二百五十トンの三本マスト船で、外洋航海ができた。十六世紀末ごろのイングランド商船の一般的な型であったバークは、エリザベス女王の指揮官たちによって小型軍艦として使われることもよくあった。

クロムスター

クロムスターはオランダの船だが、十六世紀末ごろにイングランドの貿易船としてしばしば使われるようになった。小型で、幅が広く、喫水が浅くて、主としてオランダ海域における交易のために設計されたが、小型軍艦に改造できた。縦帆とスプリットスルを装備し、構造は頑強だったから、重い大砲を積むことが可能だったのだ。喫水が浅いので、低地諸州（ネーデルラント）の河口域での航行には理想的で、クロムスターは〝海の乞食団〟の沿岸船隊の中核となった。

クロムスターの多くは小型で、百トン未満のものも多かった。しかし、この種の小型船はエリザベス女王の〝海の猟犬〟たちが南米北部のカリブ海沿岸スペイン領を攻撃した際にすでに広く使われていたし、こうした小型の王室艦や武装商船は艦隊の火力を増強してくれたのだった。

こうしてたどってくると、イングランド艦隊の断面が見えてくる――大型の王室カラック艦から武装商船、私掠船、そして、小型のバークにピンネース。ピンネースは大洋航海中は曳航されていたが、戦闘には偵察艇として投入された。

一九七四年に排水量百トンというゴールデン・ハインド号が復元されて、小型船の性能がどの程度だったのか、手がかりが与えられた。本物のゴールデン・ハインド号はサー・フランシス・ドレイクが一五七七年から八〇年にかけて世界周航した際に使われた。最初はペリカン号と呼ばれ、小車輪付き砲架の上に載った強力な半カルヴァリン砲を十八門備えていた。船の長さは約七十フィートで、幅はおよそ二十フィート（ゴールデン・ハインド号のトン数と要目は記録に残っておらず、歴史家はいまも大きさについて議論している）。小さな主甲板（メイン・デッキ）は船艙部分が吹き抜けになっており、また、船尾楼（スターンキャスル）の下の仕切り区画へつづいている。この一区画の中に船室と舵棒（操舵装置）、海図室がおさまっていた。船首楼区画には、二門の船首追撃砲が置かれ、掌帆長の倉庫があった。船尾の船室の上は小さな船尾楼甲板（プープ・デッキ）とドレイクの小さな居室になっていた。

主砲列甲板（メイン・ガンデッキ）は船首から船尾まで通っており、大砲が並べられ、乗組員の居住区になっていた。この甲板の下は最下甲板（オーロップ・デッキ）で、貯蔵品の保管に使われた。この船は今日では信じられないほど小さいが、一五七七年当時は大人と子ども合わせて八十人の定員を押しこんで航海したのだった。ドレイクは快適な生活を楽しみ、小さな船室にはオークの家具や銀の食器を備え、乗船している音楽家たちが娯楽を提供した。水夫たちはそんなに幸せな暮らしぶりではなく、士官でさえ現代の刑務所の独房より小さい空間を共用した。

フォア・マストとメイン・マストには二枚ずつ横帆を掲げ、第一斜檣（バウスプリット）にはスプリットスルを、ミズン・マストには大三角帆（ラティーン・セール）を張った。復元船の帆面積は四千平方フィートで、スピードは八ノットを超えたこともある。二対一という船体の長さと幅の比率は、この時代の武装商船の典型的なものだが、ジョン・ホーキンズによって設計され、マシュー・ベーカーのような船大工によって建造された快速船仕様のガレオン艦はその比率が三対一で、そのためスピードはもっと速かった。しかしエリザベス時代の〝海の猟犬〟たちによって指揮されたゴールデン・ハイ

【左】陸軍の軍務につくのに武器は自分で調達しなければならず、弓は火器よりもはるかに安かった。弓を持つヨーク州の徴募兵（中央左）は農民で、金を払って身代わり兵を出す余裕がなかったため、自分で軍務についている。必要な兵装をすべて整えたが、まだ改善の余地はいろいろある。鎧は帆布に鉄板を縫い付けた〝兵隊〟服で、よく見られるものだったが、しだいに時代遅れになっていった。矢筒に入れる24本の矢のうち8本は射程をのばすために、細い矢羽根にすべきだが、そうすると命中精度は落ちる。市民兵が手に入れられるもっとも安い武器は長鉾だった。これは農民や木こりの作業道具から改造される場合が多い。多くの兵士たちはこの長鉾を〝役立たず〟と見ていて、長鉾兵（中央右）は矛で武装するようになった。1590年にアイルランドのサー・ジョージ・カルーはこう書いている。「兵士の長鉾のもっともよい使い道は、ダブリンの農民に売ることである」。この長鉾兵は装具と胴鎧を相続したのだろう。金属鋲と金属板で補強した胴衣を着ているが、これはヘンリー八世の時代のものである。16世紀中ごろの標準的な火器だった火縄銃は、カリヴァー銃に取って代わられた。カリヴァー銃は口径が規格化されているため、訓練も装塡もはるかに容易になり、また経済的でもあったので、人気が出た。サー・ロジャー・ウィリアムズの記述によると、カリヴァー銃は1ポンドの火薬で20から30発撃てるのに対して、マスケット銃はやっと8から12発だという。しかし、ウィリアムズはカリヴァー銃を賞賛するだけでなく、マスケット銃のほうがカリヴァー銃より弾丸が重いので、殺傷力は大きいと認めている。こうした欠点はあったものの、カリヴァー銃兵（左）はイングランド陸軍においてもっとも数の多い銃兵だった。市民軍に配属できる人々が数千人もいたが、与える武器がほとんどなかったため、国家は工兵部隊（右）を編制することにした。工兵部隊は、上陸可能な海岸に拠点を造り、撤退場所を選ぶ作業についた。彼らが身につけた武器は剣と短刀、シャベル、ツルハシ、斧だった。（リチャード・フック画）

ンド号のような船こそ、艦隊の真の屋台骨を造っていた。

艦隊の編制

すでに注目してきたとおり、一五八八年の時点で、王室艦がイングランド艦隊に占める割合はかなり小さかった。一五八八年六月末にプリマスを出動したイングランド艦隊は王室艦がわずか十九隻で、随伴した武装商船のほうは五十四隻を下らなかった。さらにデヴォン州沖の海戦の最中に二十一隻の武装商船が一時的に艦隊に加わった。ケント州のダウンズ錨地に集結していた二番手の海峡戦隊は、もっとバランスのいい編制で、王室艦が七隻で、武装商船も七隻だった。しかし、アルマダ海戦のなかばに十七隻の武装商船が増強されて、海峡戦隊の王室艦と傭船の割合は、主力艦隊と同じようになった。

九十トン未満の志願商船十五隻を数に入れると、イングランド主力艦隊は王室艦十九隻、商船七十九隻となって、王室艦は総艦船数のほぼ二十四パーセントになる。同様に、ダウンズ錨地の海峡戦隊にも志願商船を加えると、王室艦は七隻、商船は三十一隻となって、王室艦は全艦船数の二十三パーセントになる。つまり、この一五八八年にスペインと戦うために出動した王室艦は一隻につき三隻の武装商船をともなったことになる。

ホーキンズの設計した快速船仕様のガレオン艦は確かに艦隊の戦闘中枢を作っていたかもしれないが、戦力の大多数、すなわちイングランド艦隊の四十パーセ

【左】無敵艦隊と戦うためにネーデルラントでの軍務についたイングランドの軍人たち。1587 年にオランダ兵を描いたデ・ゲンの絵画シリーズに基づいている。マスケット銃兵（中央）は山が低く、つばの広い帽子をかぶっている。これは次の世紀にマスケット銃兵の標準的な帽子になった。この図はまだ早い時期にかぶっている例である。このマスケット銃兵は袖の割れた平服の下に詰め物をした胴衣を着て、マスケット銃の架台を持っている。オランダではカリヴァー銃（左）は 1609 年まで陸軍で使われたが、戦闘中、カリヴァー銃兵とマスケット銃兵がどう配置されたかは明らかになっていない。ティルブリーのイングランド部隊のために立てられた戦闘計画では、マスケット銃兵は矛兵の盾として使われたが、発掘された銃弾の総数の中でマスケット銃弾はわずかな割合しか占めていない。この矛兵（右）は胴鎧一式をつけている。すなわち鶏冠のついた兜、のど当て、綿入り胸衣、背当て、太ももを守るためのこざね、肩鎧、腕を守るための腕鎧、金属製のこて。（リチャード・フック画）

ントに当たる四十四隻は、百五十トンから二百五十トンの私有船だったのだ。当時の記録はこれらの船を武装商船と記しているが、この呼び方は間違っている。こうした船の多くはドレイクやホーキンズといった私掠船乗りが遠征航海に使った船で、つまり、〝私掠船〟として装備され、運航された私有の軍艦なのだ。そのうち何隻かは快速船仕様のガレオン艦に匹敵し、王室海軍に所属する同じ大きさの軍艦に操縦性も火力もひけをとらなかった。

一五八八年七月の対アルマダ作戦開始当初、艦隊の編制はきわめてゆるいもので、艦隊は一つの大きな塊として統制され、はっきりとした行動原則がないまま指揮権が割り当てられた。しかし、最初の戦闘を重ねるうちに司令長官チャールズ・ハワード卿は教訓を学びとって、八月三日以降はもっと考え抜いた艦隊編制に変えたのだった。

もちろん、イングランド王室海軍は全体としていつも編制がかなりゆるやかだった。平時には王室艦は民間の船主にしばしば貸しだされたし、大規模な私掠船活動に対しては王室の〝掛け金〟として貸与された。貿易で利潤を得るために王室艦を貸与するというやり方はエリザベスの父親のヘンリー八世がやっていたことだが、女王はこれを戦略的な政策にした。つまり、王室艦を貸しだすことによって維持費を大幅に削減し、その上、確実な利潤を得る機会を作ったのだ。とりわけ、これはイングランド海軍による護衛任務を商業活動のともなうものにし、ドレイクやホーキンズ、フロビッシャー、ローリーといった男たちはみな、遠征で成功することによって利益を得たのだった。この異例の政策はうまくいき、女王のためには――そして自分自身のためにも――大きな危険を喜んで冒すというタイプの指揮官たちを生みだした。

問題はこうした随時即製する組織がイングランド史上もっとも大規模で、もっとも重要な海軍作戦でもうまく動くかということだった。

イングランドの戦法

イングランドがスペインに対して大きく勝《まさ》っていたのは砲術だった。スペインは大砲を載せる架台として旧式な二輪の砲車を使っており、発射したときに大砲が後退する力を吸収させるために、大砲と砲車を舷側に縛りつけていた。これに対してイングランドは四輪の砲車を開発していた。そのおかげで大砲は二輪の砲車より砲門のそばまで寄せることができるようになり、狙いをつけたり旋回させたりするのが容易になった。また、大砲の重みが四点に分散するので、一つの車の大きさは小さくなった。スペインの二輪の砲車は野戦砲に似ているが、車輪は円形の板に近いものだった。中には車輪の高さが三フィートになるものがあって、そのため大砲は操作がしにくく、また、大砲の重みは三点にかかった。二つの

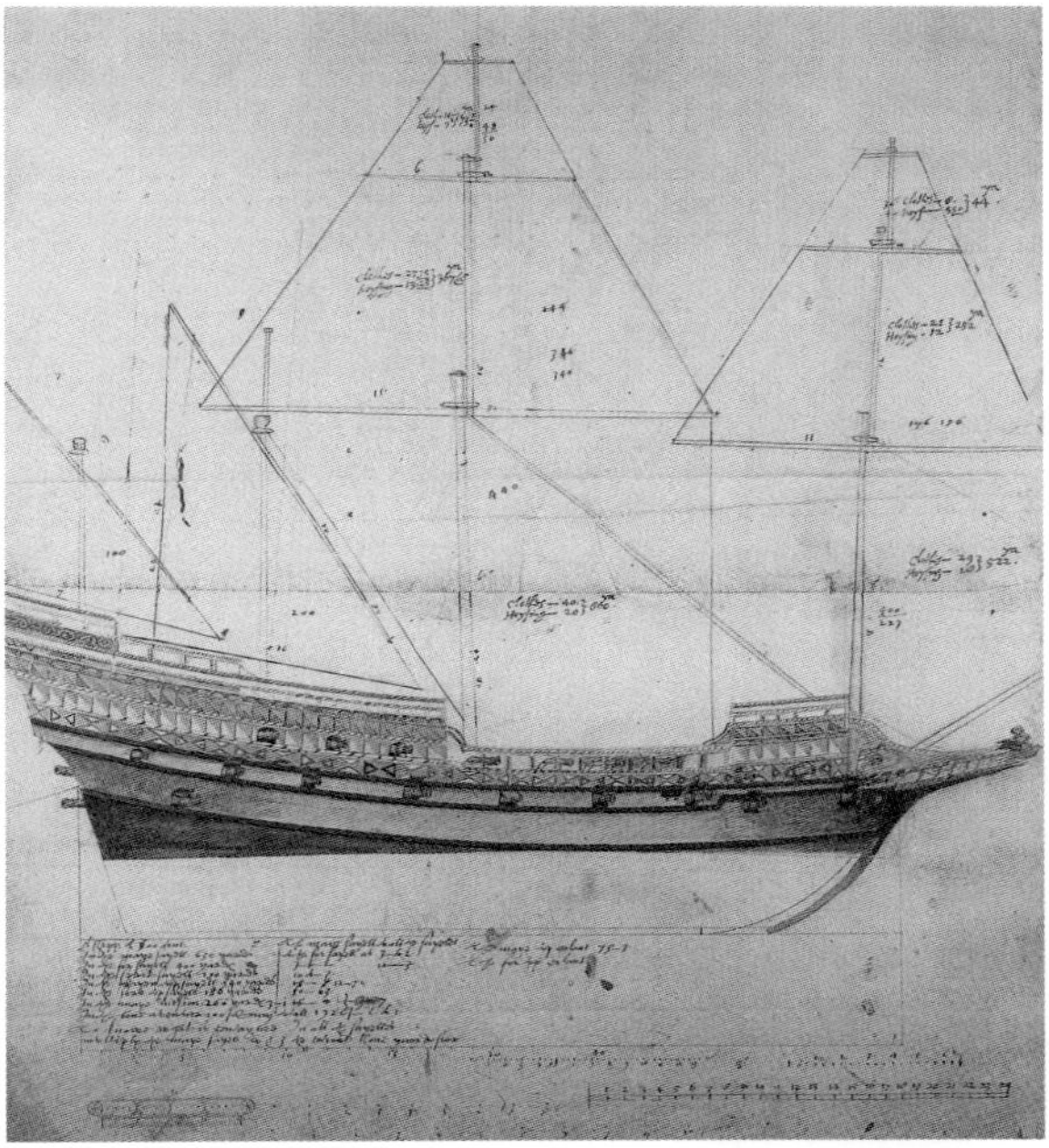

イングランドの快速船仕様のガレオン艦。チューダー朝時代におけるこの仕様の軍艦の塗装や装飾の仕方が見てとれる。また注目すべきは、中甲板に四輪砲車に載った青銅砲が置かれていることである。マシュー・ベーカー著『フラグメンツ・オブ・エンシェント・イングリッシュ・シップライトリィ（古代イングランドの造船術断片）』（1582年ごろ）。（ケンブリッジ大学、聖マグダレン・カレッジ許可）

車輪と砲車の尾部である。

もう一つ、イングランドが行なった重大な革新は、滑車とロープを組み合わせた滑車装置という簡単な仕組みを開発したことである。この装置によって、大砲はそれ自体の後退によって艦内へ引きもどされ、再装塡してふたたび押し出すのが最小の力でできるようになった。この仕組みはさらに改良されて、十七世紀には艦載砲の標準装備になっていた。この滑車装置が最初に見られたのは一五四五年のメアリー・ローズ号上で、ほとんど変更を加えられることなく、十九世紀なかばまで使われつづけた。

この艦載砲の有利点と〝海の兵士〟の足りないことが結びついて、イングランドの戦術が自ずと決まった。兵士による斬り込み戦法をやめて、大砲を使って攻撃するのだ。すべての砲弾が戦果をあげるように自艦を短い射程内に持ちこむこの戦法が最大の効果をあげたのは、対アルマダ作戦中、終盤の戦闘になってからだった。イングランド艦はスペイン艦より機動性に優れ、砲術で勝っていたので、いつ、どこで、どう戦うか読むことができたのだ。

砲一門に対する砲員数はのちの時代よりも少なかった。サー・ウォルター・ローリーの記述によると、十六世紀末の砲員数はふつう四人で、十七世紀初めは大砲の大きさによって二人から五人だった。一五四六年にヘンリー八世に進呈された艦船解説絵巻『アンソニー・ロール』にはチューダー朝の乗組員編制が記されている。たとえばメアリー・ローズ号は重砲を三十門搭載し、砲員は三十人、陸軍兵士は百八十五人、水兵は二百人だった。


【左】３人の兵士は、ジョン・デリック作『イメージ・オブ・アイルランド（アイルランドの情景）』（1581）に基づいている。アイルランドの反乱を鎮圧するために派遣されたイングランド陸軍兵士たち。沿海各州から派遣された市民兵と思われる。衣服や装備は要求水準に達してはいるが、当世風ではないし、流行のものでもない。カリヴァー銃兵（中央）は、鶏冠付きの兜に、細かく差し糸をした胴衣、ヴェネツィア風半ズボン、ストッキング、短靴という出で立ち。デリックのすべての版画で見られるのと同様に、カリヴァー銃は左手で持たれている。この絵から左肩にのせて撃ったことがわかる。槍兵（右）は鎧で全面装備しているが、こざねはつけていない。半ズボンには膝飾りがついていて、将校がよく着用するものだ。たぶん、平均的な兵よりもいくらか裕福だったのだろう。この時代、そして次の世紀のあいだ、将校（左）は軍服を着なかった。支給されてもだ。この将校は贅沢に装飾された〝バーゴネット（軽装）〟の兜をかぶり、美しくはあるが実用的ではない襟飾りをしている。胸当てと背当ては革の胴衣の上につけている。（リチャード・フック画）

このような状態はエリザベス女王時代ずっとつづいていたが、兵士数は十六世紀末ごろに徐々に減っていった。この数字から各砲には砲手長が一名配置されたのは明らかだが、もしすべての砲員が陸軍兵士と水兵から出されたとすると、砲撃と再装塡には、弓兵や火縄銃兵、旋回砲員、操船に当たる若干の水兵たちを除いて、乗組員定員の大半が当てられたことになる。

　イングランドの青銅砲や鋳鉄砲は性能が高いと見られており、また、四輪の砲車を使うイングランド水兵は自分たちの大砲や連射する腕前を信頼しており、制約となるのはただ弾薬の補給だけだった。対アルマダ作戦の中盤でイングランド側は弾薬が不足しはじめたのに対して、スペイン側は不足しなかった。これは、戦いに勝利するためにとった両者の戦法が違う明らかな証拠である。

　十六世紀なかばまでに大砲は海戦において必要な兵器として定着した。しかし、まだ主たる兵器ではなく、たくさんある武器の一部にすぎなかった。一五四五年にポーツマス港で沈没した軍艦メアリー・ローズ号から引き揚げられた遺物がそれを証明している。メアリー・ローズ号はさまざまな武器を積んでいて、その中には大型の青銅砲や、木製の台に載せた元込めの錬鉄砲もあった。艦の手すりには旋回砲が取り付けられて、近距離の砲撃をし、補助的に火縄銃も積まれていた。火器を使う兵より弓を持つ兵の数のほうが上回り、斬り込みの際に使う長鉾など柄のついた武器も用意されていた。発火砲弾や焼夷弾も数は限られているが、搭載されており、そうやってすべての種類の武器がそろえられていた。メアリー・ローズ号は接近戦用の武器を使うことを主眼として設計されており、敵から離れ

【左】ジョン・デリック作『アイルランドの情景』（1581）に基づいたもの。旗手（中央）は羽根飾り付きの平たい帽子をかぶっている。これはヘンリー八世の時代には流行の先端だったが、アルマダ時代までには流行遅れになっていた。のど当てと装飾した衣服を着ているだけで、鎧はつけていないことから、若いか新採用された将校と見られる。持っている旗にはセント・ジョージ十字とチューダー朝の４つのバラが描かれている。鼓手（左）は冠が平たくて、緑の細い帽子をかぶり、小さな肩翼のついた綿入り胴衣を着ている。小さい立ち襟がついていて、ウエストの下には小さめのスカートがふくらんでいる。膝飾りのついたタイツ式の半ズボンをはき、股袋をつけている。国境騎馬兵（右）はイングランドとスコットランドの国境地帯で強制徴募された人々の中から入隊した者で、スコットランドの侵略から守るためイングランド北部地方で軍務についた。個人の装備で武装し、長い帷子を着て、槍とセント・ジョージ十字のついた小さな盾を持っている。（リチャード・フック画）

ダンノーズ沖の海戦――ワイト島、セント・キャサリン岬。クレス・ヤンス・ヴィッセル（1587-1652）の版画シリーズから『プリマスからグラヴリーヌまで、無敵艦隊の進行』。この絵は戦略的な観点から見ると、正しくないが、戦う艦船や戦いぶりは見る者に強い印象を与える。（ストラトフォード文書館）

て砲撃戦をする力はゼロに等しかった。

艦載砲によって起こされた革命により、海軍戦術は十六世紀中ごろまでに発展を遂げて、二つの理論が出現していた。一つは、軍艦を丸ごと兵器として使って斬り込み戦にもちこむという伝統的な考え方であり、もう一つは、艦載砲を主たる攻撃兵器として使う革新的な考え方である。イングランドは、それにオランダとフランスに限られはするが、信頼できる大砲が得られるのを最大限に利用して、海戦への入り方を考え直した。どちらの入り方をとるかは状況によって決められるが、こうした国々は大砲を攻撃武器として使うという考え方に基づいて、戦闘原則を発達させていった。つまり、スペインは戦いに勝利するのに斬り込み戦を頼みとし、スペインの敵国たちは距離を置いて砲術を頼みとしたのだ。

スペイン艦隊はまた、砲員を独自に編制するには人手不足だった。アルマダ作戦のあいだ、一門の砲員は砲手長が一人と兵士が六人だった。いったん大砲が装填されると、兵士たちは自分の武器を取って、斬り込み戦に備えた。このことからして、一斉射撃を二回以上するとなると、再装塡作業のために斬り込み戦の戦力が大幅に落とされたことは明らかだ。言い換えれば、こちらかあちら、斬り込みか砲撃かどちらかであって、両方を同時にはできないのだ。戦闘に入る前に、艦長はどちらの戦法にするか決断し、それに従って乗組員の編制をすることになったにちがいない。

スペイン無敵艦隊の難破船から引き揚げた砲弾を分析したところ、砲術に関して計り知れないほど貴重なことがいろいろあぶりだされた。文書館資料には、各種の艦船が航海作戦中に支給されていた砲弾数が記録されている。旋回砲と元込め錬鉄砲の砲弾はほとんど引き揚げられなかったのに対して、大型砲に支給された砲弾は、艦が沈没したときに、ほとんどまだ艦内に残っていた。つまり、アルマダ海戦のとき、大型の大砲はほとんど撃たれなかったということだ。近距離砲撃が行なわれたのは、アルマダ作戦の最後の戦闘であるグラヴリーヌ沖の海戦だったと推測される。二輪の砲車に載った大型の半カルヴァリン砲に再装塡するのはあまりにも厄介だったため、大砲を撃つことはめったになく、もっとも大きな大砲だと一日に一発か二発しか撃たないこともあったのだ。

射程が短い元込め砲や旋回砲は、再装塡が容易にできたので、使われる回数が多かった。もう一つの要因として、砲の信頼性という問題があった。スペイン艦隊のほぼ二ダースの青銅砲を調査したところ、二門には重大な構造的欠陥があり、そのうち一門は撃ったときに砲身の一部が吹き飛んだようだ。スペイン海軍はふつう斬り込み戦を選んだので、大砲は斬り込み前に一度だけ発射されるものとして設計された。もし再装塡するとなると、斬り込み戦のための準備は妨害されるし、大砲の中に信頼できないものがあると思われていたとしたら、砲撃戦に熱心でなかったこともうなずける。

イングランド側は、青銅砲は――鋳鉄砲でさえ――品質が高いと考えていたし、弾薬の補給に制約はあったものの、四輪の砲車を使う水兵は自分たちの大砲と連射する技術を信頼していた。イングランド艦隊は対アルマダ作戦の途中で弾薬が不足したのに対して、スペイン艦隊は不足しなかったという事実は、両者が勝利するために砲術を頼りとした度合いが違うという明確な証拠である。

大砲は一度撃たれると、再装塡しなければならない。人力上の問題はすでに触れたが、再装塡には戦術上の問題もあった。砲術戦について述べた当時のたくさんの報告書によると、艦は片舷斉射をすると、旋回して、艦首か艦尾の砲を敵艦に向け、旋回をつづけてから反対舷で斉射した。こういう方法をとるのは、安全に再装塡するためには敵艦から安全な距離まで後退しなければならないし、また、ほかの大砲で敵艦へ撃っているあいだに非戦闘舷の砲列に再装塡する、という考え方から来ている。この戦術は当時の騎兵戦の革命であった旋回戦法に似ている。つまり、騎兵の最前列は敵へ射撃すると、最後尾の列まで後退して、再装塡したのだ。軍艦が〝8の字〟に走りながら敵艦へ砲撃したり、各部の重砲を順番に敵艦に撃つあいだに非戦闘舷の砲列に再装塡するというのは、まれなことではなかった。こういう戦法は、十七世紀末以降になって艦隊が〝戦列〟を組んで戦った戦法とは大きな隔たりがあった。

対アルマダ作戦は、イングランド海軍の砲術理論にとって究極の試験だった。イングランド艦は自分が危険にならないように、敵艦に距離をとって砲撃することはできたのだが、不運なことに、砲弾の破壊力そのものはスペイン艦船をひどく損傷するほど強大ではなかった。例外は近距離で戦ったグラヴリーヌ沖の海戦で、イングランド艦がスペイン艦に甚大な損傷を与えられるほど接近したので、スペイン艦隊はばらばらになって混乱に陥った。アルマダ作戦のあいだずっと、スペイン艦隊は緊密な防御陣形を維持していたので、一隻は数隻の僚艦に守られていた。しかし、英仏海峡を東進しているあいだ、スペイン艦隊は落伍した僚艦を助けるために、あるいは、孤立したイングランド艦船を攻撃するために、陣形を崩すこともときにはあった。

イングランド艦隊は、スペイン艦隊の緊密な陣形に少しの亀裂も与えることができなかった。砲術だけでは敵艦隊を打ち破ることはできないように見えた。イングランド側が戦術的に敵に優位になるのは、敵が陣形を崩したときだけで、そのときは、より快速の艦船と高性能の大砲が個々のスペイン艦船に集中攻撃をすることができた。この作戦のあいだ終始、スペインは〝斬り込み〟戦術に頼り、イングランド側はただスペイン艦隊から距離をとっていたが、二つの艦隊が接近したときは、たがいに火縄銃で撃ち合った。エリザベス女王の〝海の猟犬〟たちの多くが勝利を手にしたのは、敵味方双方がどんな戦術的問題に直面しているか、それを理解する能力と、自分の限界を長所に変える技量があったからだった。

指揮官たち

イングランド海軍の指揮系統にはスペインのような厳密な階級制が欠けていたかもしれないが、重要な特徴はいくつかあった。まず、最高指揮官は国王、つまりエリザベス女王である。女王の命令には士官たちが個人的にどのような犠牲を払おうと、従わなければならなかった。父親の国王ヘンリー八世は、臣下の貴族たちを規則に従わせるために過酷な懲罰を科すこともいとわなかった。エリザベス女王がおかれたのも同じ状況だっただろうし、義務の意味するところも同じだっただろう。スペイン国王フェリペ二世とちがって、エリザベスは陸海両軍の戦闘準備の細かいことにはかかわらず、有能な部下たちにその責任を預けた。また、これは敵スペインも同じだったが、女王は自分の艦隊の指揮を一人の男に任せ、いったん艦隊が港を出たら、その男が艦隊の運用をすべて統括した。イングランドの将来をかけた責任は、エリザベスの総指揮官である司令長官チャールズ・ハワード卿の双肩にかかることになったのだ。

対アルマダ作戦の準備中、エリザベス女王は海軍国防軍事会議の助言を受けた。会議を構成していたのは、艦隊司令長官のチャールズ・ハワード卿と、先任指揮官の大半だった。次席指揮官のサー・フランシス・ドレイクをはじめとして、ヘンリー・シーモア卿、サー・ジョン・ホーキンズ、シェフィールド卿、トマス・ハワード卿、サー・ヘンリー・パーマー、カンバーランド伯爵、トマス・フェナー、サー・マーティン・フロビッシャー、サー・ウィリアム・ウインター。この男たちのほとんどは高度な海上経験を持っており、この中には主な〝海の猟犬〟がすべて含まれていた。こうした男たちはまた、海軍の指揮権も持っていたが、ドレイクとホーキンズ、シーモア、フロビッシャーはのちにイングランド海軍に編入された自分の戦隊に対して指揮権を与えられた。軍事会議に所属する貴族たちからの批判をそらすために、ホーキンズとフロビッシャーはナイト爵を授けられた。しかし、誰かを指揮官に任命するとなると、エリザベス女王も司令長官ハワード卿も、その社会的地位より経験を重んじたことは明らかだ。

対アルマダ作戦が始まったとき、艦隊は明確な体系で組織されてはおらず、指揮権は場当たり的に割り当てられた。たとえば、ドレイクが五月にプリマスを出港したとき、彼には海軍の正式な階級はなかったが、王室艦も含めたイングランド艦ひとグループの指揮権が与えられた。六月までには、彼と主な指揮官たちには将官の階級が与えられた。たとえばドレイクは、中

【左】1596年、司令長官トマス・ハワード卿とサー・ウォルター・ローリー、カディス遠征攻撃。1596年、スペインのカディス港を攻撃すべく、イングランド・オランダ連合艦隊による大遠征が始まった。編制は艦船30隻、輸送船団、イングランドとオランダの陸軍兵士8000人。スペイン艦隊はカディス錨地におり、陸上の要塞に守られていた。8月20日の夜、旗艦アーク・ロイヤル号で作戦会議が開かれ、まずはスペイン艦隊を攻撃し、そのあと町を襲撃することに決まった。翌朝、サー・ウォルター・ローリーが攻撃を指揮して、内港へ侵入し、激しい戦いの中でスペイン艦隊の全艦船を打破または座礁させた。その結果、カディスの町は連合軍のなすがままになり、連合軍は町へ押し寄せて、占領し、数週間も保持した。この作戦会議の図では、司令長官トマス・ハワード卿（左）がスペイン艦隊を攻撃する最良の方法についてサー・ウォルター・ローリー（右）と議論している。陸軍部隊を率いるエッセクス伯爵ロバート・デヴェルー（中央）はカディスのほうを指さして、陸上攻撃をまずやるべきだと力説しているが、聞き入れられない。作戦のあいだ中、ハワードとローリー、デヴェルーの個人的な不仲が緊張を生みだしていた。これはエリザベス時代の海軍のもっと大きな軍事行動のときも起こったことで、こうした個人的衝突が作戦に支障をきたした。この場面にも個人的反感がはっきりと表われており、サー・フランシス・ヴィア（後ろ右）とサー・ウィリアム・マンスン（手前）といった下位の指揮官たちがハワードとローリーのどちらかについているかは明らかだ。参加者たちの衣服に注目。彼らは戦闘のためではなく、公式の集会用の衣服を着ている。（アンガス・マクブリッジ画）

将（バイス・アドミラル）と呼ばれたのだ。きわめて流動的な指揮系統になった原因は――むしろ系統がないといったほうがいいが――ハワード卿にあった。彼は敵艦隊を見て、その配置がどうなっているか確認したところで、自分の艦隊を適切に編制したいと考えていたのだ。この無秩序と思える体系は八月三日までつづき、その段階でスペイン艦隊は英仏海峡の半分まで進んできていた。

一般に信じられているのとは正反対に、イングランド海軍は、英仏海峡に入ってきたスペイン艦隊の戦闘陣形を破ることができず、この初期の戦いから教訓を学んで、艦隊の編制と運用に重大な改変をすることになった。ワイト島沖の海戦に先だつ八月三日から（ワイト島沖の海戦については、あとで詳しく見る）、ハワード卿は艦隊をもっと動かしやすいように四つの戦隊に分け、各戦隊をハワード卿自身と、サー・ジョン・ホーキンズ、サー・フランシス・ドレイク、サー・マーティン・フロビッシャーがそれぞれ指揮した。シーモア卿はダウンズ錨地を基地とする海峡戦隊を指揮した。ダウンズ錨地にいればネーデルラントのパルマ公がどんな動きに出ようと対応できるからだ。この五番目の戦隊は、グラヴリーヌ沖の海戦が始まる直前に、カレー沖で主力艦隊に合流した。この新たな編制はそれまでよりはるかに思慮のあるものだったが、ハワード卿の考案というより、状況からそうせざるをえなかったのだ。

いったん戦いが始まると、司令長官ハワード卿には部下の指揮官たちに助言を求めたり、戦術上の問題から彼らの指揮を制御したりする機会はほとんどなかった。というのは、ハワード卿には作戦会議召集のために〝会議旗〟を掲げる以外、艦同士で信号し合う方法がまったくなかったからだ。ハワード卿がほかに唯一選べる信号法は、旗艦アーク・ロイヤル号の艦尾ランタンをともすことで、配下の艦船がその明かりについてくるように願うしかなかった。それ以外に各戦隊に指令を出す方法は、小型艇を使うことだけだった。こうした状態では指揮官たちと連絡し合うことはほとんど不可能だから、ハワード卿がポートランド沖とワイト島沖で戦術上の好機をもっとうまく使えなかったのも、説明がつく。

あとで見るように、ハワード卿は、作戦会議の意見を一度ならず採用した。もっとも有名なのが、八月七日にカレー沖で焼き打ち船を送るように命令したときと、八月十三日にスペイン艦隊の追跡中止命令を正しい判断としたときである。実際には、自分自身を王室の批判から守るために、指揮官たちの合意を得る手段として作戦会議を使ったのだ。八月十三日の決断はアーク・ロイヤル号の船室で行なわれ、指揮官たちが帰る前に、司令長官ハワード卿は全員にこの決断が全会一致のものであると記した書類に署名させた。彼は洋上で自由裁量権を与えられていたが、女王に対して自分の行動を報告する責任があり、失敗をした場合、チューダー朝には投獄以上の厳しい懲罰で報いる悪習があることをよく知っていたのだ。

ハワード卿がかかえていたもう一つの問題は、指揮官たちが自分の命令に従うと必ずしも信頼できないとわかっていたことである。ホーキンズやフロビッシャー、とりわけドレイクは海軍士官ではなく、私掠船船長として経験を積んできた。彼らは国家の利益のためよりも略奪と栄華のために戦う。アルマダ海戦のあと、この男たちはみな、告訴と逆告訴という苦い戦いに巻きこまれた。そのすべては、拿捕賞金の分配問題に集中していた。たとえばドレイクは、スタート岬沖で許可なく艦隊から離れた。富をもたらしそうなスペイン艦隊の落伍船を捕まえるためだ。ドレイクが艦隊を離れた動機は、あとで彼自身がそうではないと言ったにもかかわらず、戦術上のことではなく、金銭上のことだったのは火を見るより明らかだ。

実際には問題はもっと大きかった。こうした男たちはまた、トゲのある厄介で攻撃的な指揮官で、なんでも自分自身のやり方でやるのに慣れていた。彼らはみな、自分の個人的利益にならない命令や、ライバルの利益になりそうな命令を受けたときには、怒りを表わした。たとえば、海峡戦隊指揮官のシーモア卿は、グラヴリーヌ沖の海戦のあと、パルマ公の動きを監視できるダウンズ錨地に帰るように命じられたとき、不平を言った。彼はこの命令を個人的な侮辱と見た。スペイン無敵艦隊との最後の決戦にこそ栄光はあり、その栄光を否定するものだと思ったのだ。結局、こうした男たちをうまく扱って、対アルマダ作戦のあいだずっとイングランド艦隊を統制しつづけることが、司令長官ハワード卿にとっての勝利だったのだ。事実、彼の指導力がフェリペ二世の〝大事業〟を最終的に失敗させて、エリザベス朝イングランドを救済するのに大きな貢献をしたのだ。

ここでハワード卿と彼の先任指揮官たちをもう少し詳しく見るべきだろう。

チャールズ・ハワード・エフィンガム卿（一五三六―一六二四）

ハワード卿は一五八五年に海軍の最高位ロード・ハイ・アドミラルに任命され、一五八七年十二月に、スペイン無敵艦隊を迎え撃つために集結したイングランド艦隊の司令長官となった。彼の指揮のとり方は必然的なことだったが、部下の指揮官たちと共同するのが基本で、定期的に作戦会議を開いて周知させた。いったん戦闘となると、彼は艦隊を戦術的にみごとに統制する力はほとんど見せず、過去の前例に従った。この戦いのあと、彼はノッティンガム伯爵の位を与えられた。旗艦はアーク・ロイヤル号（五百四十トン）

ヘンリー・シーモア卿（一五四〇―一六〇〇ごろ）

一五八八年、シーモア卿は海峡戦隊の指揮官に任命され、司令長官ハワード卿の副司令長官となった。彼は海軍のリーダーとして経験豊富で、一五七〇年代初めから本国海域で王室戦隊の指揮をとっていた。対アルマダ作戦におけるシーモア卿の主な役目は、パルマ公率いるフランドル軍がイングランド南東の海岸に上陸するのを阻止することだった。彼は司令長官ハワード卿のいとこだが、二人の関係は緊張したもので、対アルマダ作戦のあと、シーモア卿は、ハワード卿が自分に与えられるべき名誉を奪ったと抗議した。彼が戦ったのはフランドル堆沖の海戦だけだったが、有能な指揮官であることを証明した。旗艦はレインボー号（三百八十四トン）。

サー・フランシス・ドレイク（一五四〇ごろ―九六）

ドレイクはエリザベス海軍の指揮官の中でいちばん有名だが、それは私掠船乗りという経歴のためだろう。彼は一五六九年、メキシコのサン・ファン・デ・ウルア港を攻撃して負けた戦いに加わっており、そのあと三年間、南米北部のカリブ海沿岸スペイン領を襲撃してまわり、大金持ちになってイングランドに帰った。世界周航はさらに彼に（スペインから略奪した財宝で）富をもたらし、それに感謝したエリザベス女王からナイト爵を授けられ、〝わたしの海賊〟と呼ばれた。スペインを不法に攻撃した男を女王がこうして公然と

初代ノッティンガム伯爵チャールズ・ハワード（1536-1624）。油彩画、ダニエル・ミータン（父）作。ハワード卿は有能な指揮官だったが、スペイン無敵艦隊が英仏海峡を進んでくるとき、その防御陣形を破ることができなかった。しかし、カレー沖で焼き打ち船を使うことに賛成し、焼き打ち船戦術は破壊的な効果をあげた。（国立海事博物館、グリニッジ、ロンドン）

サー・フランシス・ドレイク（1540 ごろ -96）油彩画、マーカス・ゲイラーツ（子）作。ドレイクは国民的英雄であり、イングランド艦隊の副司令長官という立場にもかかわらず、心は海賊か私掠船乗りだった。富を得るため、損傷を負った敵ガレオン艦ロサリオ号をプリマス沖で追って、ハワード司令長官の戦局を危うくした。（国立海事博物館、グリニッジ、ロンドン）

支持したことが必然的に戦争に繋がった。ドレイクは、一五八五年から八六年にかけてさらにカリブ海で私掠船活動をしていたが、一五八七年にカディス港を先制攻撃する指揮官に任命されたとき、私掠船活動は中断された。対アルマダ作戦が始まったとき、ドレイクの評判は高く、非公式に副司令長官と見なされた。彼の根っからの私掠船乗りとしての気質は、司令長官ハワード卿の命令に反して、デヴォン州沖でスペイン艦ロサリオ号を追跡したときにはっきりと表われた。彼はよく戦ったものの、規律遵守に欠けると非難された。旗艦はリヴェンジ号（四百六十トン）。

サー・ジョン・ホーキンズ（一五三二―九五）

ホーキンズはプリマスの商人で、南米カリブ海沿岸スペイン領を最初に侵略した者の一人だ。一五六八年、彼の貿易遠征隊は荒天のため、メキシコのサン・ファン・デ・ウルア港に避難せざるをえなくなった。出航できるようになる前に、一年に一度やってくるスペインの財宝輸送船団が到着し、スペイン人がホーキンズの遠征隊に奇襲をかけた。ホーキンズはかろうじて逃げたが、船と人員の大半が取り残された。一五七八年に彼は海軍艦船監督官に任命され、奇跡を成し遂げて、艦隊を改造し、近代化させて機能を高め、ついに対アルマダ作戦でイングランドが勝利する土台を築いた。しかし、財政上の不正で告発もされた。作戦中は、艦隊の戦闘準備を整えるのに助力し、戦隊の指揮官を引き受けた。華々しい軍功をたてることはできなかったが、有能で、勇敢で、精力的な指揮官であることを証明した。旗艦はヴィクトリー号（八百トン）。

サー・ジョン・ホーキンズ（1532-95）油彩画、1581 年ごろ。イングランドの画家の作。ホーキンズもエリザベス女王の〝海の猟犬〟であり私掠船乗りだったが、対アルマダ作戦の前の数年間、海軍の艦船設計者および財務長官として働き、ほかの誰よりもイングランドの勝利に貢献した。（国立海事博物館、グリニッジ、ロンドン）

サー・マーティン・フロビッシャー（一五三七ごろ―九四）

フロビッシャーもまた〝海の猟犬〟の一人である。彼の専門は私掠船活動よりむしろ探検にあった。ヨークシャーで生まれて、ロンドンで育ち、西アフリカへの奴隷貿易遠征隊に加わった。一五六〇年代は私掠船乗りとして活動し、探検に関わるようになった。一五七四年から七七年まで三年間の航海では北西航路の発見に努め、一五八五年から八六年まではドレイクのカリブ海冒険航海に同行した。一五八八年、ハワード卿の戦隊指揮官に任命され、ポートランド沖海戦での行動に批判を浴びはしたが、絶大な闘志を見せた。作戦の最中にハワード卿からナイト爵に叙せられた。ドレイクに対する敵対心がその後、二人のあいだに舌戦を引き起こした。旗艦はトライアンフ号（七百四十トン）。

レスター伯爵ロバート・ダッドリー（一五三二ごろ―八八）

レスター伯爵はエリザベス女王の寵臣で、主だった廷臣の一人だったが、軍務の経験には欠けていた。それにもかかわらず、一五八六年、ネーデルラントへのイングランド遠征隊司令官に任命された。一五八八年にイングランドに戻るとすぐに、ティルブリーに集結した陸軍部隊の指揮権を与えられた。対アルマダ作戦が終わった直後に彼は逝去し、エリザベス女王はその知らせを聞くと、数週間、取り乱した状態だったと言われる。凡庸な指揮官だった彼は、パルマ公に挑戦して、大きな重圧をおぼえていたのだろう。

〝海の猟犬〟たち

この時代を書いた歴史書の中でしばしば議論される言葉の一つは〝海の猟犬（シー・ドッグズ）〟である。海の暴れん坊、海の略奪者、大国スペインに対抗したイングランド船乗り、そんなイメージをひとまとめにしたのがこの言葉だ。この男たちは対アルマダ作戦に際して、チューダー朝艦隊を率いた主な指導者たちで、彼らがイングランドの勝利に貢献したことは重要である。ここで〝海の猟犬〟について詳しく見てみよう。

船乗りが私掠船乗りや探検家、商人、エリザベス女王の軍人として航海したこの時代は、イングランド史の中でもっとも色彩豊かな時代の一つであり、数多くの本や映画の題材になってきた。スペイン無敵艦隊を撃破したとか、サー・フランシス・ドレイクがカリブ海や南アメリカのスペイン領を攻撃したとか、最低限の史実はよく知られているが、国家主義と資料の研究不足が結びついて、この時代に対する見方は非常に誇張されたものになっている。〝海の猟犬〟、つまりドレイクやホーキンズ、ローリー、フロビッシャーのような冒険者たちは、ヴィクトリア時代の歴史家たちがわれわれに信じこませたほど連戦連勝だったわけではないし、彼らを動かしたのは愛国心的義務感よりむしろ個人的な利益だった。

オランダとフランスもスペイン王国と宣戦布告なしにしばしば戦っていた。エリザベスの英雄たちがもっとも大きな勝利をおさめた戦いの多くは、こうしたプロテスタント主義の同盟者たちと一緒に戦っていたのだが、イングランドの海の英雄たちが強調された結果、その事実がかすんでしまったのだ。

スペインにとってドレイクやホーキンズのような男たちはただの海賊であり、もし捕えられたら、そういう扱いをされただろう。イングランドにとっては、〝海の猟犬〟の法律的な立場はあいまいで、少なくとも厳密な法解釈にのっとった場合、彼らの行動の多くは私掠船活動から逸脱して海賊行為に入りこんでいた。彼らが海賊行為ができた事情は特別で、イングランド社会から見ると、〝海の猟犬〟たちの行為はまったく容認できるものだったのだ。十六世紀末ごろのイングランド船乗りの多くは、貿易と略奪を切り離せないものと見ていた。密貿易者や殺人者から貴族に至るまであらゆる類の人々が海賊行為をやっていたし、合法的な私掠船活動から自由な海賊行為までいろいろな形がとられた。この時代にエリザベス女王の海の略奪者たちは、しだいに愛国的な動機やプロテスタント信仰を守る戦いに結びついていったのだった。

海賊行為と私掠船活動の違いは、私掠船が国家の許可証のもとに敵国の船を攻撃するのに対して、海賊は国に関係なくどこの船でも攻撃した。理論的には、私掠船許可証を持っていない者がスペイン船を襲うのは海賊行為であるが、当局はたいてい目をつぶったり、容認さえしたので、実際には海賊行為を不法に支持していることになった。イングランド西部では、ジェントリーや地方当局が海賊行為を支持したので、なかば合法化していた。海賊行為はつづいていたが、攻撃した相手が外国船、望ましくはスペイン船だったとき、国王はしだいに海賊を非難しないようになっていった。小規模の海賊行為はエリザベス時代、盛んにつづいており、国家はただ形だけ鎮圧しようとした。海賊行為があった場合には、女王は海賊を拘束しただろう。一五七三年に英仏海峡において、フランス王室への洗礼祝いをたずさえた女王の全権大使が襲われたとき、女王は艦隊と軍隊を西部地方へ派遣して、何百人という海賊を逮捕した。しかし、その大半は結局、解放された。

西部地方では海に関わるジェントリーがもっとも法律を侮蔑しており、〝差別的海賊行為〟――私掠船活動がこう呼ばれたのだが――に従事した。愛国心と略奪行為、プロテスタント信仰

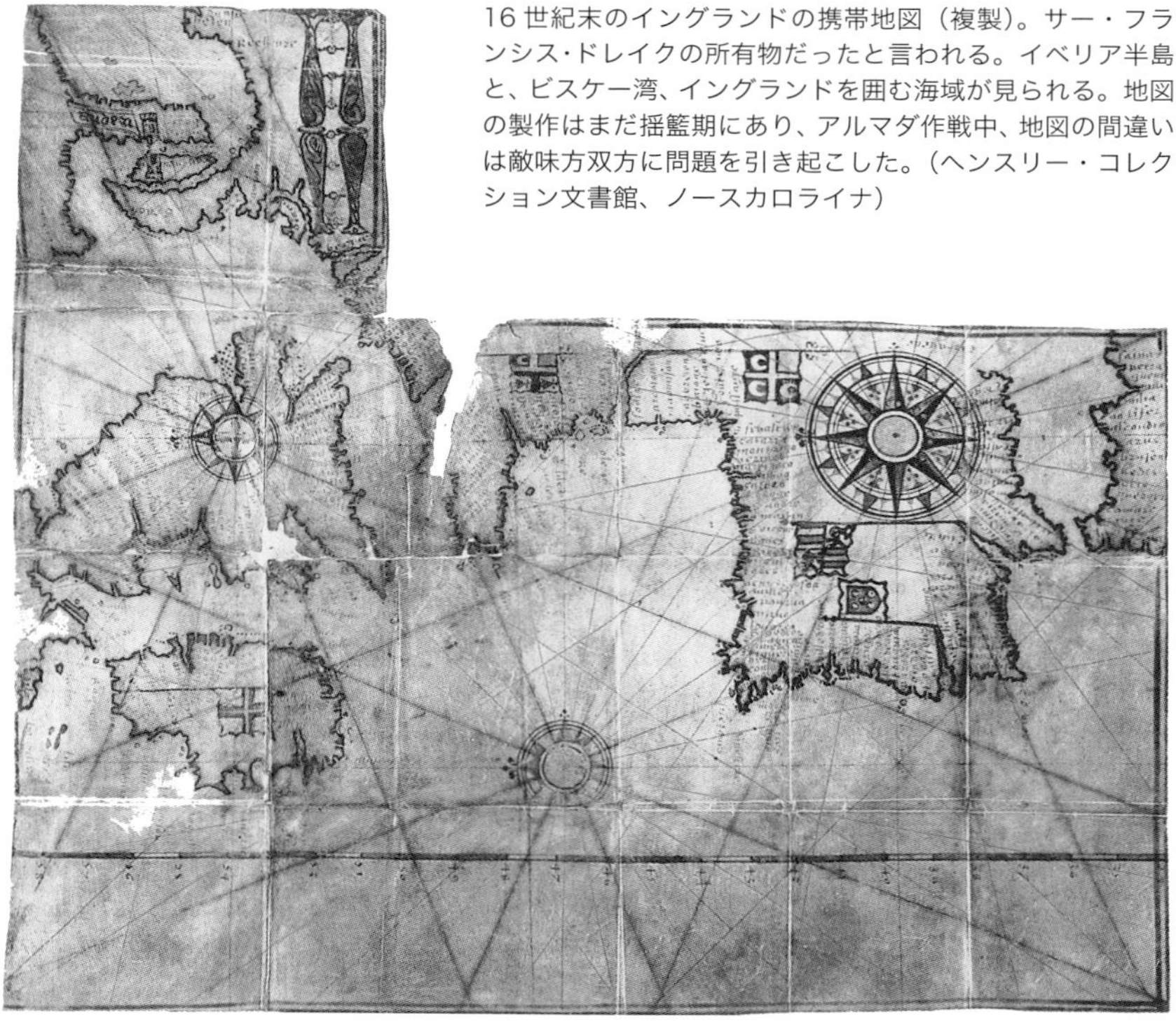

16世紀末のイングランドの携帯地図（複製）。サー・フランシス・ドレイクの所有物だったと言われる。イベリア半島と、ビスケー湾、イングランドを囲む海域が見られる。地図の製作はまだ揺籃期にあり、アルマダ作戦中、地図の間違いは敵味方双方に問題を引き起こした。（ヘンスリー・コレクション文書館、ノースカロライナ）

が一つになって、海賊行為と私掠船活動に油を注ぐ動機を生みだした。イングランド西部や南岸、またブリストル海峡では、一人の人物や隣人同士が地方権力者であり海賊取り締まり責任者であるということがよくあった。サザンプトンでは市長が逮捕した海賊を定期的に解放していたし、ダートマスの市長は公然と海賊と結びついており、それが女王に暴かれたときは、罰金刑を科せられた。フランシス・ドレイクはデヴォンシャーの地方農民の出で、彼の助言者であるジョン・ホーキンズと近しい関係にあった。ホーキンズ自身はプリマスのジェントルマン階級の裕福な商人であり、船主であって、地方との強力な結びつきがあった。マーティン・フロビッシャーはヨークシャーの出だが、ロンドンの叔父の家で育った。叔父はナイト爵であり、〝差別的海賊行為〟も含めて海洋事業に大きな投資をしていた。ウォルター・ローリーはデヴォンシャーの貴族の家に生まれたが、投資と投機をしているうちに私掠船活動に関わるようになった。

言い換えれば、海での略奪行為はジェントルマン階級の冒険商人にとって正当な仕事だと容認されており、同じ階級の人々に支持されている社会から〝海の猟犬〟たちは生まれたのだ。海賊を取り締まるべき役人がしばしば海賊事業に投資したり、海賊と結びついたりしていたので、海賊行為は事実上、合法化されていた。十六世紀なかばは英仏海峡で小規模な海賊行為がつづいていたが、南部のジェントリーが〝差別的海賊行為〟に関わると大規模になり、一五七〇年代からはエリザベスの〝海の猟犬〟たちが大海を渡って略奪行為を働くようになっていった。

〝海の猟犬〟たちの遠征航海がエリザベス女王から直接命じられたものではない場合、たいていは投資家や会社、出資者に支援された投機的な冒険事業だった。利益と結びついた遠征の動機は強く、とりわけ、略奪も含む貿易航海の場合はなおさらだった。たとえば、一五六〇年に、トマス・ホワイトは西アフリカの奴隷海岸からイングランドに帰るとき、水銀を積んだ二隻のスペイン船と遭遇した。ホワイトは貿易航海の途中だったが、スペイン船を攻撃し、二隻とも拿捕してロンドンに連れ帰った。ロンドン当局はこの明らかな海

サー・マーティン・フロビッシャー（1537ごろ-94）。油彩画、コーネリウス・ケテル作。〝海の猟犬〟であり私掠船乗りであると同時に、探検家であるフロビッシャーは、対アルマダ作戦で重要な役割を果たし、敵を撃滅したあと、その奮闘に報いてナイト爵に叙せられた。（オクスフォード大学ボードリアン図書館）

賊行為に目をつぶり、ホワイトの投資者たちは莫大な利益を得、乗組員たちは拿捕賞金を獲得した。スペイン人以外のすべての人々がホワイトの行為から恩恵をこうむったのだ。

重要なのは、〝海の猟犬〟たちは自分の行動の責任を女王に対して負っていたが、艦隊司令長官から独自の行動を禁じられると、反抗した。彼らにとって、海軍の戦闘行為は金儲けの手段であり、対アルマダ作戦はスペインの侵略者を撃退する戦いであると同時に、獲物を拿捕して利益を得る機会でもあったのだ。

人員

歴史書によると、一五八八年のイングランドは三つの力によって危機

リチャード・ドレイク（1535-1603）。油彩画。ジョージ・ゴワー作。リチャードはサー・フランシス・ドレイクのいとこであり、評判のいい廷臣だった。彼はまた、いとこであるフランシスの拿捕賞金代理人を務めた。1588年はデヴォンに上陸したスペイン捕虜の指揮をとった。（国立海事博物館、グリニッジ、ロンドン）

から救われた。イングランド艦隊と、〝海の猟犬〟の指導者たちと、その勇猛果敢な船乗りたちである。

一五八八年、イングランド海軍に一万六千の人員が雇われた。水兵だけでなく陸軍兵士と砲員も含めてすべての男たちが、一千トンの快速船仕様の大型ガレオン艦から三十トンの小型ピンネース艇まで百九十七隻の艦船に乗せられた。

多くの書物がエリザベス女王の船乗りたちの技量について書いているが、彼らはフランスやスペインの優秀な船乗りとおそらく技量という点では変わらなかっただろう。イングランド水兵をヨーロッパの敵と隔てていたのは、新しい信仰と、拿捕賞金という形で敵から略奪したいという欲望だった。彼らは国家への誇りや職業意識、自分の船と船乗り仲間と船長に対する忠誠心などすべて持ってはいたが、最高の艦隊員の大多数は私掠船乗りとして海上経験を積んでいたので、アルマダ海戦を義務であると同時に、金儲けの機会と見た。つまり、スペイン無敵艦隊を迎え撃とうと立ち上がった男たちは大半が経験豊かで優秀な船乗りで、来るべき戦いでは自分の役割を果たすものと信頼できる者たちだったのだ。

イングランドの私掠船で水夫として働くのは、悲惨なことであったかもしれないが、それでも、給料も食糧も少ない戦時の女王陛下の艦船に乗り組むよりましだと考えられていた。

老練な海軍指揮官サー・ウィリアム・マンスンはこう書いている――「文無しの男たちは給料が確実に得られ、食糧は充分あり、労働はそれほど過酷でない女王陛下の艦船より、収入を得る見込みはないにもかかわらず、略奪を目的とする小さな船に乗るほうを選んだ」。略奪品の大きな分け前が得られるという見込みは、愛国心よりも強い魅力であったことは明らかだ。

艦船の人員構成

王室艦隊(ネイビー・ロイヤル)の各艦船は、王室によって任命されたか、あるいは私的な支援者によって選ばれた艦長(キャプテン)が指揮した。また小型の私掠船や武装商船、補助船の場合は、艦長が船主であることも多かった。こうした指揮官の任命はすべて、女王か少なくとも司令長官ハワード卿に承認を受けていた。王室艦隊では、艦長は数人の士官に補佐され、その最先任者は航海長(マスター)だった。艦長は海上経験がまったく、あるいはほとんどなく、選任されたのはしかるべき位についていたからである。これに対して、航海長は経験豊富な船乗りで、実際には毎日の艦の運用は航海長が行なった。

一五八八年、イングランド海軍には、今日われわれが思うような意味での頼りにできる職業士官は一人もいなかった。各艦には、ある期間またはある作戦のために海軍に雇われた者たちが士官として配属された。

対アルマダ作戦当時のイングランドの船乗り。オランダの海図制作者であるルーカス・ヤンス・ワグナーが書いた航海手引き書『ワゴナー』のカバーに描かれたもの。これは、『マリナーズ・ミラー』の口絵として転載されたもの。版画。セオドール・デ・ブライ作。（ストラトフォード文書館）

これは水兵も同じで、水兵たちはそのときの状況に応じて雇用されるか、強制徴募されるかした。女王がこれ以上海軍に必要ないと判断したときには、解雇された。王室艦隊の乗組員の大多数は、対アルマダ作戦に加わる前、商船か私掠船に乗って生計をたてていた。王室艦は予備艦とされ、維持費用を低くおさえるために乗組員は最小限にされていた。航海準備をするときに初めて、定員まで人員が満たされた。対アルマダ作戦の場合、それは一五八八年の夏の初めだった。従って、乗組員は――艦長から一番下っ端の陸者まで全員が、〝対アルマダ作戦中とその直後だけ〟の一時雇用だったのだ。

そのほかの先任士官には次のような役職者がいた。

掌砲長（マスター・ガンナー）――大砲と砲員と兵器の管理に責任をもつ。

掌帆長（ボースン）――艦の運用と維持に関するすべてに責任をもつ。

操舵長（コーターマスター）――補給品や食糧、医薬品の管理に当たる。

歩兵長（キャプテン・オブ・インファントリー）――艦に乗っている陸軍兵士を指揮する。

航海長と、操舵長、掌砲長、掌帆長にはそれぞれ数人の助手がいた。船匠長も同様だった。

そのほかの等級《ランク》として軍医（サージャン）が挙げられるが、軍医は大型の王室艦にしか乗っていなかった。また、水先人（パイロット）は航海士官として艦長と航海長に対して責任を負った。主計長（パーサー）は操舵長を補佐したが、乗組員の給料に関することはすべて主計長の責任だった。

最後に大型艦には料理長（クック）や、索具係下士官（ヨーマン・オブ・タック・アンド・ジアー）、艦載艇の艇長（コクスン）、ラッパ手（トランペッター）、艦長の世話をする給仕（スチュワード）がいた。また、艦長は多くのジェントルマン階級の士官によって補佐された。彼らはほとんどが志願者だったが、艦長やほかの士官の親戚とか、私有艦の場合には所有者の親戚ということもあった。

掌砲長は艦上でもっとも重要な役職だった。掌砲長は砲手長（ガンナー）たちを指揮する。砲手長は大型の艦載砲一門につきほぼ一人配置されて、その砲の責任を持った。たとえば、サー・マーティン・フロビッシャーの旗艦トライアンフ号はセーカー砲かそれより大きな砲（六ポンド以上の砲）を四十六門積んでいた。時代遅れの錬鉄砲は除いてだ。錬鉄砲は実際、操作するのに専門の人間など必要なかった。トライアンフ号の砲手長の定員は四十人。つまり、正確に一門に一人ついたのだ。砲手長は、水兵クラスから選ばれた砲の扱いに長けた部下たちによって補佐された。

女王陛下の軍艦とくらべると、私掠船の規律はひどくゆるかったようだ。ドレイクのような厳しい監督者でさえ、乗組員を統制するのはむずかしいことだと悟っていた。彼は世界周航中の一五七八年に部下の船長の一人トマス・ダウティを反逆と反乱の責任者であり、降霊術を操ったとして死刑にした。この処刑は、乗組員たちがイングランドに帰れなくなると恐れてマゼラン海峡から太平洋へ抜けるのを嫌がったので、指揮官としての意志を徹底させるために行なわれたとも思われる。アルマダ海戦中、命令には従わず、しょっちゅう酔っ払って喧嘩している乗組員たちをかかえて、

エリザベス時代のイングランドの船乗り。当時の航海案内書からとった版画。作者不明（1580ごろ）。この男の着ているふくらんだ衣類は実用的なもので、タールを薄く溶かした液体を塗ってある。蠟を塗った上着のように、ある程度まで防水できた。（ストラトフォード文書館）

海峡戦隊指揮官、ヘンリー・シーモア卿。油彩画。フェデリコ・ズッケロ作と見られる。1588年ごろ。シーモアの予備戦隊は2つの役目を負った――パルマ公の上陸作戦を阻止することと、スペイン艦隊と戦うために招聘された場合には、主力艦隊を支援する。（パーム・パーク、ストリントン、ウェスト・サセックス）

エリザベス女王の指揮官たちが勝利を勝ち取ったのは、驚くべきことである。

一五四五年六月、メアリー・ローズ号が沈没する直前に指揮官のサー・ジョージ・カルーがこう言い残した――「統制不可能なならず者どもを、わたしは指揮してきたのだ」。探検家であり私掠船乗りだったトマス・キャヴェンディッシュは一五九一年に最後の言葉を残し、自分の水兵たちのことを「傲慢で反抗的な集団」と呼んだ。もっとも彼は死に瀕していたとき、ほとんど幻覚を見ていたのだが。

ドレイクのような百戦錬磨の指揮官にとって、規律の欠如などは強い指導力によって克服できる問題だったが、拿捕賞金を獲得する見込みのないときや、水兵たちが冒険航海をあまりにも危険だと見ているときは、そのドレイクでさえさまざまな問題に直面したのだった。

艦内環境

当時の資料によると、一五七〇年代と八〇年代、現役の私掠船は二トンにつきほぼ一名の人員を乗せていた。これは一五八八年のイングランド艦隊の王室艦と武装商船でも同じだった。王室や私的な後援者、あるいは指揮官たちにとって、大勢の乗組員がいるということは、頑強で優秀な砲員がいるということであり、拿捕した艦船に人員をまわせるということだった。ほとんど例外なくエリザベス時代の私掠船乗組員は給料をもらっておらず、その代わり、獲物から略奪した金品や積み荷の分け前を与えられた。しかし、対アルマダ作戦中は、すべての艦船と乗組員たちは女王の要請で勤務しているとみなされたので、王室金庫から給料が支払われた。

艦内環境は劣悪で、飢えと病気で死ぬのは、とくに長い航海中ではふつうのことだった。一五六八年、ジョン・ホーキンズのメキシコ遠征航海が失敗して、ホーキンズと共に帰国したひと握りの乗組員たちは、飢えと渇きで死にかけていた。とくに南米北部のカリブ海沿岸スペイン領（スパニッシュ・メイン）で活動中は、十人に一人の割合で病気で死んだという事例が数多く記録されている。ドレイクもホーキンズも熱病で命を落とした。たぶん赤痢が持ちこまれたのだろう。十六世紀末の艦船の、不衛生な環境の中で赤痢は蔓延した。衛生観念のなさが病気の温床を提供したのだ。

艦内は人でぎゅう詰めでもあった。人員過剰で悪名高いスペイン無敵艦隊ほどひどくはなかったが……。たとえば、サー・ロバート・サウスウェルが指揮する七百五十トンの王室ガレオン艦エリザベス・ジョーナス号は、水兵三百人に、陸兵百五十人、砲員四十人、従兵十人、合計五百人の人間がわずか縦百四十三フィート横三十八フィートの面積を共用していた。艦内はさらに食糧と、割り当て限度いっぱいの兵器や補給品で満杯だった。言い換えれば、艦内は不快なほど混み合っていて、士官たちでさえ、艦尾楼甲板にわずか数フィート四方の私室を持つ指揮官サー・ロバートをうらやましがったにちがいない。

エリザベス時代の船の典型的な食べ物は、パンか堅パン、塩漬けの牛肉か豚肉、あるいは魚、エンドウマメの粗粉、バターにチーズだった。ビールはしばしば支給され、ワインはスペイン艦船を拿捕したときに乗組員にも配給された。新鮮な果物と野菜の不足は〝海のペスト〟として知られる壊血病を引き起こし、食糧やビールはすぐに腐った。対アルマダ作戦中、食中毒が大きな死因になり、さらにこの問題に害虫も加わった。ある文献には士官室の〝ネズミ退治計画〟さえ示されている。

仕事はきつくて危険だったので、チューダー朝時代、四十歳以上の船乗りはきわめてまれだった。給料は低く——王室艦隊の標準的な水兵でひと月平均十シリングだった。しかも、王室は支払いを滞らせ、事態はさらに悪化した。結局これは乗組員のあいだに不満を生み、ハワード卿から王室財務係に抗議状が出されることにもなった。

士官の給与は先任艦長の一日六シリング八ペンスから、小型艦を指揮する後任艦長の二シリング六ペンスまで幅があった。社会的体面も考慮され、艦長は乗組員五十人ごとに二人の召使いをもつことを許された。もしイングランド王国のナイト爵の位にあれば、召使いの割合は四人になった。艦長は召使いを定員いっぱいまで雇おうが雇うまいが、定員分の給与を受け取ることになっていた。その結果、召使い分の給与は艦長の余録になっていった。

一五八八年当時の海尉（レフテナント——航海長、歩兵長、操舵長の位）の給与は、経験に応じて一日一シリングから二シリングだった。これより下位の士官は一か月に十七シリング以下。不思議なことに、軍医とラッパ手は同じ給与水準に置かれていた（一か月に十五シリング）。

エリザベス時代の私掠船や軍艦の乗組員の衣服に関しては、詳しく知られていないが、特定の一般市民が着ていた衣服は、当時の記録から判断できる。

船乗りの衣服はふつう、簡素なものだった。革かそれ以下の材質の長い上着（チュニック）を一枚着るか、その上に腰のくびれた胴衣（ホース）か船乗り用の上衣（シーマン・ジャケット）を重ねた。上衣と半ズボンがひと続きになったものが一五四五年のメアリー・ローズ号で見られたし、一五八〇年代のスペイン人船乗りたちもこれを着ており、その後長く一般的に着用されていたことが明らかになっている。陸上では腰のふくらんだ毛織りの半ズボン（バギー・ブリーチィズ）が用いられていたが、これに似たものが艦上でも一般的になった。サー・ウィリアム・マンスン指揮官は水兵服としてペチコートや腰のふくらんだ帆布製の半ズボンをあげている。

帆布製のペチコートや船乗りの長い上っ張り（スモック）、あるいは膝下まである白い帆布製のスカートは、十五世紀末から十九世紀初めまで船乗りの一般的な衣服だった。スカートはただのスカートもあれば、現代のキュロットのように二本の脚に分かれているものもあった。〝アンダーシャツ〟とか〝スタマッカー〟とか呼ばれた粗い地のシャツは、襟無しが多く、引き紐だけで締められた。

十六世紀末の船乗り用の上着は毛織物で、たいてい丈が腰まであった。こういう体にぴったりした服は襟が巻き襟で、袖はカフスが無く、筒状だった。

一五八八年の『マリナーズ・ミラー』（一六三ページ）の挿絵に見られる船乗りの一人は、上着の肩に毛織物を巻いた飾りをつけている。一般市民の衣服の影響である。二人とも、典型的な茶色い毛織りのふくらんだ半ズボンと、腰のくびれた胴衣を着ているが、それ以外は船乗りにとって一般的なものではなかったと考えられる。一人は装飾を施して詰め物をした上着を着ているし、どちらも一般市民の用いたひだ襟をつけている。もしも実際につけていたとすれば、この飾り物はかなり裕福なジェントルマン階級の船乗りが上陸用にしていたのかもしれない。この飾り物が洋上でつけられていたと示す証拠は一つもない。

メアリー・ローズ号から引き揚げられた考古学上の遺物によると、丈の短い革の袖無し胴衣は船乗りに一般的なものだった。エリザベス時代の船乗りを描いた別の絵によると、ある船乗りは半ズボンにシャツ、船乗り用上着、毛皮の帽子という服装である。当時の挿絵に描かれているかぶり物には、ベレー帽や山の高い、または低いフェルト帽子、スカーフ、毛糸編みの帽子、柔らかいフェルトのフリギア帽などがある。メアリー・ローズ号から回収された履き物には線模様の刻まれた革靴があるが、大方の水兵たちは海では裸足だったことだろう。

人員過剰で食糧はとぼしく、不潔で、環境は過酷で、戦いで死ぬ危険はもちろん高かったとすれば、イングランド船乗りたちが勝利したのは驚くべきことだ。ついに彼らは敵スペインに操船でも砲撃でも勝り、大多数の者たちは生きのびさえして、海戦の顚末を人々に語った。幸運だったごくひと握りの男たちは、仲間の渇望の的だった拿捕賞金さえ稼いだが、ドレイクは別として、この〝大事業〟で莫大な利益を得た者はほとんどいなかった。大方の船乗りにとって、無事に港に帰り着けたことが報酬だったのだろう。

艦の概観　イングランド快速船仕様のガレオン艦

一五八八年当時、チューダー朝艦隊は百九十七隻の艦船で構成されていたことはすでに述べた。その中の大小合わせて三十四隻は王室所有の軍艦だった。艦隊に編入された私有船の多くは実質的には軍艦で、とくに対アルマダ作戦前の数年間に私掠船として設計運用されていたものはそうだった。

しかし、艦隊の真の戦闘力を作っていたのは少数の軍艦グループで、艦隊の中でもっとも大きく、もっとも威容を誇る十六隻だった。その中には司令長官ハワード卿の旗艦アーク・ロイヤル号をはじめとして、当時改造されたものや、その十年間に艦隊に編入されたものも含まれた。これらは新造艦も改造艦も〝快速船仕様のガレオン艦〟と呼ばれた。これらのガレオン艦はサー・ジョン・ホーキンズの革新的な設計に基づいていたが、皮肉なことに、その原型となったのは、エリザベスの姉であるメアリー女王の統治時代にイングランドの港に初めて現われたスペインのガレオン艦だった。

名艦の発達

ヘンリー八世（在位一五〇九－四七）の娘であるメアリーとエリザベスが引き継いだ艦隊は、父王の時代には最新のものだった。父王の時代の艦隊の主な戦闘力、つまり〝軍艦〟は大型のカラック艦で、一五四五年にポーツマス沖で沈んだ不運なメアリー・ローズ号のような船型だった。当時最新の大型船は四百五十トンのカラック艦ポーンシー号で、これが王室海軍に編入されたのは一五四三年だった。

一五五三年に即位したメアリー女王は、カトリック教徒としてスペインと同盟を結び、その結果、イングランドの軍艦設計者や船大工は初めてスペイン艦の設計を学ぶことができた。スペイン王室は北ヨーロッパの海軍国の軍艦をまねて新しい型の軍艦、つまりガレオン艦を造りはじめていた。一五五四年、イングランド女王メアリー一世とスペイン王子フェリペ（のちのフェリペ二世）の結婚によってイングランドとスペインの同盟が強化されたころには、ガレオン艦はスペイン王室海軍の中心を形作っていた。必然的にイングランドの船大工たちは、こうしたカトリック国から来たガレオン艦から学んだのだった。

メアリー一世は自分が統治した五年間に、イングランド人の設計によるガレオン艦を三隻建造するように命じた。父親の命令で造られた大型艦やカラック艦の設計から初めて根本的に離れたのだ。三隻のガレオン艦は五百トンのフィリップ＆メアリー号（一五五四年建造）、六百トンのメアリー・ローズⅡ号（一五五六

年建造）、五百トンのゴールデン・ライオン号（一五五七年建造）で、イングランドの造船の新機軸を代表するものとなった。

これらのガレオン艦の重要性は、長いあいだ歴史家たちから見過ごされてきた。それはエリザベス時代の宣伝とイギリス国民の誇りとが結びついた結果だった。実際には、ドレイクやフロビッシャー、ホーキンズが造ったイングランドの快速船仕様ガレオン艦はすべて、スペイン・ガレオン艦の設計に基づいて造った最初のガレオン艦から発達したものだったのだ。

メアリー女王の統治時代に造られたこの三隻のガレオン艦は、イングランドの戦闘力をスペインと同等のところまで引き上げたことだろう。一五四三年に改造されたグレート・バーク号は、グレート・ガレオン号と呼ばれた。このことからして、ガレオン艦の影響があったのは、一五五四年に最初に建造されたガレオン艦、フィリップ&メアリー号の前にまでさかのぼると考えられる。しかし、この説を支持する証拠は、名前以外になにも発見されていない。グレート・バーク号はガレアス船を改造したのだが、船の長さと幅の割合が当時のチューダー朝海軍のほかの船型よりもこの新しいガレオン型に似ていた。この点を取りあげたほうが証拠になるかもしれない。言い換えれば、メアリー一世の造ったガレオン艦三隻は、それまでのすべての艦船とははっきり違っていたということだ。グレート・バーク号の改造は、王室海軍のより小型のガレアス船六隻に同様の改造をせよという命令に拍車をかけたことだろう。一五五八年には、ガレアス船ハート

【右】トライアンフ号(上)とアーク・ロイヤル号（下）1592年。この図版の目的は、エリザベス王室海軍でもっとも強力な軍艦であるこの2隻の違いを浮き彫りにすることである。トライアンフ号は740トンのガレオン艦で、時代の要請に従って1561年に建造された。多くの点でスペインのガレオン艦と似ているが、それは驚くべきことではない。というのも、設計はメアリー一世によってイングランド海軍に編入された3隻のガレオン艦に基づいたものであり、このガレオン艦トリオはメアリー女王の夫であるスペインのフェリペ王子の軍艦に基づいて建造されたものだったからだ。しかし、トライアンフ号は最新式の砲車に載った搭載砲46門という強力な兵器を誇っていた。この砲列は、スペイン無敵艦隊のどんな軍艦をも撃ち負かすことができるという。1588年のアルマダ海戦において、トライアンフ号はマーティン・フロビッシャーの旗艦として働いた。これに対して550トンのアーク・ロイヤル号は、ホーキンズの推奨する快速船仕様ガレオン艦の設計に従って1587年に建造され、エリザベス軍艦の設計を代表する決定版である。搭載砲は38門とトライアンフ号より火力には劣るが、スピードと操縦性は火力の不足を補って余りある。アルマダ海戦中はイングランド艦隊の総旗艦を務めた。（トニー・ブライアン画）

エリザベス朝の小型ガレオン艦。当時の海図に描かれた絵。もっと大型の商船とちがって、こうした小型艦は、ジョン・ホーキンズの推奨する設計に従って建造されており、風上へ詰めて走ることができた。その結果、この時代のどの艦船よりも操縦性がはるかに優れていた。敵の手の届かない場所にとどまっていられるので、遠距離から砲撃できたのだった。（ストラトフォード文書館）

号、アンテロープ号、スワロー号と、それより小型のニュー・バーク号、ジャネット号、グレイハウンド号がすべて、スペインの見本にならって、小型ガレオン艦に改造されたのだった。

　エリザベス時代（一五五八年即位）には、イングランドとスペインの艦載兵器にも大きな違いが生まれた。砲術においてイングランドはスペインより優位にあったが、メアリー・ローズ号から引き揚げられた数門の大砲と砲車が証明しているとおり、その土台はすでにヘンリー八世の時代に築かれていた。一五五七年当時には、指揮官たちは自分たちの砲術が新しい同盟国スペインより勝っていると考えていたので、艦の武装はイングランド式にやったと考えるべきだろう。新しいガレオン艦がめざしたのは、艦と兵器をそれまでと違う方法で運用できる可能性を高めるということだった。

　イングランドの三隻の大型ガレオン艦がいかにうまく造られたかということは、寿命を見ればわかる。ゴールデン・ライオン号は一五八二年まで最初の設計になんの改造も加えずに軍務をつづけた。フィリップ&メアリー号は大きな修理をせずに、ノンパレイル号と改名された一五八四年まで生きつづけた。メアリー・ローズII号は、対アルマダ作戦の翌年一五八九年に初めて改造を行なった。この一五八九年から、サー・ジョン・ホーキンズ考案の快速船仕様ガレオン艦の設計に従って、艦隊の艦船を改造する大計画が始まったのだが、メアリー・ローズII号の改造はその一つだった。さらに驚くことは、三隻とも十七世紀の中ごろまで海軍で現役として働きつづけたのだ。

従って、一五五八年にエリザベス一世が即位したとき、王室海軍は三隻の大型ガレオン艦とグレート・バーク号を所有していたことになる。グレート・バーク号はガレオン艦と同じグループに入れることができる。さらに、六隻の小型ガレオン艦も所有していた。この六隻は、メアリー一世が崩

イングランド軍艦、ホワイト・ベア号。当時の版画シリーズから。クレス・ヤンス・ヴィッセル作。この730トンの古い王室カラック艦はホーキンズの改造計画の一環として改造され、アルマダ海戦の際はシェフィールド卿によってみごとに指揮された。（ストラトフォード文書館）

御したとき、まだガレアス船から改造している最中だった。その時点で、ほかに王室艦隊が所有していたのは、大型カラック艦四隻（マシュー号、ジーザス・オブ・リューベック号、ポーンシー号、メアリー・ハンバラ号）。この四隻より小型のカラック艦が五隻（トリニティ・ヘンリー号、スィープステイク号、セイカー号、メアリー・ウィロビー号、ファルコン号）。四百五十トンのガレアス艦が一隻（アン・ガラント号）。小型ガレアス艦が四隻（サラマンダー号、ジョージ号、タイガー号、ブル号）。これらのガレアス艦はすべて櫂漕船から帆走船へ改造された。さらに、ガレー艦が二隻（ガレー・サートル号、マーメイド号）。またピンネース艇やオール漕ぎのバージ船など、もっと小型船も数隻所有していた。

新しい支配体制になったときによく起こることだが、イングランド王室海軍の艦船は耐航性の調査が行なわれて、数隻は使用に適さないと判定され、また、売却された。エリザベス女王の即位から六か月のあいだに艦隊はかなり縮小されて、六百トンのマシュー号と四百トンのメアリー・ハンバラ号、四百五十トンのポーンシー号が任を解かれた。つまり、一五五九年までにヘンリー八世当時の艦隊で残っている大型カラック艦はジーザス・オブ・リューベック号ただ一隻になったのだ。もっと小型のカラック艦も同様の運命をたどり、エリザベス海軍に残ったのはメアリー・ウィロビー号とファルコン号、セイカー号、フェニックス号の四隻だけになった。さらに小型の艦に関しては、ガレアス艦はすでに櫂漕甲板が砲列甲板に改修されて帆走艦にされ、四隻のうちタイガー号とブル号だけが調査を生きのびた。ガレー艦二隻も同様だった。

こうしてエリザベス海軍は、大型艦が五隻に小型艦が十隻、ガレー艦が二隻、それに小さな補助船が数隻という切り詰めた貧弱な集団で始まった。スペインの大海軍力と戦うような状態にはなかったのだ。

すぐに艦隊はさらに縮小された。一五五八年に七百トンのジーザス・オブ・リューベック号が私掠船として貸与され、まもなく、サー・ジョン・ホーキンズの指揮する南米北部スペイン領への遠征航海に同行した。櫂漕艦は毎年調査が行なわれ、残りの艦艇もほぼ五年のあいだに調査された。その結果、エリザベス女王の即位のときに行なわれた調査からちょうど二年後の一五六〇年に、フランス建造のガレー・サートル号（二百トン）が廃艦となった。その三年後に、ガレー艦マーメイド号も同じ運命をたどった。

一五五〇年代の末ごろからエリザベス朝イングランドはスペインとの〝冷戦〟に入り、この〝冷戦〟はほぼ三十年もつづくことになる。こうした艦船の削減はすべて、艦政局（ネイビー・ボード）が、近代的設計に従って王室海軍を増強するのが最善の策であると考えた結果だった。艦政局で中心となった二人の人物は、財務長官のベンジャミン・ゴッドソンと、耐航性検査官であり兵器長であるウィリアム・ウインターだった。二人は、王室艦隊をスペインに対抗できる武力に再構築する計画に乗りだしたのだ。

一五六〇年代に三隻の大型ガレオン艦の建造が命じられた。三隻ともエリザベスの姉メアリー一世の命令で造られた船型を改良したものだった。最初の艦は、一五五九年に（一五六〇年より一年早いが）建造された七百五十トンのガレオン艦、エリザベス・ジョーナス号だった。この艦については、革新的設計者だったマシュー・ベーカーが一五八二年に書いた造船に関する論文の中で、〝古い方式〟で造られた例としてあげているので、いくらか要目がわかる。竜骨の長さは百フィート、幅は四十フィート、喫水は十八フィートだった。この要目は同号が一五九八年に改造されたあともほとんど変わらなかったが、トン数は五十トンあまり減っていたので、上部構造物が低くされたのだと推測できる。また、ジョーナス号はかなり流線型だったと思われ、船の長さと幅の比率は約二・五対一で、のちに建造されたエリザベス朝ガレオン艦と同じである。一五五〇年代中ごろにイングランドで初めて建造された三隻の大型ガレオン艦は、改造されたあとも船幅が他の艦より細く、船の長さと幅の平均的な比率は三対一だった。エリザベス・ジョーナス号はそれより船幅が広いが、これは大砲のためにもっと堅牢な搭載場所を用意したいという要望に答えたものだった。もっともこの説はまだ証明されていないが。

一五五九年にはもう一隻、エリザベス・ジョーナス号より小型で、四百二十トンのホープ号がデットフォ

ジーザス・オブ・リューベック号、1558年。こんな名前にもかかわらず、この700トンのカラック艦は1544年にハンブルクで購入された。ヘンリー八世の海軍からエリザベス海軍まで生き残った数少ない大型艦の1隻である。しかし、1560年代末にはもはや航海不能と見なされた。ところが、1564年にサー・ジョン・ホーキンズに貸与され、ホーキンズはかなりの金をかけて修理し、上部構造物を切り取って船体の一部を改造した。それでも扱いにくい艦で、1567年9月、いまプリマスを出港するというときでも、士官たちはこの艦を走らせるのはむずかしいと不平を言ったのだった。1568年末ごろ、操縦性能の悪さは本艦に大きな犠牲を払わせることになった。ホーキンズの戦隊がメキシコのベラクルス州サン・ファン・デ・ウルア港沖で停泊していたとき、スペイン戦隊に攻撃され、ジーザス・オブ・リューベック号は逃げることができなかった。(トニー・ブライアン画)

仕様
排水トン：700トン
竜骨の長さ：ほぼ115フィート（35メートル）
船幅：30フィート（9.1メートル）
搭載砲：26門
乗組員：約240人
船歴：1540年ごろ建造、1544年、海軍に購入される。1566年ごろ、改造。1568年、スペインに拿捕される。

ード王室造船所で造られた。要目と搭載兵器以外はほとんどわかっていない。竜骨の長さは九十四フィートで、幅は三十三フィート、船艙の深さが十七フィート。ほぼ常時就役しており、またエリザベス女王が崩御したあとも改修しないで任務についていたことから見て、ホープ号はエリザベス艦隊において強力で有用な戦力になったと思われる。

六〇年代に王室艦隊にもう二隻、大型ガレオン艦が加えられたが、一隻は一五六一年に建造されたトライアンフ号（七百四十トン）で、もう一隻はその二年後に造られたホワイト・ベア号（七百三十トン）である。一五九〇年の末ごろにこの二隻は改造されたが、それ以前のことはほとんどわかっていない。しかし、エリザベス・ジョーナス号と似ていたと考えてほぼまちがいないだろう。三隻は改造後、よく似た特徴をもっていたからだ。一五九〇年代の要目から見て、トライアンフ号はそれ以前のガレオン艦とほぼ同型だが、ホワイト・ベア号は幅が広く、長さと幅の比率は三対一である。スペイン・ガレオン艦の設計をほぼ踏襲したこれらの艦について書いた当時の資料によると、スペイン艦の設計にイングランドは浮かぶ砲台としての役割を加えたのだ。この三隻のガレオン艦は対アルマダ作戦に加わっており、とりわけトライアンフ号はサー・マーティン・フロビッシャーの旗艦としてみごとにその役割を果たした。この作戦に加わったもう一隻の重要な艦は、一五五九年から六二年のあいだにロンドンのデットフォード造船所で造られたエイド号（二百四十トン）である。

これら五隻はすべて、王室艦隊にとって大きな力になったが、新しい軍艦を造るのは費用も時間もかかる。そこで艦政局は、軍艦に改造するにふさわしい武装商船を購入することによって建造計画を補強することにした。こうして購入された最初の、そして最大の船はヴィクトリー号である。ヴィクトリー号（八百トン）は元はグレート・クリストファー号といい、一五六〇年にロンドンの商人から購入した。しかし、ヴィクトリー号は人員を配置するにも航海するにも莫大な費用がかかり、その現役時代、一五六三年と一五八八年、

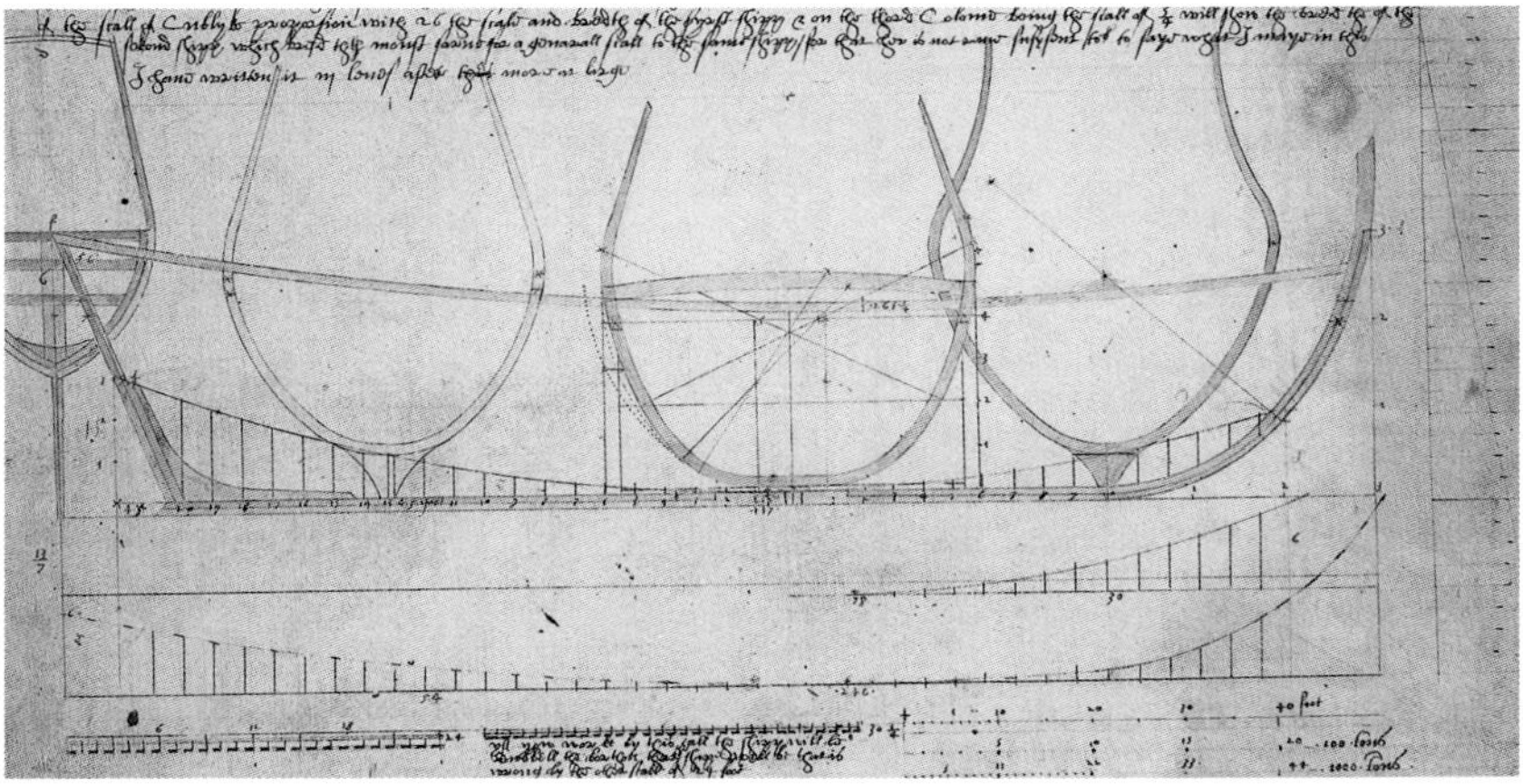

イングランドの典型的な快速船仕様のガレオン艦。その船体の横断面を示している設計図。船体が艦尾にいくにつれて非常に細くなっており、そのため水の抵抗が減っている。マシュー・ベーカー著『古代イングランドの造船術断片』（1582 年ごろ）より。（ケンブリッジ大学、聖マグダレン・カレッジ許可）

一五八九年の三回しか海へ出なかった。同じ年に艦政局は八百トンのプリムローズ号を購入した。この艦は一五七五年に王室海軍から売却された。また、一五六七年にロンドンの商人ウォルター・ジョブスンから六百トンのエリザベス・ボナヴェンチャー号を購入した。さらに小型船をもう一隻、一五五八年に購入している。三百トンのミニオン号である。

ヘンリー八世海軍の生き残りだったジーザス・オブ・リューベック号は一五六八年にメキシコのサン・ファン・デ・ウルワ港でスペインと戦ったときに失われた。このことによって王室海軍の艦船を私掠船活動に貸与することから生じる問題が浮き彫りにされた。サー・ジョン・ホーキンズは南米北部スペイン領への貿易航海のために、その準備として王室海軍から貸与されたこの古いカラック船を一五六六年から六七年にかけて、急いでガレオン艦に似た型に改造した。リューベック号はその巨大な姿から威厳が漂っていたかもしれないが、あらゆる点から見ていぜんとして扱いにくい船で、長所はほとんどなかった。もっと小型のミニオン号もホーキンズに貸与されたが、この船はフランシス・ドレイク自身のジュディス号とともに、なんとかサン・ファン・デ・ウルアから逃れた。このことは王室艦隊が貴重な船を一隻、失ったということである。しかし、ホーキンズはイングランドに帰還し、次の冒険航海では王室に利益をもたらした。

ホーキンズの設計

一五七〇年にホーキンズはリチャード・チャップマンと手を組んだ。チャップマンはこのとき民間の船大工だったが、のちに王室海軍に入る。二人は、デットフォード王室造船所の設備を使って王室艦船の建造や改造をしたいと申し出た。ホーキンズの義父のベンジャミン・ゴッドソンはこのとき海軍の財務長官だったので、二人の申し出は受け入れられた。二人は船の設計に関して彼ら独自の考え方を持っていて、それを最初に設計した三百トンの小型ガレオン艦フォーサイト号で試みた。新しい設計では、船の長さと幅の比率は三対一。喫水線より下の船形は従来の小型ガレアス艦に似ているが、喫水はこれまでよりも深く、砲列甲板は段差はあるがひと続きの甲板になっていた。

上部構造物は低く、中甲板から艦尾まではゆるやかに反り上がっていく。長い艦首突出部と傾斜した艦首材は荒海でも操艦がしやすいように設計された。最終的にフォア・マストは従来より艦首寄りに置かれ、ころもち前傾させた。それで操縦性がいくらかよくなった。竜骨の長さは七十八フィート、傾斜艦首材の長さは二十七フィート、艦の幅は二十七フィート、船艙の深さは十四フィートだった。それよりもっと重要なのは、この大きさの艦にしては搭載砲が二十六門と数が多かったことだ。

フォーサイト号は大成功だったので、その年のうちにガレアス艦ブル号とタイガー号がフォーサイト号と同じ設計に改造されることになった。事実上、フォーサイト号は新型軍艦の第一号となり、この型は、正しいかどうかは別として、歴史家たちからエリザベス朝の〝快速船仕様のガレオン艦（レース・ビルト・ガレオン）〟と分類された。

それまでのガレオン艦より細くて、速くて、破壊力の大きいこの新しいガレオン艦は、一五八八年にエリザベス艦隊の戦闘力の中核を形作ることになる。

すぐにホーキンズの方針に従って、さらに二隻のガレオン艦、ドレッドノート号（三百六十トン）とスウィフトシュア号（三百五十トン）が建造されることになり、どちらも一五七三年にデットフォード造船所で造られた。その年、つづいて百トンのアカーテース号とハンドメイド号が建造された。両艦とも本質的にフォーサイト号の小型版だった。スウィフトシュア号とアカーテース号は王室船大工長のピーター・ペットによって造られたが、ほかの二隻ドレッドノート号とハンドメイド号は、王室船大工長のマシュー・ベーカーが建造を監督した。

ホーキンズは新型ガレオン艦の性能に基づいて、自分の設計にさらに改良を加えた。現役の士官たちは実際の経験から、ホーキンズの設計は正しいとする者が多かった。

海軍統制官のウィリアム・バローは艦船を三つに分類した。一つ目は――「船の長さがもっとも短くて、幅がもっとも広く、喫水がもっとも深い船。竜骨の長さが船幅のいちばん広いところの二倍で、船艙の深さは船幅の半分……。この種類はそのもっとも大きい長所から商船に使われる」。言い換えれば、こうした船はスピードが遅くて太った武装商船なので、艦隊のもっとも強力な軍艦にはついていけない。しかし、偵察や漁船団の護衛、補給品の輸送には適していると考えられた。

二つ目は――「大きさは中ぐらいで、船の長さと幅の割合は商品を運ぶのにもっとも適した比率で、すべての目的にかなう」。そして「竜骨の長さは船幅の二倍か、二・二五倍。船艙の深さは船幅の二十四分の十」と記している。こうした船はエリザベス・ボナヴェンチャー号やヴィクトリー号のように海軍が購入したか、あるいは緊急時に商人から雇い入れた武装商船だった。

艦隊の中核となった三つ目の船は、「操縦性にもっとも優れるように造られたガレオン艦、または戦闘用軍艦でいちばん大きなもの」だった。こうした艦は、「竜骨の長さが船幅の三倍……船艙の深さが船幅の五分の二である」。この基準によると、バローの言う完璧な軍艦はホーキンズの設計による新型ガレオン艦だった。

ホーキンズによって行なわれたほかの改良は、これまで挙げた改変ほど目立つものではない。まず、船体の深さを従来より深くしたので、船体が小型ヨットのセンターボードのような役目を果たして、帆に当たる風の力を相殺し、船の傾きを軽減させた。この設計によって、艦はこれまでよりもっと安定した〝砲台〟になった。もう一つの改良は、船体の下部を被覆構造にしたことである。外板を二枚重ねにし、二枚の板のあいだに毛とタールの混合物を塗って、フナクイムシに船体を食い荒らされないようにした。すでに一世紀ほど前に船底を銅張りにすることが考案されていたので、この方法はフナクイムシの多いカリブ海で航海したホーキンズ自身の経験から生みだされたことは明らかだ。

ホーキンズの軍艦はまた、それまでより流線型だったので、いちばん大きな肋材（フレーム）を従来艦より前へ移動させた。その結果、艦尾へ向かうにつれて、以前の艦よりもずっと先細りになった。そのための設計では、艦尾に行くに従って浮力が減るという欠点が生じ、また、搭載できる兵器の重さも制限された。次のスチュアート朝の初めに、ホーキンズの設計は改変されて浮力を増し、搭載できる砲の重さを増すよう改造された。しかし、この改変によって、帆走性能は著しく悪くなった。実は、ホーキンズは、軍艦の設計とは火器とスピードのバランスをとる仕事であると見ており、彼のすばらしい調整は王室海軍の要求に完璧に合ったものだったのだ。

もう一つの改良がすぐに起こった。一五七〇年より前に、砲列甲板（ガンデッキ）を艦首から艦尾までできるだけ長いひと続きの帯状のものにしようと、あらゆる試みがなされた。砲列甲板は船体のカーブに沿っているので、艦首と艦尾へ向かって急傾斜に反りあがっていく。以前はこのため、艦尾と艦首楼の下に大砲を置くことはほとんどできず、上部構造物の中に据えていた。ホーキンズの解決策はこうだった。砲列甲板をミズン・マストの後ろで切り、後ろの部分を下の甲板の半分まで下げて、下層砲列甲板（ロワー・ガンデッキ）にしたのだ。この設計だと、重砲が船体の下の部分に搭載できるため、艦の安定性が増した。しかも、二門の艦尾迎撃砲を置くための場所もできた。その砲門は上部構造物の高いところではなく、艦尾肋材のいちばん広い部分に開けられた。従来のように上部構造物の中に据えると、使える船室空間が大砲でふさがれてしまうのだ。

上甲板もまたメイン・マストの後ろで一段下げられて、空間が加えられ、そこが上層砲列室（アッパー・ガンルーム）になった。もっと大きな軍艦では、この砲列室は二門の艦尾迎撃砲と数門の舷側砲の搭載場所として使われた。するとこの砲列は、上甲板の中ほどに置かれた舷側砲列とほぼ一列に並んでいるように見えるのだった。甲板を一段低くするとまた、下のどの艦尾船室に充分な天井空間を作っても、上部構造物を低くすることができた。それによってホーキンズは上部構造物の高さを減らし、航行性能をあげた。最終的にできあがった軍艦は、チューダー朝が提供できるほぼ完璧に近いものになった。

ホーキンズの快速船仕様のガレオン艦は、他の軍艦にくらべてスピードが速く、風上への切り上がりがよくて、風向から四十五度、つまり、コンパス角度で四点までのぼることができた。さらには、横から風を受けている船が風下側へ押し流される風圧差（リーウェイ）が小さい。要するに、ほかの軍艦、とりわけ一五八八年にスペイン艦隊の大部分を占めていたカラック船より速く走ることのできる優れた設計だったのだ。この優位性にあとで述べる砲術の革新が結びついて、勝利を招くこととなった。

義父のベンジャミン・ゴッドソンが一五七七年に他界すると、ホーキンズは新しい海軍財務長官に任命され、それまでのすばらしい仕事を続行する責任を負った。それから十二年間、彼はエリザベス艦隊を作りあげ、艦艇を設計修理し、戦いに備えて準備する責任を担った。女王が寵臣や側近に示した寵愛をホーキンズが受けることはなかったが、一五八八年、スペイン相手に戦ってイングランドを大勝利に導いた立役者は誰かというと、それはホーキンズだった。財務長官の地位に就いていたあいだ、彼は常に汚職や横領、私腹を肥やしているという疑いをかけられた。しかし、正式に告発されたことはなく、こうした非難が正しかったかどうかは別として、彼が在任中、艦隊は常に充分に装備されて、戦闘準備ができていた。そして、スペインとの〝冷戦〟につづいて実際に衝突が起こったため、一五七七年から八九年までのあいだに王室海軍は大きく拡張された。そのためどの時代にも劣らず個人が利益を得る機会があり、無関係の人間たちからは疑惑を持たれる可能性が大いにあったのだ。

この十二年のあいだ、ホーキンズは艦隊のために強力な新しい艦を造る仕事をつづけ、また、古い艦を自分の新しい設計により近づくように改造をつづけた。さらに三隻のガレオン艦を新造した。すべて五百トン以下である。この大きさが斬り込み戦で勝利するのではなく、スピードと操縦性と火力で勝負するイングランド艦隊にとって理想的であるとホーキンズは見たのだ。まず一五七七年にデットフォード王室造船所でリヴェンジ号（四百六十トン）が造られ、一五八六年にレインボー号がつづいた。この艦の建造を監督したのは、王室船大工長ピーター・ペットだった。同じ年にテムズ川の下流にあるウリッジ王室造船所で、王室船大工長マシュー・ベーカーによってヴァンガード号（四百五十トン）が建造された。

この三隻はすべて、強力で重武装された快速船仕様のガレオン艦で、来るべきスペインとの戦いでは主導的役割を果たすことになる。どの艦も船体が細くてスピードが出るように、ホーキンズと大蔵卿のバーリー卿が推奨したとおり、船の長さと幅の比率が三対一になっている。リヴェンジ号は艦の仕様を記録するための調査が行なわれる前に失われてしまったので、正確な数字はわからない。しかし、竜骨の長さは約百十フィート、艦の幅は三十四フィートと推測される。レインボー号は竜骨の長さが百フィート、船幅が三十二フィートに対して、ヴァンガード号は竜骨が百八フィート、船幅が三十二フィートと細さを誇った。

ホーキンズの仕事の大部分は、王室艦隊の改造と修理を監督することだった。彼の任期中に十二隻が快速船仕様のガレオン艦に改造された。最初に改造されたのは一五七〇年のタイガー号とブル号で、改造すれば、走りも戦闘能力も実際によくなることを証明する材料として使われた。改造後はもはや一五四六年にヘンリー八世のために初めて造られた小型ガレアス艦の面影はなかった。スペインとの戦争が避けられないとわかると、ほかの大型艦も同じ過程をたどった。メアリー女王によって注文建造された三隻のガレオン艦――ゴールデン・ライオン号、フィリップ&メアリー号、メアリー・ローズ号はそれぞれ一五八二年、一五八四年、一五八九年に修理されたが、三隻とも改造ではなく、解体修理だった。フィリップ&メリー号は修理された際に、ノンパレイル号と改名された。

エイド号は一五八〇年に改造され、エリザベス・ボナヴェンチャー号は一五八一年に、ヴィクトリー号は一五八六年に改造された。そのほかエリザベス・ジョーナス号やトライアンフ号、ホープ号、ホワイト・ベア号などはすべて、アルマダ海戦が終わり、一五八九年にホーキンズの任期が終了した後に改造された。

さらに、サー・ウォルター・ローリーが排水量五百五十トン、搭載砲五十五門という壮観な軍艦アーク・ローリー号を所有していた。この軍艦は、ホーキンズの設計に基づいて船大工リチャード・チャップマンが個人的に冒険事業としてデットフォード王室造船所で建造した。竜骨の長さが百フィート、船幅が三十三フィートで、それ以前に造られた軍艦より目立つほど大きくはなかったが、搭載砲の総重量は大きくて、ほぼ五十トンだった。つまり、この私有軍艦は、ヴィクトリー号（八百トン）のようなはるかに大きい軍艦に匹敵する火力を持っていたわけだ。アーク・ローリー号はアーク・ロイヤル号と改名されて、アルマダ海戦に間に合うように海軍が購入し、司令長官ハワード卿の旗艦となった。

サー・ジョン・ホーキンズはアルマダ海戦の翌年に退任したが、彼の仕様で設計した軍艦がひきつづき建造されていった。その中でもっとも重要なのは、ディファイアンス号（四百四十トン）と、ガーランド号（五百三十トン）である。どちらも一五九〇年にデットフォード王室造船所で建造され、ディファイアンス号は船大工リチャード・チャップマンが、ガーランド号はペット親子が監督した。同じ年、六百九十トンというさらに大きなガレオン艦メルオナー号がマシュー・ベーカーによってウリッジ王室造船所で造られた。

一五九五年には四年前にアゾレス諸島沖で失われたリパルス号の代替船として、デュー・リパルス号が新造された。翌一五九六年、エドワード・スティーヴンスによってデットフォード造船所で、五百二十トンのガレオン艦ワーシップ号が建造された。

一五九五年にホーキンズが他界したあと

アーク・ロイヤル号。アルマダ海戦の際の、イングランド艦隊の総旗艦。最初はサー・ウォルター・ローリーによって大型私掠船として建造された。王室艦隊に編入される前は、アーク・ローリー号という名前だった。（ストラトフォード文書館）

リヴェンジ号、1588 年。すべてのエリザベス朝ガレオン艦の中でもっとも有名なリヴェンジ号は、1577 年、王室金庫から約 4000 ポンドをかけて、デットフォード王室造船所で建造された。これは堅実な投資だった。というのも、ホーキンズの設計原則に従って造ったこの新しいガレオン艦は、艦隊でもっとも優れたガレオン艦になったからだ。建造者の名前は不明だが、リヴェンジ号の建造に責任を持ったのは王室船大工長のマシュー・ベーカーであると、一般には認められている。『古代イングランドの造船術断片』の著者である。しかし、王室船大工長のピーター・ペットもこの事業に関わっていたことはほぼ確かだ。リヴェンジ号は堅牢な造りで、帆走性能は同時代のもっと軽い艦には及ばないが、全般的に見ておそらく艦隊でいちばん優れた軍艦だっただろう。アルマダ海戦の際は、サー・フランシス・ドレイクの旗艦として働いたので、7 月 31 日のプリマス沖の最初の戦いから 8 月 8 日にグラヴリーヌ沖で展開された接近戦まで参戦した。ドレイクの指揮下で、リヴェンジ号はスペイン・ガレオン艦ヌエストラ・セニョーラ・デル・ロサリオ号を降伏させ、乗組員は拿捕賞金を得る一番手となった。しかし、リヴェンジ号のいちばん有名な戦いは 1591 年に起こった。アゾレス諸島沖でスペイン艦隊に襲撃されたのだ。リヴェンジ号の指揮官はサー・リチャード・グレンヴィルで、激烈な戦いをしたが、16 時間後、彼はさんざんに叩かれたリヴェンジ号を引き渡して降伏せざるをえなくなった。数日後、リヴェンジ号は嵐につかまり、テルセイラ島の沖合で座礁した。（トニー・ブライアン画）

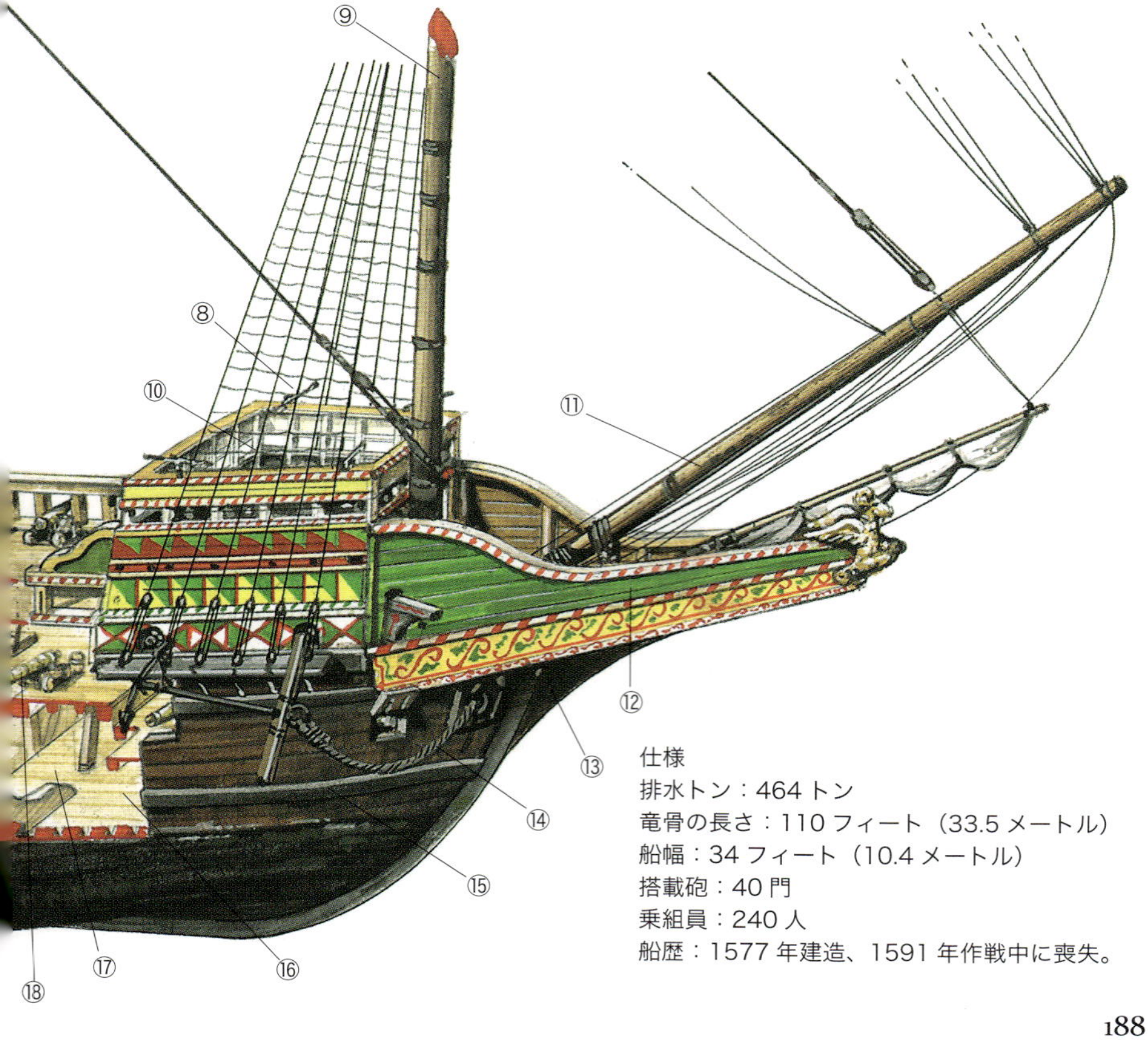

仕様
排水トン：464 トン
竜骨の長さ：110 フィート（33.5 メートル）
船幅：34 フィート（10.4 メートル）
搭載砲：40 門
乗組員：240 人
船歴：1577 年建造、1591 年作戦中に喪失。

①ボナヴェンチャー・ミズン・マスト
②艦尾楼甲板（プープデッキ）
③ミズン・マスト
④艦尾甲板（コーターデッキ）
⑤メイン・マスト
⑥中甲板　（ウェスト）
⑦艦載艇
⑧ファウラー砲（旋回砲）
⑨フォア・マスト
⑩艦首楼（フォークスル）
⑪第一斜檣（バウスプリット）
⑫艦首突出部（ビーク）
⑬主錨（メイン・アンカー）
⑭錨索庫
⑮掌帆長倉庫
⑯船匠船室
⑰調理室
⑱主甲板の備砲
（半カルヴァリン砲）
⑲火薬庫
⑳最下甲板（オーロップ・デッキ）
㉑下部腰板（ロワー・ウェール）
㉒舵板
㉓軍医船室
㉔下層砲列室（ロワー・ガンルーム）
㉕上層砲列室（アッパー・ガンルーム）の 備砲（セーカー砲）
㉖左舷砲列
㉗士官船室
㉘艦長室
㉙提督室

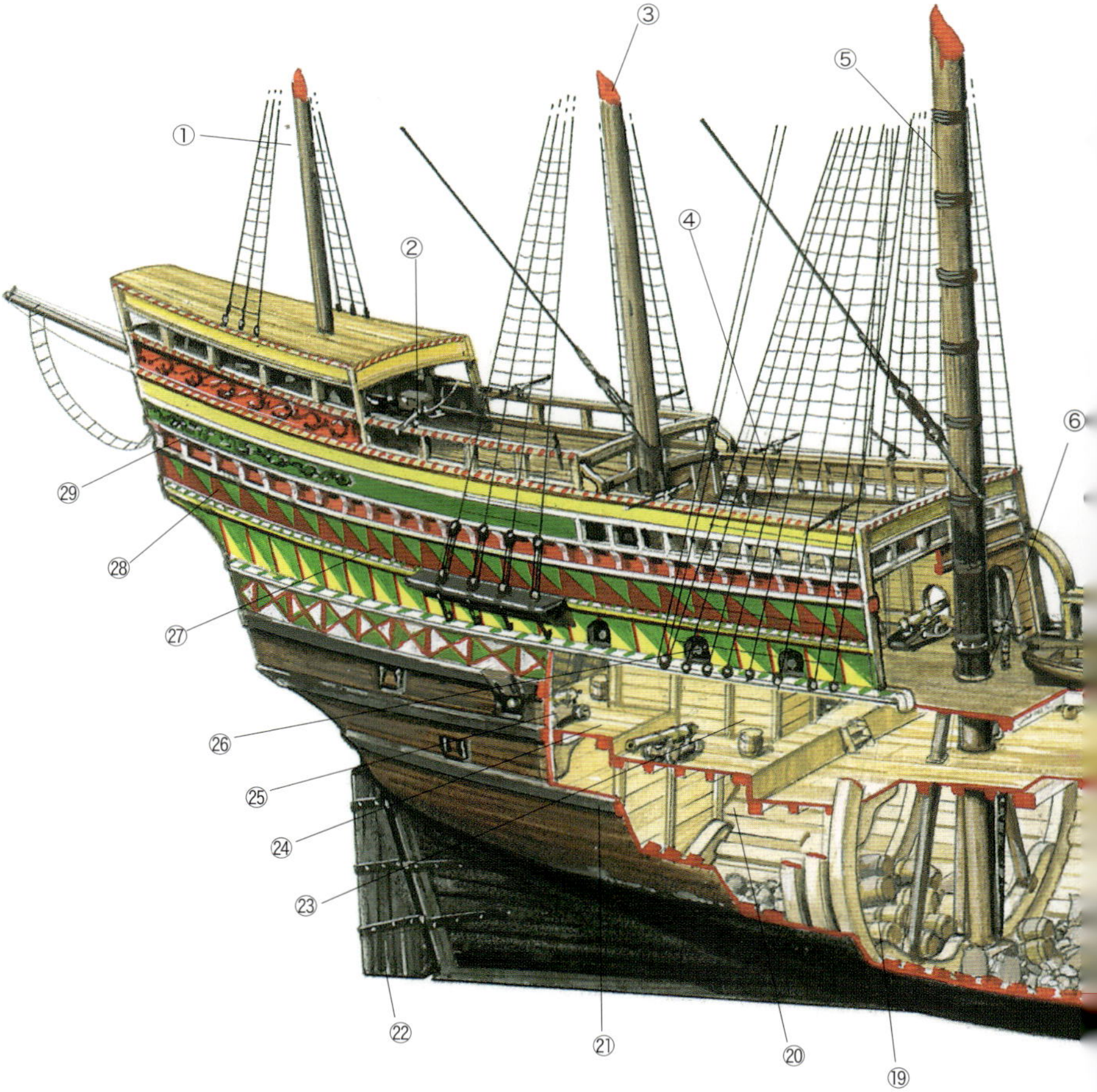

も、彼の遺産は長く生きつづけた。軍艦の多くはエリザベス王室が一六〇三年に絶えたあともずっと王室艦隊で現役として働きつづけ、スチュアート朝海軍の大黒柱として十七世紀なかばまで生きのびたのだった。

エリザベス王室艦隊にはもちろん、大型艦だけでなく、いろいろな艦船があった。女王の統治時代には、九十九隻のさまざまなタイプの軍艦が王室艦隊に編入された。この数字には、せいぜい一、二年しか就役しなかった艦も含まれる。そうした艦のうち三隻はスペインから拿捕したもので、もっとも有名なのは、一五八八年にサー・フランシス・ドレイクが拿捕した一千百五十トンの巨艦ヌエストラ・セニョーラ・デル・ロサリオ号である。ロサリオ号はイングランド船乗りにとってはあまりにも鈍重だったため、もとの持ち主と戦うために使われたことは一度もなかった。イングランド側はロサリオ号をガレオン艦ではなくカラック艦と分類した。一五九四年に同号は倉庫船としてメドウェイ川に浮かべられ、それから二十八年後に解体された。

この九十九隻の中には戦時の王室海軍を増強するために雇用された多くの武装商船は含まれていない。武装商船は一五八八年に九十四隻が王室海軍に雇われるか義勇志願した。九十トン以下の十五隻も九十九隻の中に入っていない。こうした武装商船の大多数は二百トン以下だったが、二十九隻は二百トンより大きく、その中の二隻はガレオン・レスター号とマーチャント・ロイヤル号で、どちらも四百トンだった。こうした商船は王室倉庫から兵器が追加されて、王室艦隊の大型艦と同じぐらい火力のある船になった。しかし操縦性は、フォーサイト号やドレッドノート号といった軍艦とくらべると、劣っていたと思われる。

エリザベス朝時代にはほかにも小型船が王室艦隊に加えられた。ガレー船が九隻、ピンネース艇が四隻、小型ガレオン艦が四隻、小型船が七隻。さらに帆装によってピンクやケッチ、バーク、ホイと分類される小型船もあった。また、七隻の探検船も随時、編入された。こうした小型船のうち数隻は海軍が購入したが、大多数はデットフォードや、ウリッジ、ロンドン郊外のテムズ川にあるライムハウス、あるいはメドウェイ川にあるチャタムの各王室造船所で海軍のために特別に建造された。こうした船は明確な役割を持った――護衛船や警護船、補給船、急送公文書送達船、はしけ船、艦隊の送迎艇、輸送艇などである。

造船

造船技術に関しては幸運なことに、王室船大工長のマシュー・ベーカーが一五八二年ごろに書いた論文『フラグメンツ・オブ・エンシェント・イングリシュ・シップライト（古代イングランドの造船術断片）』によってチューダー朝の造船について学べるだけでなく、水中考古学が提供してくれる遺物についても調べることができる。もっとも有名な遺物は、チューダー朝初期のメアリー・ローズ号（一五四五年建造）とエリザベス朝のオールダニー・レック号（一五九二年建造）から引き揚げられた品々である。エリザベス朝の王室艦はチューダー朝初期の軍艦とちがって、船体が平

仕事中のチューダー朝の船大工長。ジョン・ホーキンズの指導のもと、船大工たちは数学的に算出した設計を使って艦船を建造したので、それまでよりもはるかに耐航性のいい形になった。マシュー・ベーカーの『古代イングランドの造船術断片』（1582年ごろ）より。（ケンブリッジ大学、聖マグダレン・カレッジ許可）

張り（カーヴェル）である。船体の形を作るために竜骨に肋材が組まれ、肋材の上に張り板が固定されるが、張り板の端と端が平らに合わされて船体の外殻が造られていくのだ。もっと古い時代の鎧張り（クリンカー）だと、張り板は重ね合わされる。この技法は十六世紀の初めに使われなくなった。

まずは、竜骨（キール）を造る。三本以上の材木を使い、嵌め継ぎで一本に繋ぎ合わせる。アーク・ロイヤル号の竜骨の長さは百フィートで、これは四百トンから六百トンの大きさの船では標準的な長さである。竜骨は内側に内竜骨（キールソン）を取り付けて強度を増す。艦の輪郭を作るために艦首材（ステム）と艦尾材（スターンポスト）を立てる。アーク・ロイヤル号の場合、艦尾は竜骨の端から六フィートのびており、艦首はカーブして三十三・五フィート張り出している。

次に、竜骨の上に何本ものC字型をした肋材（フレーム）を取り付ける。船体の形を作る木の胸郭である。エリザベス朝の造船では、要となる肋材は主肋材（メイン・フレーム）と呼ばれ、ふつうは艦の中心の、メイン・マストに近いところに取り付けられた。肋材の幅と厚みは艦首と艦尾に向かうにつれて薄くなり、これは甲板支持梁（デッキ・ビーム）も同様である。次に肋材に甲板支持梁を掛け渡す。梁そのものは肋材に取り付けてある肘材（ニー）で支える。現代の棚を支える腕木のようなものだ。マシュー・ベーカーは、こうした肋材を組むことを〝全体造り〟と呼んでいる。それぞれの肋材や肘材、甲板支持梁の寸法は正確に決められた数式に従って出す。さらに補強材として肋材に中間肋材（ファトック）が取り付けられる。これは湾曲した木材で、肋材の根本を補強し、肋材を竜骨と内竜骨に固定させる。

船体の外殻は、肋材の外端に固定される腰板（ウェール）で作られる。腰板は、最終的には水の中に入る艦の形に沿っている。下部腰板（ロワー・ウェール）は中央甲板の喫水線のすぐ上に取り付けられるが、艦首と艦尾へ行くに従って立っていく。下部腰板と上甲板のあいだには一定の間隔を置いてさらに何列か腰板が張られる。腰板と腰板のあいだには外板が張られる。外板も腰板も木釘か鉄の留め金具で肋材に固定される。さらに船体の内側には肋材と肋材を繋いで補強する突っ張り材が取り付けられ、これは縦通材（ストリンガー）と呼ばれた。肋材は下部腰板のすぐ上で外側へふくらんでいる。つまり、舷側は喫水線のすぐ上でこころもち外側へふくらんでいて、上甲板へ向かうにつれて内側に湾曲していくということだ。甲板支持梁もまた、艦の中央線へ向かうにつれて持ち上がっていく。甲板に入った水が低くなっている舷側の排水孔にたやすく流れ落ちる設計になっているのだ。

王室船大工長としてマシュー・ベーカーは、軍艦を造る際に使っている比率を公表した。彼の造船法は、その建造工程がいかに科学的であるかを示している。すでに述べたように、サー・ジョン・ホーキンズは自分自身の豊富な洋上経験に基づいて軍艦の設計に革新的変革をもたらしたが、この変革を成し遂げるためには第一級の船大工とペアを組む必要があった。彼の場合、その相手はリチャード・チャップマンだった。船大工長ベーカーと同僚のピーター・ペットは、ホーキンズの設計に近づこうとするいわば彼の弟子だった。従って、ベーカーの論文『造船術断片』は、ホーキンズの快速船仕様のガレオン艦の設計をみなが理解できるように解説したものだ、と見るのが妥当だろう。

艦隊の武装

それまでのガレオン艦とちがって、ホーキンズが設計してベーカーやピーターのような船大工が造ったガレオン艦は、艦尾が急激に細くなっているので、ベーカーが論文で描いた挿絵にはっきりと見られるように、下部腰板とそのすぐ上の幅広の部分は艦尾へ向かうにつれて立ちあがり、細くて流線型になっている。この先細りの形は艦尾の上部構造物ではもっと強まり、艦尾甲板は細くなるにつれてしだいに立ちあがり、最後に細い艦尾肋材（トランサム）のてっぺんに至る。

幸いなことに、チューダー朝末におけるエリザベス海軍の兵器に関しては、かなり詳細な記録がある。対アルマダ作戦の直前に、チューダー朝艦隊の総合的な調査が行なわれたおかげで、戦闘力について詳しい解説ができる。この調査記録とそれまでの兵器リストをくらべると、対アルマダ作戦前の数年間に大型の青銅砲が増えて、時代遅れになった錬鉄砲が減ったのに気づく。それでも一五八八年の対アルマダ作戦までこうした時代遅れの元込め砲は舷側砲として分類されて、近距離の対人兵器として艦隊中にわずかながら配備されていた。

小型で元込めの錬鉄砲であるベース砲（旋回砲）は、現代のマシンガンのように舷縁（ガンネル）に据えられた。役目もほとんど同じで、斬り込んでこようとする敵兵へ対人用の弾丸がうなりを上げて飛ぶのだ。ベース砲のもう少し大きいものはファウラー砲と呼ばれるが、使い方はほとんど同じである。

一五八五年にエリザベス・ボナヴェンチャー号に支給された大砲のリストと、その年、カリブ海に遠征したときに実際に積んでいた大砲のリストとを比較すると、ドレイクが兵器の組み合わせを変えたことがわかる。ポート砲やフ

アルマダ海戦の直後に描かれた油彩画、イギリス人画家の作。作者不詳。この絵は、海戦の主な出来事をまとめて見せてくれる。ティルベリーで行なわれた兵士に対するエリザベス女王の演説、海岸線に建てられたのろし台、そして、グラヴリーヌ沖の接近戦。軍艦の姿からすると、この画家は船のことは不案内だったと思われる。（ワーシップフル・ソサイアティ・オブ・アポセカリーズ、ロンドンのアポセカリーズホール）

ァウラー砲、ベース砲など対人砲をすべて降ろして、代わりにカノン・ペリエ砲やカルヴァリン砲、半カルヴァリン砲を追加したのだ。言い換えれば、ドレイクは斬り込み戦をやる意志はなく、自分のもっとも強力な艦に恐るべき舷側砲を搭載したかったということだ。ホーキンズの快速船仕様のガレオン艦の設計によって、以前より大きくて重い大砲を積むことができるようになったので、ドレイクのような指揮官たちはその利点を充分に利用した。カノン・ペリエ砲は砲身が短くて口径が大きい珍しい大砲で、鋳鉄の球形弾ではなく石弾を放つ。石弾は製造するのに金も時間もかかるが、十六世紀の海軍はまだいくらかそんな兵器を保有していた。石弾は飛ぶ距離に限界があったが、近距離からは殺傷力が強く、撃った衝撃で破裂して、破片がすさまじいスピードで雨と降るのだ。

ひと握りの軽旋回砲やほかの対人兵器を除いて、王室海軍が搭載していた大砲の大多数は青銅の鋳造砲だった。一六〇三年に各艦が積んでいた兵器を詳細に記録したリストによると、鉄製の大砲はほとんどなく、旋回砲を除いた総搭載砲数の八パーセント以下だった。鋳鉄砲の製造技術は進歩し、イングランド南東部のウィールド地方では大規模で信頼できる鋳鉄砲製造工場が発展を遂げていた。にもかかわらず、国家艦政局は鋳鉄砲を信頼せず、青銅砲を購入しつづけ、その大部分は王室製造工場から供給されていた。しかし、鋳鉄兵器は民間の船主には人気があった。鉄製だと、製造費用が青銅の三分の一で済むからだ。商船はふつう、同じ大きさの軍艦より搭載兵器が著しく少ないので、青銅砲にくらべて鉄砲のほうが重いということはさして重大な問題にならなかった。同様に重要なことだが、艦政局は、王室兵器製造工場がどんな種類の兵器を作るか、統制できたのだ。

次の兵器リストは、ウィリアム・ボーンが一五七八年にロンドンで出版した砲術教本『ゼ・アート・オブ・シューティング・イン・グレート・オードナンス（大型砲の砲術）』から抜粋したものである。王室海軍の陸上砲術長として、ボーンは当時使われていたもっとも一般的な種類の大砲を注意深く選んでリストに入れ、その基本的な寸法を示した。

　ボーンのリストと、一五八五年に王室海軍で搭載していた兵器のリストをくらべることができる。一五八五年のリストでは、当時現役だった艦隊主要艦すべての搭載砲数が記され、また搭載砲は種類によって四つに分けられている。カノン砲は艦載砲としては大きすぎて使えないと考えられていた。たとえ砲列甲板の梁が大砲の重量を支えることができたとしても、左右の舷に一門ずつ、数対のカノン砲を置く余地が充分になかったからだ。つまり、半カノン砲がエリザベス艦隊の軍艦に搭載されていたもっとも大きな砲であるということだ。半カノン砲は十八世紀末ごろの三十二ポンド砲に相当する。このリストによると、一五八〇年代末ごろでもまだ、艦隊の大半の軍艦ではメアリー・ローズ号で発見された大砲とよく似た元込めの錬鉄砲を一対から三対、搭載していたことがわかる。このことからして、すでに見たとおり、この錬鉄砲は青銅砲とくらべて時代遅れだと考えられていたものの、近距離で素早く撃てる長所があったため、艦載砲に含める価値があったのだ。同じような理由から、もっとも大きな軍艦はカノン・ペリエ砲を一対か二対、積んでいた。カノン・ペリエ砲は本質的に、大口径の対人兵器としてポート砲に代わる近代的なものだった。

ウィリアム・ボーンによる兵器の種類(1578年)

	口径 (インチ)	長さ (フィート)	重量 (ポンド)	砲弾の大きさ (ポンド砲)
カノン砲	8	12	7500	64
半カノン砲	6 ½	10-11	5500	33
カルヴァリン砲	5 ½	12	4500	17
半カルヴァリン砲	4 ½	10	2700	10 ¼
セーカー砲	3 ¼	8-9	1500	6
ミニオン砲	3 ¼	8	900	3
ファルコン砲	2 ¾	7	700-750	2 ½
ファルコネット砲	2 ¼	5-6	360-400	1 ¼

リヴェンジ号を例にあげると、対アルマダ作戦が始まるちょうど三年前に、三十六門の大型砲を積んでおり、そのうち二門を除いてすべてが青銅砲だったようだ。さらに、旋回砲（スイヴェル砲や、ファウラー砲、ベース砲）を十門据えていた。十八世紀の兵器用語を使うと、大型砲は三十二ポンド砲と、十八ポンド砲、十二ポンド砲、六ポンド砲に分けられる——十八世紀にはカノン・ペリエ砲という種類はない。もっとも重い砲はできるだけ艦の下のほうに搭載され、セーカー砲や半カルヴァリン砲が上甲板や上層砲列室に据えられた。リヴェンジ号はメイン・マストのすぐ前にある主肋材のところで船幅が約三十二フィートだったので、ボーンのリストに従えば、舷側に二門、つまり砲列甲板の両舷に一門ずつ大砲を置く余地などほとんどなかった。しかし、艦政局はすでにこの問題と取り組んでいた。一五七〇年代に、海軍の兵器長ウィリアム・ウインターが海軍のために短射程の新しい青銅砲を設計開発し、スペイン無敵艦隊が英仏海峡を東進してきたときには、これらの砲が一般に使われていたのだ。

スペインがいぜんとして大砲を二輪の砲車——陸上で使っている砲車よりちょっと短くて、車輪が中空ではないもの——に積んでいたのに対して、イングランドは独自の砲車を開発していた。一五四五年にメアリー・ローズ号から引き揚げた砲車からすると、こうした開発はヘンリー八世の時代にすでに始まっていた。記録とわずかな図版とを考え合わせると、一五八〇年代までに王室海軍は四輪砲車を完全に採用していたと見られる。短い大砲と動かしやすい砲車が結びついたことは、船体の設計革新と同様にエリザベス艦隊を勝利に導く重大要素であった。

一五八八年にイングランドの砲手長がわが艦隊には熟練した砲員が少ないと嘆いているのに対して、イングランドの砲撃を目の当たりにしたスペイン人は、自分たちがマスケット銃を撃つようにイングランド人はつづけざまに大砲を撃っている、と言ったのだった。

大砲と砲車はイングランド海軍の砲術に完璧に合うように設計されており、その結果、イングランドはた

イングランドの造船に関するこの論文の中で、快速船仕様のガレオン艦の先細の喫水線部分は魚の流線型になぞらえられている。ホーキンズの革新的造船法は、王室艦隊のほとんどの艦船を快速で、敏捷で、重武装の軍艦にした。マシュー・ベーカー著『古代イングランドの造船術断片』(1582年ごろ)より。(ケンブリッジ大学、聖マグダレン・カレッジ許可)

とえ狙いが正確ではなかったにしろ、射撃の速さという点ではスペインを凌駕した。もしもイングランド艦隊が直線弾道になる距離まで敵に近づいていたら――アルマダ海戦の最後の段階でそうしたように――その攻撃力は破壊的だったことだろう。

第４章
アルマダ海戦

“大事業”に乗りだす

一五八八年二月九日、無敵艦隊司令長官サンタ・クルス侯爵がリスボンで亡くなった。過労と持病のためだった。スペイン国王フェリペ二世は、彼の後任としてメディナ・シドニア公爵を指名し、公爵に対して、この任命はすみやかに、且つ極秘裏に行なわれなければならないと強調した。さらに国王はこう付け加えもした。「このところ、人員、とりわけ船員を集めやすくするために、ガレオン船団がカリブ海へ遠征するとの噂があり、これは外国にも広がっているようである。しかし、いま、貴殿がスペイン艦隊に加わることになれば、事態は変わってくるだろう。貴殿の指揮下で貴殿とともに働けるということがわかれば、男たちはカリブ海への遠征よりスペイン艦隊の船員募集に勇んで応じることだろう。どうしたらより良い結果を生むか、いまの時点で貴殿なら容易に判断できるはずだ」

こんなお世辞や奇妙な口実を示されたが、メディナ・シドニア公爵は初めは答えを保留し、言い逃れをした。だが、最後にはこの任務を引き受けた。

艦隊の準備は大騒動だった。その時点ではまだほんの少しの人員と艦船、補給品しか用意できていなかったのだ。調査の結果、リスボン港は新しい艦船が到着したときに、改修された。ほかの港も改修が行なわれて、設備が整えられ、ポルトガルの大砲製造所はフル稼働した。五月までに、遠征艦隊を編制した百三十隻の艦船にそれぞれ充分な兵器と弾薬が供給され、補給品が積みこまれ、正確な海図を持った水先人が配置された。そこで、すべての艦船が査察を受け、必要な箇所には修理がほどこされた。総勢一万八千九百七十三名の陸軍兵士が乗りこみ、攻城砲も含めて陸軍の装備も積みこまれた。メディナ・シドニア公爵はこれまでにない楽観的な新たな気持ちになって艦隊を鼓舞し、五月九日、スペイン艦隊アルマダを艦閲すると、出撃準備整えり、と宣言した。

フェリペ国王はすでにシドニア公に最後の命令書を送っていた。「貴殿は全艦隊を率いて出動し、英仏海峡を東進してケント州マーゲート岬まで走破し、同岬にてわが甥であるパルマおよびプラセンシア公爵と合流せよ。貴殿はいかなる妨害をも排除し、すでに両君とも熟知の作戦とわが指示に従って、英仏海峡を渡るパルマ公軍の進路を確保せよ」

この最終段階に至っても、パルマ公と合流する計画は細部がきわめてあいまいだった。

国王からの二番目の手紙ではいくらか明確になっていた。「貴殿は艦隊をマーゲート岬までもってゆくようあらゆる努力を払い、その途上、いかなる困難があろうとこれに対処し、マーゲート岬沖の所定の位置に着いたら、そのとき、パルマ公が――わが甥が――貴殿の運んだ陸軍部隊を上陸させる場所を知らせるであろう。その場所へ貴殿は陸軍部隊を上陸させることになる。陸軍部隊の上陸はミラノ軽騎兵隊司令官ドン・アロンソ・デ・レイバが指揮する。パルマ公に引き渡すまで、陸軍部隊はレイバ司令官の指揮下におくように。これがわが望みである。この作戦が完遂されるよう貴殿は諸事万端取り計るべし」

興味深いことに、国王はこれに代わる作戦もメディナ・シドニア公に与えた。もしもフランドルに到着してから、パルマ公率いるフランドル軍がなんらかの理由で海峡を渡ることができなくなった場合を想定して、

初代レスター伯、ロバート・ダッドリー（1532 ごろ -88）。油彩画。イギリス人画家の作。1586 年ごろ。もしもパルマ公率いるスペイン軍がケント州に上陸したら、ティルブリーに集結したイングランド軍の指揮官として、パルマ軍を撃破するのがレスター伯の任務だった

ORDERS,
Set dovvne by the
Duke of Medina, Lord general
of the Kings Fleet, to be obserued in
the voyage toward England.

Translated out of Spanish into English by T.P.

Imprinted at London by Thomas Orwin for Thomas Gilbert, dwelling in Fleetstreete neere to the signe of the Castle. 1588.

スペイン艦隊ほど編制も作戦も大きな艦隊の遠征となると、極秘にしておくことは不可能だった。これはイングランドの冊子のカバーで、スペインの書類から転用したものである。この冊子にはスペイン艦隊の編制や戦闘原則、作戦計画などの概要が載っている。スペイン艦隊がまだリスボン港を出動もしないうちに、イングランドで出版された。（クライド・ヘンスリー・コレクション文書館、ノースカロライナ）

艦隊に別の命令も与えたのだ。国王はこう書いた。「貴殿はワイト島を占拠できるかどうか、確認すること。ワイト島の防備態勢は貴殿に抵抗できるほど堅固ではないようである。しかし、貴殿がワイト島を占拠した場合には、防備を強化することは可能であり、艦隊にとっては安全な港を持つこととなり、そこを避難港とし、重要な橋頭堡として独力でその先の戦いへの道を切り開くべし。従って、ワイト島の防備をより固くすることは良策であろう」

　これはかなり無思慮な選択肢である。というのも、スペイン艦隊はフランドル地方に到着した後、風と潮と戦いながら英仏海峡を逆戻りしてワイト島まで行き、それからなんとか上陸しなければならないからだ。卓越する西風がこの作戦をほとんど不可能にするだけでなく、その時点までにスペイン艦隊の意図はイングランド側に明らかになって、イングランド側にはワイト島に兵を増強して防備を固める時間ができるだろう。賢明にも、司令長官メディナ・シドニア公は国王に対してそう指摘はしないことにしたのだった。

悪天候のため、スペイン艦隊はさらに二週間、リスボンに足止めされたが、五月二十八日、錨を揚げて大西洋へと乗りだした。フェリペ二世の〝大事業〟が始まったのだ。最初から〝まるで十二月のような荒れ狂う悪天候〟によって、艦隊の進行は妨げられ、ハルク戦隊はきわめてスピードが遅いことが判明した。艦隊の食糧の多くが劣悪なものであることもじきにわかり、シドニア公はスペイン北西の港ラ・コルーニャに入って、艦船を修理し、食糧を積み直すことを決断した。六月十九日に旗艦と主要な艦がラ・コルーニャ港に入ったが、とつぜん南西の強風が吹きつけて、残りの艦船はビスケー湾に吹き散らされてしまった。シドニア公は遠征を中止しようと考えたが、国王は続行を命じた。艦船は港へ入り、シドニア公は修理を監督した。シドニア公はまた、配下の多くの艦船に対してその性能と耐航性に重大な疑問を抱いていた。彼は国王にその旨、告げた。

国王はこう答えた。「貴殿の言うことは明らかに正しい。レバントの艦船はスペインで建造した艦船よりも荒海において航行性と堅牢性に欠けるし、ハルク船は風上へのぼることができない。しかし、それでもレバントの艦船はしじゅうイングランドへ行っているし、ハルク船はほかのどこよりも英仏海峡を下っていけることは事実であるからして、両者をおいていくということは、まったく論外である。われわれが望んでいるようにもし現状を改善できれば、ほかの艦船を艦隊にまわすだろう、それはそうである。しかし、目下そうした困難があるからといって、遠征を断念しては断じてならない」

国王がこう答えたので、シドニア公はこの先の航海のために艦隊の修理に没頭した。一か月たたないうちに、スペイン艦隊はふたたび出航準備が整った。新鮮な食糧を積み、人員は士気高く、そして敵までほんの十日の航海だった。

英仏海峡を進むスペイン艦隊

イングランド
フランス
英仏海峡
ブリストル海峡
テムズ川
N
近衛部隊 XX
ロンドン
ティルベリー
海峡戦隊
主力軍 XXXX
シーモア卿
レスター伯
ダンケルク
グラヴリーヌ
ドーヴァー
⑦カレー
ブルゴーニュ
侵攻軍 XXXX パルマ公
ヘイスティングス
サウサンプトン
ポーツマス
ワイト島
プール
ウェイマス
ポートランド岬
州軍 XXX 沿岸のアルマダを追撃
エクセター
主力艦隊
ハワード卿
フォイ
プリマス
ダートマス
スタート岬
0 50 miles
0 100 km
①7月30日　スペイン艦隊、コーンウォール海岸を視認。
②7月31日　プリマス沖の海戦――戦果のない小競り合い。
③8月1日　両艦隊、デヴォン州スタート岬をかわす。
④8月2日　ポートランド沖の海戦――接近戦。
⑤8月3-4日　ワイト島沖の小競り合い。
⑥8月5日　スペイン艦隊、難渋しつつカレーをめざす。
⑦8月6日　スペイン艦隊、パルマ公率いる上陸部隊と合流すべく、カレー錨地に錨を降ろす。
注　イングランドの都市は充分な防備を固めていなかった。

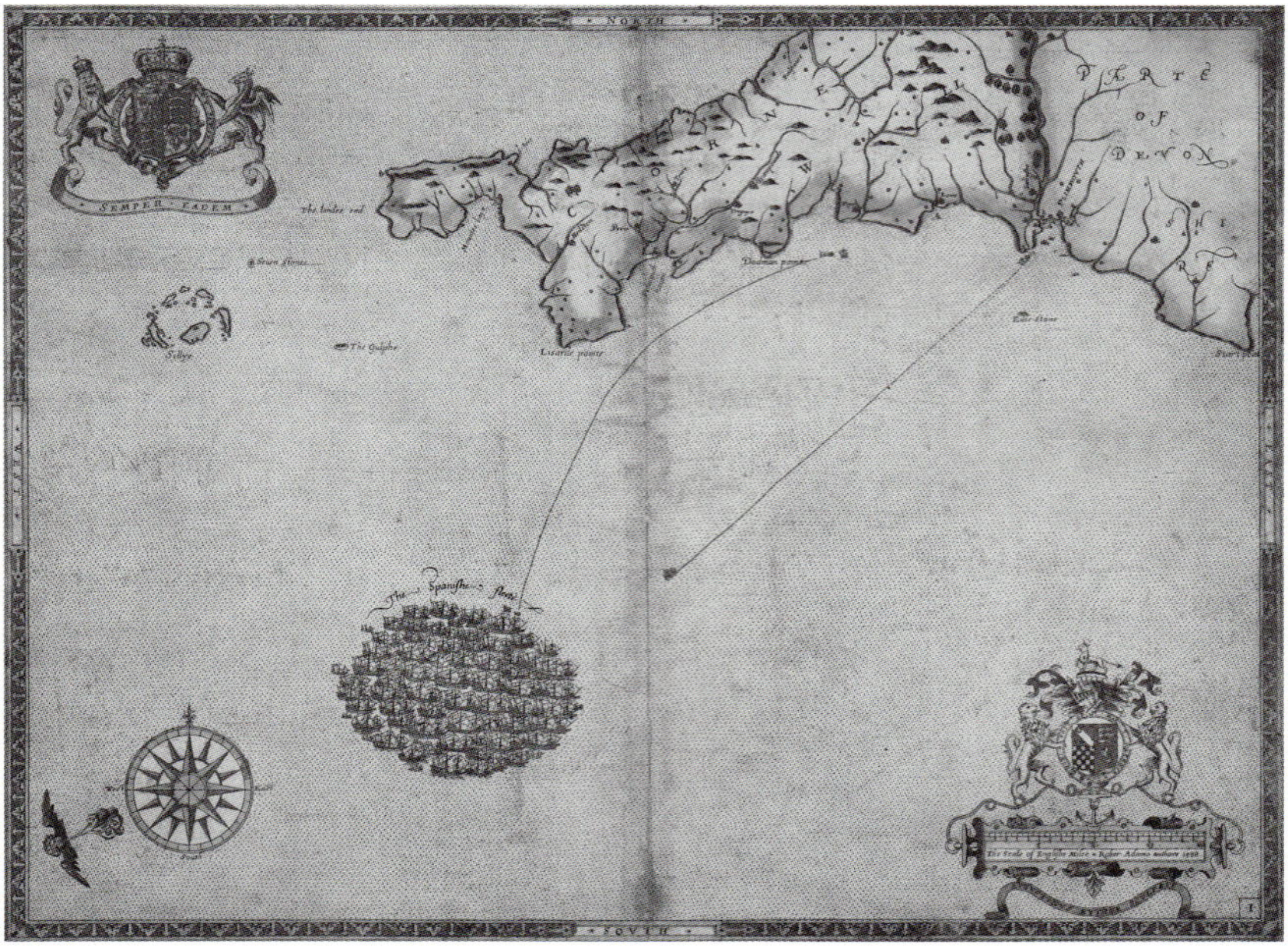
SEMPER EADEM

七月二十一日、メディア・シドニア公は艦隊を率いてラ・コルーニャを出港した。乗組員の士気は高かったという。四日後、彼はパルマ公に艦隊が海峡へ向かっていることを知らせるため、ピンネース艇を一隻、先に行かせ、艦隊は快適な南風に乗って、イングランドをめざして北上していった。ビスケー湾の荒波は四隻のガレー船には強すぎて、四隻はフランスの港に避難せざるをえなくなった。この四隻はケント州で陸軍部隊を上陸させるあいだ、重要な支援船となるはずだったので、重大な打撃だった。ビスケー湾戦隊の旗艦サンタ・アナ・デ・ファン・マルティネス号もまた、マストを失って、離脱をよぎなくされた。

ラ・コルーニャを出港して一週間後、スペイン艦隊はブリタニー半島西端のウェサン島の沖に着いた。イングランドの海岸線は北の水平線のすぐ向こうにある。どちらも知らなかったことだが、敵対する二つの艦隊はその距離わずか百マイルしか離れていなかったのだった。

プリマス沖（七月三十日—三十一日）

一五八八年七月二十九日金曜日の午後四時、大小合わせて百二十五隻のスペイン艦船は、洋上三マイルにわたってジグザグに隊列を作った。旗艦サン・マルティン号の上に処女マリアと十字架を描いた大旗が掲げられると、兵員たちはミサの祈りに耳を傾けた。ちょうどリザード岬を視認したところで、そこからイングランドの海岸線がつづいていた。艦隊司令長官メディナ・シドニア公は乗組員たちに祈りをあげることを許し、全艦船に一時停

【右】1588年6月27日、コーンウォール海岸沖のスペイン艦隊。ロバート・アダムズが著書『エックスペディシオン・ヒスパノラム・イン・アングリィアン・ヴェラ・デスクリプティオ・アニョ1588（1588年のスペインによるイングランド遠征）』に収録した地図。12枚の戦術図シリーズのうち、最初の1枚。それぞれの地図はアルマダ海戦の異なった段階を表わしている。この地図に記されている線は、スペイン艦隊を最初に発見したファルマスの船の航跡で、この知らせを届けようと、急ぎプリマスに戻っている。（国立海事博物館、グリニッジ、ロンドン）

船を命じて、作戦会議のために先任指揮官たちを召集した。シドニア公は最終命令をくだそうとしていた。いったんイングランド艦隊が現われたら、パルマ公との合流場所に到着するまで、作戦会議を開く機会は二度とないかもしれないのだ。

　これはまた、戦いが始まる前に配置転換をする最後の機会でもあった。作戦会議に参加したのは、参謀長のディエゴ・フロレス・デ・バルデスと、副司令長官のファン・マルティネス・デ・リカルデ、六人の戦隊指揮官たち、上陸部隊指揮官のドン・フランシスコ・デ・ボバディラだった。それに、義勇志願のミラノ軽騎兵隊司令官ドン・アロンソ・デ・レイバも出席した。彼は、もしもシドニア公が戦死した場合には、スペイン艦隊の指揮をとるようにとの極秘命令を受けていた。これらの十人はすべて、これから展開さ

1588 年 7 月 30 日、プリマス沖のスペイン、イングランド両艦隊。ロバート・アダムズの戦術図シリーズの 4 枚目。『1588 年のスペインによるイングランド遠征』（1588）より。（国立海事博物館、グリニッジ、ロンドン）

1588 年 7 月 31 日　プリマス沖の海戦（第 1 戦）

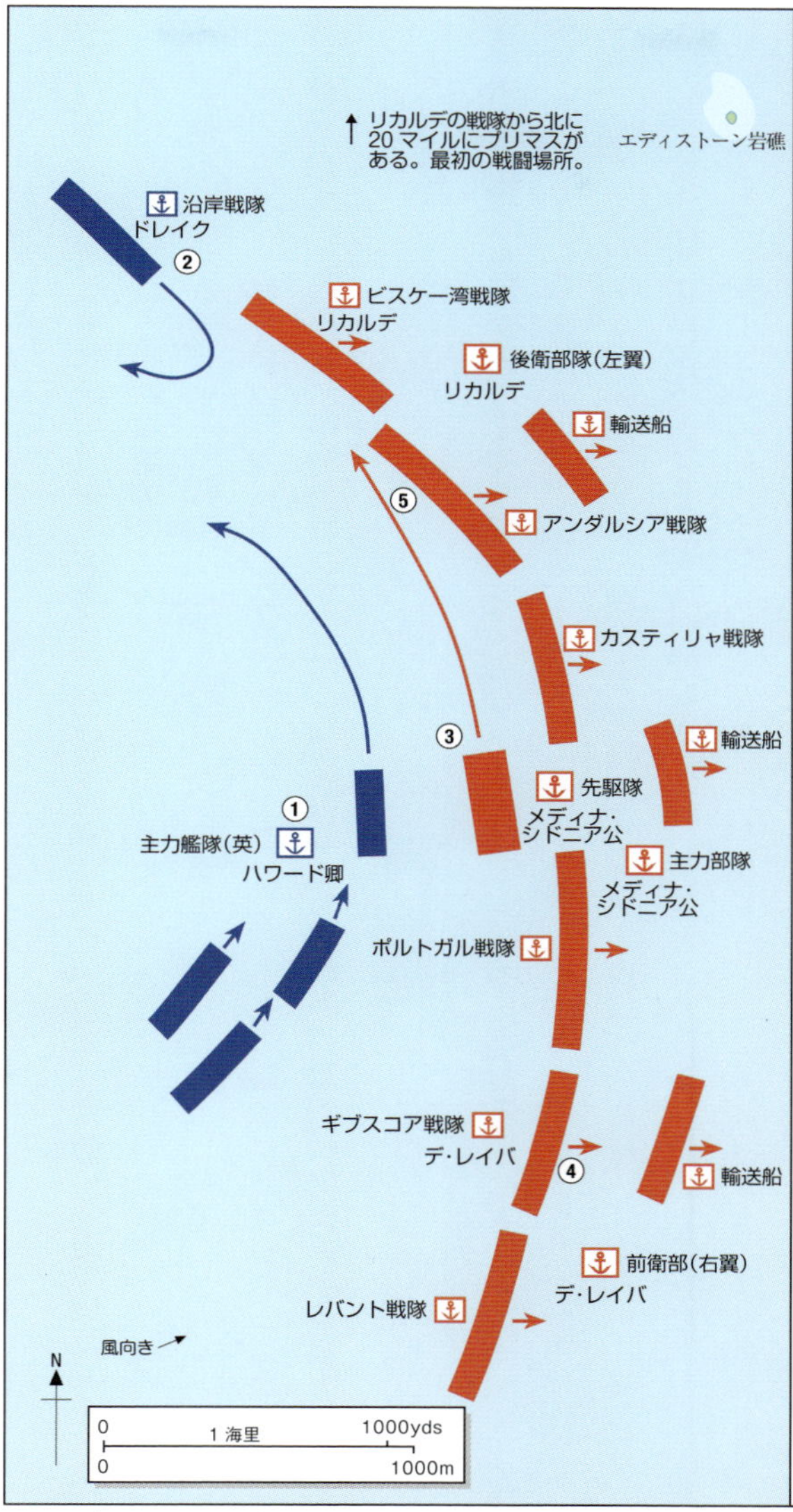

① 第 1 段階 09：00 イングランド艦隊司令長官チャールズ・ハワード卿は主力艦隊を率いて、スペイン艦隊・後衛部隊の中心へ風上から襲いかかった。最初の砲弾はイングランド側の小型バーク船ディステイン号から放たれた。つづいて総攻撃が始まったが、射距離 500 ヤードはあまりに遠すぎて、スペイン艦隊に損傷らしい損傷は与えられなかった。スペインの後衛部隊は〝先駆隊〟によって守られていた。先駆隊は 4 隻のガレアス船と、〝特別機動部隊〟である強力なガレオン艦で構成されており、指揮するのはドン・アロンソ・マルチネス・デ・レイバだった。

② 第 2 段階 10：30 イングランド沿岸戦隊が、スペイン艦隊の北側に出ようと西へ進んでいた。午前の中ごろ、イングランド沿岸戦隊はリカルデの指揮するスペイン艦隊左翼（後衛）部隊の風上側に位置を占めた。イングランド戦隊を指揮しているのはおそらく、ドレイクで、彼は午前中ずっと、リカルデのビスケー湾戦隊にしつこく砲火を浴びせつづけた。後衛部隊のほかの艦船が防御陣形の中央部へ殺到していったので、リカルデのサン・ファン号ともう 1 隻ガレオン艦がイングランド沿岸戦隊の攻撃の矢面に立った。正午にはこの 2 隻は危険なほど敵に丸ざらしになった。

③ 第 3 段階 スペインの先駆隊がリカルデを支援しにいった。目撃者によると、ラ・ラタ・サンタ・マリア・エンコロナダ号座乗のレイバはなんとかドレイクのリヴェンジ号に斬り込みができるほどそばまで接近しようとしたが、イングランドの〝海の猟犬〟は距離を保ちつづけた。戦いはすぐに下火になり、両者とも長い射程での効果のない砲撃はやめにした。

④ 第 4 段階 13：30 原因不明の事故によって、ギブスコア戦隊の大型ナオ艦、サン・サルバドル号の上で爆発が起こった。艦尾楼の大半が破壊され、水兵と陸軍兵士数百人が死傷した。シドニア公は右翼（前衛）部隊に損傷した艦の支援をするように命じ、その間、全艦隊は一時停船するように指示した。

⑤ 第 5 段階 16：00 リカルデを支援していた先駆隊の中の 1 隻は、アンダルシア戦隊の旗艦ヌエストラ・セニョラ・デル・ロサリオ号だった。ドン・ペドロ・デ・バルデスの指揮するこのロサリオ号が別の艦と衝突して、ロサリオ号は第一斜檣に損傷を負った。このため、同号は操船不能になり、30 分後には別の艦とまた衝突し、フォアマストが倒れた。ロサリオ号を曳航しようとする試みは大きくなるうねりのために失敗した。司令長官シドニア公は艦隊に再集結を命じ、ロサリオ号は自力航行するように指示した。18：00 ごろ、艦隊が北東に針路を変えると、ロサリオ号はしだいに後方に落ちて、英仏海峡を東へと漂っていき、敵には無力で魅力的な獲物となった。

注　ほぼ 9 時ごろに戦闘が始まったとき、戦場はエディストーン岩礁とプリマスから 20 マイル離れていたというのは正しい。戦闘は 7 時間以上もつづいた。両艦隊はたがいに同じ関係位置を保っていたが、1 時間に 5 マイルほどの速さでゆっくりと東へ移動していた。午後 4 時ごろには、プリマスは、西北西へ向かう両艦隊の中心から 40 マイル離れていた。

れるドラマで重要な役を演じる人物である。

フェリペ国王は、英仏海峡をフランドル海岸へ向けて東進するあいだ艦隊は防御陣形を堅持せよと命じていたが、指揮官の中にはもっと攻撃的であるべきだと言う者たちもいた。レイバとリカルデはそろって、イングランド艦隊の主たる集結場所であるプリマス港を直接攻撃すべきだと提案した。もしもイングランド艦隊をスペイン艦隊の一部で狭い港内に閉じこめることができれば、あとの艦船は妨げられることなく海峡を進むことができる。この作戦に司令長官シドニア公は反対し、わが艦隊の目的はフランドル地方に到達することであり、イングランド艦隊と直接交戦するようなことをしてはならない、と強調した。

シドニア公はまた、艦隊配置にも最後の調整を加えた。レバント戦隊とギブスコア戦隊から主力艦二十隻を選んで前衛部隊（右翼部隊）を作り、ドン・アロンソ・デ・レイバを部隊指揮官とした。そして、ビスケー湾戦隊とアンダルシア戦隊から主力艦二十隻を選んで後衛部隊（左翼部隊）を作り、副司令長官のファン・マルティネス・デ・リカルデを部隊指揮官とした。司令長官自身は主力部隊、すなわち中央部隊の指揮をとる。彼は堅固な防御陣形を常に保つ重要性を強調して、先駆隊（ヴァン）を作った。これはいわば〝機動部隊〟として状況に応じて動く強力な特別部隊である。防御陣形のどこかがイングランド艦隊によって脅かされたら、そこを支援しに急行することができるのだ。この仕事はファン・マルティネス・デ・リカルデに預けられた。彼は海軍指揮官としての経験がいちばん豊富なのだ。作戦が練られると、指揮官たちは自分の艦へ戻り、スペイン艦隊は戦いの準備が整った。

翌七月三十日の朝には、スペイン艦隊は数十マイルにおよぶコーンウォール地方の海岸線に沿って北東へ進んでいた。洋上二マイル以上にも広がった陣形は、度肝を抜くものだったにちがいない。

これを目撃したイングランド人はこう書いている。「スペインがこれほどの威容を誇る艦船を探しだし、集め、一つにまとめあげて、カノン砲やカルヴァリン砲など青銅の巨砲を装備することができるなど、考えもしなかった」

海岸線ののろし台に火がつけられた。イングランドの南岸に沿ってつづく信号網だ。プリマスにいたイングランド艦隊司令長官ハワード卿に知らせはすでに届いていた。というのも、前日の金曜日に、哨戒艦――おそらくゴールデン・ハインド号だろう――が激しい雨脚の向こうにスペイン無敵艦隊を見つけ、急いでプリマスへ向かって、午後には知らせを届けたからだ。伝説によると、ハワード卿とフランシス・ドレイクやほかの先任指揮官たちはボウリングの試合に興じていたという。この神話を実証するものはほとんどないし、ドレイクが「試合を終える時間はある、スペインを叩きのめす時間もだ」と言ったということを証明するものもない。しかし、数時間のあいだイングランド艦隊が動けなかったのはやむをえないことだった。プリマス港に入ってくる潮が夕方にゆるんで変わるまで、出帆できなかった。論理的に見ると、実際問題として時間の余裕があったのだ。

それよりも、スペイン艦隊が現われたタイミングがまずかった。イングランド艦隊は、スペイン無敵艦隊が悪天候で避難したラ・コルーニャ港に先制攻撃をかける作戦を立てたが、スペイン艦隊を邪魔した同じ悪天候に阻まれて、この作戦を断念せざるをえなくなった。それで一週間前にプリマスに戻ってきたばかりで、まだ補給品をふたたび積みこんでいる最中だった。ボウリングで余暇を楽しんでいるのではなく、むしろ水兵たちはこの貴重な数時間を使って、懸命に食糧や水を艦に積みこんでいたのだろう。その夕方、ハワード卿とドレイクは骨折って、なんとか五十四隻をプリマス港の外に出した。向かい風と逆潮へ向かって艦船を進めていく技術はすばらしい見ものだった。翌日の夜明けまでには合計百五十隻が港を出て、ジグザグと風上へ、スペイン無敵艦隊へと進んでいった。

三十日土曜日の朝のあいだに、イングランド艦隊の残りの艦船はプリマス水道の危険な出口を通過して、プリマス港から十数マイル南にあるエディストン岩礁の沖合で合流し、膨大な数の集団になった。ハワード卿は、集団を主力艦隊と沿岸戦隊の二つのグループに分ける作戦をとった。両者は無敵艦隊のそれぞれ片側を通って、無敵艦隊の西側で合流することにした。そうすると、イングランド側は風上の有利な位置を占めることができる。艦隊が敵艦隊の風上側に立つというのは帆船時代の初めから戦闘の鉄則だった。そうすれば、艦隊は風上から意のままに敵艦隊へ襲いかかることができる。逆に敵艦隊は相手艦隊に風上をふさがれているので、事実上、ほとんど進むことができなくなる。風上の優位な位置を占めている指揮官は戦いの行方を決することができるのだ。

アルマダ海戦では、英仏海峡で行なわれた一週間余りにわたる戦いのあいだ、ほとんどイングランド側が風上の有利な位置を占めていた。八月二日にポートランド沖で風がいっとき変わって、スペイン側にこの優位点が渡ったとき、司令長官シドニア公はなんとかイングランド艦隊に接近しようとしたが、潮の流れがスペイン艦隊の動きを阻み、その結果、イングランド艦隊は戦術上の優位な位置を保ちつづけた。これは最後まで変わらなかった。

三十日の午後三時までにスペイン艦隊は見えるはずだったが、豪雨がたがいの姿を隠していた。午後のあいだにスペイン艦隊は〝進行隊列〟から〝戦闘隊列〟に散開して、三日月型陣形に広がり、左翼にリカルデ後衛部隊が、右翼にレイバ前衛部隊がついた。司令長官シドニア公は日記にこう書いた。「わが艦隊は戦闘陣形に入りし」

スペイン艦隊は仲間同士の衝突を避けるために、夜のあいだ帆を減らしていた。このことも、イングランドの二つの部隊がスペイン艦隊の南北両端を通りすぎるのを許すことに繋がったのだった。

(著者注：アルマダ海戦中ほとんど、スペイン艦隊の左翼がイングランド艦隊の左翼に対していた。スペイン艦隊は主として左翼の後衛部隊が戦い、両艦隊は同じ方向へ移動していた)

夜のあいだに、スペインの小型偵察艇はフランドル地方の漁船をつかまえた。漁船員を尋問すると、イングランド側がすでにスペイン艦隊の到来を知っていることが明らかになり、奇襲できる可能性は消えた。イングランド艦隊は洋上に出ており、翌三十一日には最初の戦いが始まるにちがいなかった。夜のあいだに風がいくらか順転して、西北西から吹いてきた。波もまた荒くなり、豪雨は途絶えることなく次から次へと海峡を走っていった。

明け方にスペイン艦隊の見張員が南西にイングランド艦隊を発見した。沿岸戦隊も主力艦隊も夜のあいだにスペイン艦隊の脇を通りすぎて、ジグザグと間切りながら風上へのぼっていた。小グループの沿岸戦隊のほうは、ハワード卿の主力艦隊に合流しようと、まだ西へ向かっている最中だった。

スペイン艦隊司令長官シドニア公は、ハルク戦隊に三つのグループに分かれて主力部隊の前に位置をとり、ほかの

1588年７月31日、プリマス港のそばでスペイン無敵艦隊と戦うイングランド艦隊。ロバート・アダムズ著『1588年のスペインによるイングランド遠征』に収録されている戦術図シリーズの５枚目。プリマス沖の小戦闘ののち、イングランド艦隊の副司令長官ドレイクはスペイン艦隊追跡をやめて、損傷したスペイン・ナオ艦ロサリオ号を追い詰める。（国立海事博物館、グリニッジ、ロンドン）

艦船とともに補給船隊を護衛するように命じた。イングランド側にとっては、スペイン無敵艦隊の威容は壮観に見えたにちがいない。目撃した者はこう報告している。「スペイン艦隊は両翼を広げて、半月のように展開し……総帆を掲げて非常にゆっくりと進み……その重みに海がうなっていた」

もっと冷静なフィレンツェ人の年代記作者、ペトルッキオ・ウバルディーノはさほど衝撃を受けずにこう書いている。「敵イングランドもまた、自分自身の強さを確信している。従って、他国や他王国を攻撃しようともくろむいかなる指揮官の率いる艦隊も、たとえどれほどみごとに指揮されていようと、イングランド艦隊のような自らを頼みとしている艦隊を攻撃するとなると、勝利を得ることは期待できない。このことが海においていかに真実か、われわれは思い知らされることだろう。攻撃側の艦隊は、人員の人種はさまざまで、士官たちは見知らぬ同士、習慣も言葉も考え方もちがうときているのだから」

イングランド艦隊司令長官ハワード卿には八十トンのバーク船ディスティン号が随伴していた。たぶん、正式な宣戦布告がいまだにされていなかったからだろうが、ハワード卿は騎士道精神にのっとった形で戦闘開始をしようと決意した。無敵艦隊司令長官シドニア公に挑戦する形をとったのだ。彼はディスティン号にスペイン陣形の中央部へ襲いかかって、最初の一発を旗艦に放つように命じた。この〝旗艦〟は結局、前衛部隊レイバ指揮官のラ・ラタ・サンタ・マリア・エンコロナダ号だった。〝恥辱を与える〟という意味の誠にふさわしい名前を持ったディスティン号が儀式的に初弾を放つと、シドニア公は本当の旗艦であるサン・マルティン号の上に司令長官旗を拡げた。騎士道にのっとった名誉心はいまや双方で満たされた。午前九時少し過ぎに、戦いの火ぶたが切られた。

ハワード卿は艦隊を率いて、スペイン陣形の中央部から後衛にかけて攻撃した。スペイン側の目撃者によると、イングランド艦隊は「列になって（エン・アラ）」襲いかかってきたそうだ。縦列である。これ自体が異例のことだった。というのも、艦隊はふつう、横に並んで〝旋回して〟戦うからだ。いちど片舷斉射す

ドレイク、ロサリオ号を追跡。7 月 31 日、プリマス沖での最初の戦闘で、ヌエストラ・セニョーラ・デル・ロサリオ号は、アンダルシア戦隊指揮官ドン・ペドロ・デ・バルデスの旗艦として就役していた。戦闘中にロサリオ号は第一斜檣とフォア・マストに損傷を受け、スペイン艦隊の陣形から後方へ落ちてしまった。夕暮れごろには、ロサリオ号は味方艦隊から南へ離れ、艦隊は北東へ針路を変えていた。イングランド艦隊の副司令長官としてリヴェンジ号に乗るサー・フランシス・ドレイクは、その夜、スペイン艦隊を追尾し、味方艦隊がリヴェンジ号のあとを追えるように艦尾ランタンをつけるように命じられていた。ドレイクは逆に灯火をすべて消して、ロサリオ号の針路をふさごうと南へ向かった。私掠船乗りとして名を馳せたこのイングランド人は、ランタンのことは忘れてしまい、南に見えた正体不明船を追ったと主張した。夜明けに、ドレイクはロサリオ号の風上側、2、3 ケーブルのところにいた。フロビッシャーがのちにこう書いている。「そうできたのは、きみが夜のあいだずっと、ロサリオ号の 2、3 ケーブル以内にいたからだ」。ドン・ペドロは当然ながら、ドレイクに降伏し、大きな獲物はファルマスへ曳航された。この一件でイングランド人私掠船乗りは大金持ちになったが、イングランドの戦闘目的をほとんど推し進めはせず、大きく遅滞させた。夜間に無敵艦隊の追跡をやめて、損傷したロサリオ号へ針路を定めるドレイク。（ハワード・ジェラード画）

ると、反対舷で撃つために旋回し、後ろへ退いて再装塡する。そのあいだは艦尾砲を撃つ。この旋回が繰り返されるのだ。多くの艦船を指揮下におくハワード卿にとって、麾下の艦船に自分についてこいと命じるのは理にかなったことだった。彼は海戦の仕方の手本を示しているのだった。ハワード卿が攻撃したときちょうど、沿岸戦隊に遅れて加わった数艦が間切りながらスペイン艦隊の北（左）翼の射程内へ入った。こうして無敵艦隊の陣形の二か所が攻撃された。ビスケー湾戦隊が位置している中央後衛部から左翼の端にかけては先駆隊（ヴァン）が援護した。ビスケー湾戦隊のことをイングランドの〝海の猟犬〟サー・ウォルター・ローリーは、〝しんがり艦船〟と呼んだ。

ビスケー湾戦隊が攻撃されたとき、ナオ艦の大半が本能的に敵からそれて、右舷側にいるアンダルシア戦隊へ混じりこんでいった。この混乱でもっとも北側にいた二隻が敵に丸ざらしになった。リカルデ副司令長官の旗艦サン・ファン・デ・ポルトガル号とビスケー湾戦隊次席指揮官の旗艦エル・グラン・グリン号だった。このころまでにイングランド沿岸戦隊のさらに多くがスペイン側へ攻撃をかけており、その砲弾の大半がこの二隻に集中した。記録には明確に記されていないが、沿岸戦隊はドレイクが指揮していたと言われる。ドレイクはまた、リカルデの後衛部隊を攻撃するのに八隻よりなる分遣隊を指揮したとも言われる。八隻の中にはフロビッシャーとホーキンズの旗艦も入っており、この二隻が八隻の中核になっていたようだ。攻撃を誰が指揮していたにせよ、ほとんど戦果はなく、スペイン側の資料によると、この午後、リカルデの旗艦で戦死した者はわずか十五人だった。

ハワード卿率いるイングランド主力艦隊の隊列はスペインの先駆隊を通りすぎるとき、長い射距離の約五百ヤードでつづけざまに撃って、それから北側にいるリカルデの左翼部隊へ向かっていった。プリマスで見ていた者は遠くに砲声が聞こえ、水平線の上をゆっくりと――三、四ノットで着々と――進んでいく艦船の塊と硝煙の幕が見えたと言う。スペイン艦隊司令長官シドニア公は、左翼に敵の攻撃が集中している危険に気づくと、先駆隊に左へ旋回して北へ針路をとり、イングランド艦隊と平行して進むように命じた。このとき先駆隊の指揮をとったのは、ラ・ラタ・サンタ・マリア・エンコロナダ号に座乗するドン・アロンソ・デ・レイバだった。彼は、戦闘に加わっていない右翼部隊の指揮から離れ、サン・マテオ号とガレオン艦およびガレアス艦をそれぞれ二隻ずつ従えて、ドレイクの八隻からなるにわか造りの分遣隊に接近しようと骨折った。

イングランドの〝海の猟犬〟ドレイクは、敵から距離を保って左へ旋回し、スペインの強力な先駆隊と三日月型陣形の左翼にはさまれることを避けた。先駆隊がリカルデの戦隊に到着すると、危機は去り、ドレイク分遣隊は距離を保っていることに満足して、長い射距離で風上から砲撃をつづけた。

イングランド司令長官ハワード卿はのちにこう書いている。「われわれはあえて敵艦隊の中に入る冒険はしなかった」

彼の指揮官の一人で、バーク・タルボット号のヘンリー・ホワイト艦長は、もう少し遠慮なくこう言っている。「フェリペ国王陛下の敵艦隊はよく陛下の命令を守ったのに対して、わが方の最初の攻撃は、わたしが思うに、わが国家の威信を示し、わが艦隊の信望を高らしめるどころか、個人的な考えによって興ざめなものになってしまった」

言い換えれば、スペイン無敵艦隊の堅固な防御陣形を前にして、イングランド側は有効な射程まで入ることができなかった、いや、入ろうとしなかったのだ。

スペイン艦隊の左翼で戦いが行なわれているとき、思いがけない惨劇が前衛、つまり右翼を襲った。午後一時半ごろ、大きな爆発が起こって、ギブスコア戦隊の大型ナオ艦サン・サルバドル号の艦尾楼と後甲板の一部が吹き飛んだ。正確な原因はわかっていないが、おそらくは、艦尾楼の火薬樽が一個、爆発し、それが近くの火薬樽も吹き飛ばしたのだろう。爆発による死傷者は数百人にのぼり、操舵装置が激しく破壊された。

司令長官はただちに艦隊に一時停船を命じ、近くの僚艦が——艦隊旗艦も含めて——サン・サルバドル号に救援に行った。海から生存者を拾いあげ、サン・サルバドル号の火を消すあいだに、負傷者たちは他の艦船に移された。焼けただれたサン・サルバドル号は午後遅くまでに戦隊の僚艦に護衛されて、行き足をつけることができた。

午後四時ごろ、二度目の厄災が無敵艦隊を襲った。左翼のもっとも主要な船は、ドン・ペドロ・デ・バルデスの指揮するアンダルシア戦隊の旗艦、ヌエストラ・セニョーラ・デル・ロサリオ号である。先駆隊と左翼を構成する二戦隊が寄り合ったとき、艦隊の緊密な陣形が乱れた。その混乱の中でロサリオ号がビスケー湾戦隊の一隻と衝突し、第一斜檣（バウスプリット）に損傷を受けた。これがロサリオ号の操船に影響し、修理をしているあいだに、また衝突した。こんどの相手は自分の戦隊のサンタ・カタリナ号だった。二度目の衝突でロサリオ号はフォア・マストが倒れてしまった。

海は荒れる一方だったので、ドン・ペドロ指揮官は司令長官に小型船を送って、援助を求めた。ロサリオ号はもう事実上、操船不能だった。司令長官シドニア公は、ドン・ペドロのいとこである参謀長、ディエゴ・フロレス・デ・バルデスの説得に従って、ロサリオ号を救助することはスペイン艦隊を危険に陥れることであると判断した。

ドミニコ会修道士ベルナルド・デ・ゴンゴラがこう書いている。「シドニア公は前進をつづけて、ドン・ペドロ指揮官とその乗組員たちを置き去りにした……敵の掌中に……三マイルと離れていない敵の中に……彼らがどうなるか、神のみぞ知る」

フィレンツェ人の年代記作家、ウバルディーノは、この大型艦を捨てるというシドニア公の判断は「イングランド艦隊には大きな驚きだった」と批判している。

結局、激怒するドン・ペドロ指揮官は見捨てられて、ロサリオ号は東へと漂流していき、一方、スペイン艦隊は少し北東寄りへ変針した。夕闇が迫り、海は荒さを増して、初日の戦いは幕となった。スペイン艦隊は二隻に損傷を負ったが、どちらも敵の攻撃によるものではなかった。スペインの防御戦術は試されて、その有効性を実証し、防御陣形への信頼性が大きく脅かされることはなかった。

ドレイク戦隊はスペイン艦隊の跡をつけるように命じられた。そのあいだに主力艦隊は再集結し、それからドレイク戦隊の跡を追うことになった。おそらくこれは、イングランド艦隊が縦列をとる戦術に従っていたためだろうが、ドレイクの沿岸戦隊がいちばん敵艦隊に近い位置にいたのだ。司令長官は命令書を託したピンネース艇をドレイクに送って、ドレイクは右舷艦尾のランタンをつけ、艦隊の案内役を務めるようにと指示した。午後九時ごろ、イングランドの小型武装商船が損傷したロサリオ号のようすを探ろうとして、砲火で追い返された。ドレイクはロサリオ号が苦境に陥っていることを知り、その現在位置をつかんだ。彼はスペイン艦隊をつけるのをやめて、こっそりと右舷へ針路を変え、そのあとずっとロサリオ号を追尾した。

ドレイクの先導がないまま、ハワード卿の旗艦アーク・ロイヤル号と、それにつづくメアリー・ローズ号、ホワイト・ベア号は暗闇の中でなんとかスペイン艦隊の跡をつけた。しかし、それ以外の艦船は遅れて、後方に取り残された。そそり立つ大波を受けて、イングランド艦隊は暗闇の中でちりぢりになっていった。ドレイクはこの行動によって、国家の大事より略奪の願望を優先させたと厳しく批判された。だが、私掠船乗りとしての評判を築きあげてきた彼は、ただ単に目の前のチャンスがあまりにもすばらしくて、見逃すことができなかったのだろう。あとで彼は、正体不明の船団を追っていて、艦尾ランタンをつけるのを忘れたと主張したが、本当の行動と動機はほとんど疑う余地はない。

彼の擁護者の一人である年代記作家のウバルディーノでさえ、こう書いている。「その夜遅くに視認された五隻の正体不明船を追うために、ドレイク艦隊副司令官は自分の配置を離れたのだ」

〝海の猟犬〟ドレイクは獲物を求めて艦隊を捨てたのだった。

ダートマス沖(八月一日)

八月一日月曜日、夜が明けると、スタート岬の南ほぼ二十マイルのところにスペイン無敵艦隊はいた。まだ防御陣形を保ってはいるものの、夜のあいだにいくらかばらばらになっていた。イングランド艦隊のほうははるかに悪い位置にいた。というのも、スペイン艦隊の背後の風上側にとどまっているのは、司令長官ハワード卿のアーク・ロイヤル号と二隻の僚艦だけだったのだ。ハワード卿は朝の大半の時間を費やして、ばらばらになった艦船が自分のまわりに集まってくるのを待ち、その間に数マイル離れたところにいるスペイ

1588年7月31日から8月1日にかけて、プリマスの東の海上において、スペイン艦隊を追跡するイングランド艦隊。ロバート・アダムズ著『1588年のスペインによるイングランド遠征』戦術図シリーズの6枚目。この絵で示されているとおり、ドレイクの行動が一時的にイングランド艦隊をばらばらにした。地図の下のほうに描かれているのは、ドレイクがロサリオ号の拿捕に専念している場面。(国立海事博物館、グリニッジ、ロンドン)

デヴォン州およびコーンウォール州沖の海戦

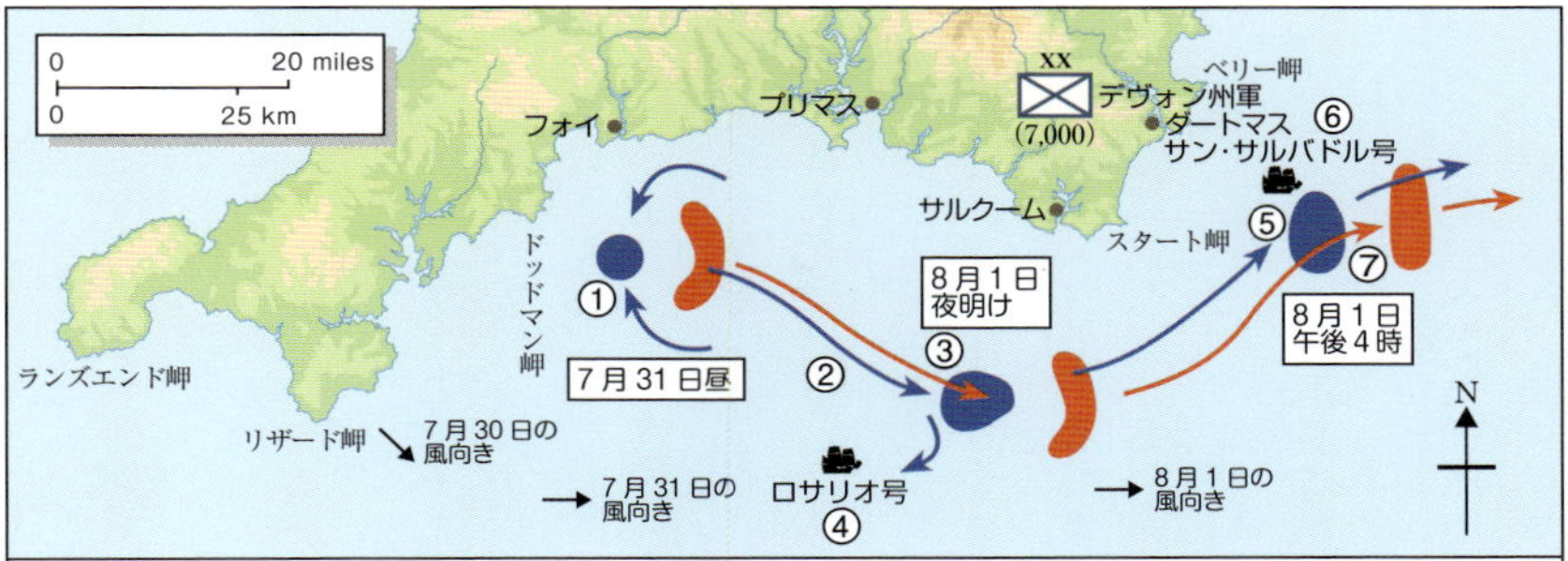

① 7月30日、イングランド艦隊が、スペイン艦隊の両端をまわりこんで、風上の位置を占める。
② 7月31日、プリマス沖の海戦。決着のつかない小競り合いで、イングランド艦隊はスペイン艦隊を撃滅することはできなかったが、スペイン艦2隻が事故で損傷した。艦隊はサン・サルバドル号を安全に救助したが、ヌエストラ・セニューラ・デル・ロサリオ号のほうは夕闇の中で自力で危地を脱出するよう任された。
③ 7月31日の夜のあいだ、リヴェンジ号のドレイクはスペイン艦隊を追跡するのをやめて、ロサリオ号を追った。彼には少なくとも2隻の小型艦が付き従っていた。
④ 8月1日、ドレイクはロサリオ号に横付けし、ロサリオ号は降伏した。その後、ドレイクは艦隊に合流した。
⑤ スペイン艦隊は新たな円形の防御陣形を作り、強力な後衛部隊によって援護された。イングランド艦隊は夜のあいだにばらばらになり、翌日1日かけてふたたび集結した。
⑥ その午後、サン・サルバドル号はスタート岬沖で艦隊から見捨てられ、ジョン・ホーキンズ率いるイングランド戦隊によって拿捕された。
⑦ スペイン艦隊は西北西へ進みつづけ、イングランド艦隊は風上側から追跡した。ドレイクはふたたび艦隊に加わったが、夕闇が迫ったため、2つの艦隊は戦うことができなかった。

ン艦隊はこの中休みを利用して一時停船した。司令長官シドニア公には陣形を立て直す時間ができた。アンダルシア戦隊の指揮官ドン・ペドロ・デ・バルデス座乗の旗艦ロサリオ号は落伍して南のどこかにいるため、副指揮官のドン・ディエゴ・エンリケがアンダルシア戦隊の新しい指揮官に任命された。

シドニア公にとって問題は、前日に展開した両角のある三日月型の防御陣形だった。この陣形だと動きにくく、また両端は攻撃されやすい。敵艦隊は海峡を東進していくスペイン艦隊の行く手に立ちはだかるだろうとシドニア公は予想して、自分たちより小さいイングランド艦隊を包囲するという完璧な作戦をたてていた。ところが、イングランド艦隊はスペイン艦隊の背後の、風上側の優位な位置をずっと保って、スペイン艦隊が接近して斬り込みをかけるのを許さなかった。だから、接近するための新たな方法が必要だった。シドニア公の解決策は、三日月の両端を繋げることだった。三日月ではなく、円を作るのだ。陸上で使われている歩兵連隊（テルシオ）の陣形のように、主部隊を小部隊が取り囲む。

陸上では小部隊はマスケット銃兵で構成されるが、海上ではもっとも強力で重武装の艦を使い、風がなくなったときはこれらの帆走軍艦を曳航できるように、ガレアス艦群に補佐させた。

後衛部隊指揮官リカルデが旗艦サン・ファン・デ・ポルトガル号の修理に追われているあいだ、ラ・ラタ・サンタ・マリア・エンコロナダ号のドン・アロンソ・デ・レイバがリカルデに代わって後衛部隊の指揮をとり、司令長官シドニア公は中央の主力部隊を統制した。前日は敵の砲撃に〝ひるんだ〟ため、防御陣形を崩しかねなかった。この日の新たな陣形はそれに対応したものであり、また、前日の二の舞を避けるために、シドニア公は艦隊中に小型船を送って、陣形を崩した艦長は誰であろうと絞首刑に処すと威嚇した。どの艦船にも死刑執行人と憲兵隊長が乗っており、これがシドニア公の脅しをいっそう効果のあるものにした。

夜が白々と明けると、ずっと南側にドン・ペドロ・デ・バルデスのロサリオ号が一隻だけ浮かんでいた。いや、ロサリオ号だけでなく、もう一隻いた、数隻の小型護衛船をともなって。夜のあいだずっと、リヴェンジ号のドレイクは損傷したガレオン艦ロサリオ号を追尾していたのだが、日がのぼると、ロサリオ号の風上側五百ヤード足らずのところにいたのだった。あとで彼は、曙光を受けてロサリオ号を発見したときは驚いたと言ったが、これが引き金となってドレイクに疑惑をもつフロビッシャーはこう評した。「そいつはおもしろい。きみは夜明けに敵艦の二、三ケーブル以内にいたのだから、夜のあいだ中、その距離が開いたことはなかったはずだ」

ドレイクは女王と司令長官は言いくるめることができたが、仲間の〝海の猟犬〟や私掠船乗りたちには動機をちゃんと見抜かれていたのだ。

ロサリオ号は事実上、無防備で、リヴェンジ号は思いのままに砲撃できた。彼はドン・ペドロ指揮官に降伏を呼びかけた。ペドロは最初は拒否したが、やがてドレイクとリヴェンジ号上で協議することに応じた。しばらく考えたあと、彼はロサリオ号を引き渡すことに同意した。ロサリオ号はスペイン艦隊の資金の一部を積んでおり、その額は金貨で五万ダカット（つまり、五万エスクード）にのぼった。さらに、乗っていた士官たちの個人財産がたぶん同じ額ぐらいあっただろう。ドレイクはいつも乗組員による略奪を注意深く防いでいたのだが、彼に批判的な人々は、王室に渡された略奪金はほんの一部だと非難した。

武装商船ロウバック号がロサリオ号をダートマスへ（ウェイマスという説もある）曳航していき、ドレイクは戦いに戻るため、捕虜になった高官たちと略奪金をリヴェンジ号に積んで北へ向かった。その午後、彼はハワード卿に合流し、ハワード卿はロサリオ号のドン・ペドロ指揮官に会って、彼の苦境に同情を示した。

1588年8月1日、ドレイクはスペイン・アンダルシア戦隊の旗艦ヌエストラ・セニョーラ・デル・ロサリオ号を拿捕。当時のタペストリー・シリーズを元にした版画『プリマス沖でイングランド艦、スペイン艦隊を追跡』より抜粋。タペストリーは1834年、上院の火災により焼失。（ストラトフォード文書館）

ハワード卿は自分の副司令長官ドレイクに対してはさほど共感は示さなかったことだろう。ドレイクは自分の配置から離脱して、獲物を探しにいったからだ。

無敵艦隊は再編制を終えると、ゆっくりと北東へ進んで、ダートマスを通りすぎ、ベリー岬をかわして、トーベイ湾の入り口に差しかかった。彼らはすでに強力な軍艦を一隻、失っており、もう一隻も失おうとしていた。

前夜は波が荒くて、爆発を起こしたサン・サルバドル号は修理ができなかった。朝になって、大破した艦尾から海水が入っていることが明らかになった。午前十一時、司令長官シドニア公はサルバドル号の乗組員と貴重品をほかの艦船に移すように命じた。この間、停船して待つうちに、イングランド艦隊が風上側に集まったため、シドニア公はサルバドル号を放棄または沈めるように命じた。負傷者を全員救出できないうちに、午後なかば、サルバドル号は漂流するにまかされ、スペイン艦隊はゆっくりとまた進みだして、東へ向かった。

午後四時ごろ、ジョン・ホーキンズ座乗のヴィクトリー号とトマス・ハワード卿のゴールデン・ライオン号がサン・サルバドル号に横付けした。

サン・サルバドル号の光景を見た者がこう記している。「甲板は落ち、装舵装置は大破し、艦尾は吹き飛ばされ、五十人ほどの人間が火薬で焼かれていた。まったく悲惨きわまりなかった。艦内の悪臭はすさまじく、その光景は陰惨で、トマス・ハワード卿とサー・ジョン・ホーキンズはすぐに退去した」

トマス・フレミングの乗る小さいゴールデン・ハインド号がサルバドル号を曳航して、結局、ウェイマスへ連れていった。

午後遅くから夕方にかけて、両艦隊ともたがいが見える距離だけ離れて、這うように進んでいたが、風がほとんど息をつく程度にまで落ちてしまい、艦隊の進みは風より潮の流れに従うようになった。無敵艦隊の後衛部隊はラ・ラタ・サンタ・マリア・エンコロナダ号と、フロレンシャ号、サン・マテオ号、サンティアゴ号、それに三隻のガレアス艦に守られていたため、イングランド艦隊は射程内に決して入ってこようとはしなかった。無敵艦隊は緊密で堅固な陣形を保っており、イングランド艦隊としては攻撃をかけることができなかったし、かけようともしなかった。司令長官ハワード卿は、頃合いを見計らい、自分の思うとおりに攻撃できるチャンスを待っていたのだ。それに、無敵艦隊の最終目的地がどこなのか、確信を持てないでいた。デヴォン州は無事だったが、ウェイマス湾かソレント水道で上陸する可能性を捨てることはできなかった。艦船で部隊を運んで上陸させるのを阻止するため、戦力を蓄えておかなければならない。

すぐにイングランド艦隊から攻撃される恐れがなかったので、シドニア公はパルマ公との合流について考えて、しだいに心配をつのらせていった。パルマ公が陸軍部隊の上陸準備を完了しているか、あるいは艦隊が七月二十一日にラ・コルーニャを出帆したのを知っているのか、それすらわからなかったのだ。そこでシドニア公は、スペイン人

1588 年 7 月 31 日、プリマス沖の海戦中に爆発したサン・サルバドル号。上院に飾られていたタペストリー・シリーズの 1 枚、『ベリー岬沖のイングランド艦隊とスペイン艦隊』を元にした版画。タペストリーは 1834 年の火災で焼失。この翌日、大破したサン・サルバドル号は拿捕され、ウェイマスに曳航された。まだ肉と材木の燃える臭いがしていたという。（ストラトフォード文書館）

士官ファン・ヒルにパルマ公への書状を持たせて、快速ピンネース艇で送りだした。前日の出来事をざっと知らせ、フランドル海岸の沖合にある浅瀬を越えるのに先導してくれる水先人を派遣するよう要請して、こう書いた。「水先人がいなければ、ごく小さい嵐であっても襲われた場合には、このような大艦隊の避難場所をどこで見つけられるのか、こちらはまったく不案内なのだ」

ファン・ヒル士官は、パルマ公率いる侵攻軍と艦隊が合流できるように取り計らうべし、と命じられていた。艦隊はパルマ公の上陸用はしけ船隊を護衛することになっているのだ。シドニア公はまた、パルマ公との合流場所をケント州のマーゲートからフランスのカレーに変えていた。カレーなら、はしけ船隊が海峡を渡る短い航海のあいだ、船隊のまわりにしっかりとした防衛線を作っておけると考えたのだ。

ポートランド沖(八月二日)

夜のあいだに風はすっかり落ちていたが、八月二日火曜日未明には、東南東から吹きだした。スペイン艦隊はイングランド艦隊の東側に位置していたので、シドニア公は初めて風上側の優位な位置を占めることができ、これを最大限に利用しようとした。イングランド艦隊司令長官ハワード卿は、東進するスペイン艦隊を追っていたが、すぐに艦隊中に変針を命じて、北北東に針路を変え、イングランドの海岸へ向かった。そのときすでにシドニア公は左舷へ旋回するよう命じており、北北西の針路に乗って、ポートランド岬のある半島へまっすぐに向かっていた。二つの艦隊は初めて接近しだし、雌雄を決する戦いがいまにも始まるかに見えた。一時間もしないうちに、スペイン側が競争に勝っていることが明らかになった。ハワード卿は風上側の優位な位置を取り戻そうとしても、スペイン艦隊と海岸に挟まれて動くことができず、全艦に旋回を命じて、ポートランド岬から四マイルのところで、南南西へゆっくりと向かいだした。

スペイン艦隊はすでに二つのグループにはっきりと分かれていた。司令長官メディナ・シドニア公率いる前衛部隊と、副司令長官リカルデ率いる後衛部隊である。リカルデは補給戦隊を守り、要請があったら、シドニア前衛部隊を支援するように命じられていた。前衛部隊はさらに二つのグループに分かれていた。一つはもっとも強力なガレオン艦で編制された先駆隊で、レバント戦隊司令官マルティン・デ・ベルテンドーナが率いている。彼の乗艦はラ・レガソナ号。もう一つは、司令長官メディナ・シドニア公が率いる主力部隊である。乗艦はサン・マルティン号。イングランド艦隊が変針したことによって、ベルテンドーナ指揮官はイングランド艦隊に襲いかかる機会を得、先駆隊を半島の湾曲部へ向かわせ、二日前に敵がプリマス沖で使った縦列（エン・アラ）戦術をまねた。

イングランド艦隊ハワード主力部隊とスペイン無敵艦隊ベルテンドーナ先駆隊は、半島の沖を流れるポートランド・レースと呼ばれる激しい潮を避けると、九時ごろ、一点に集まった。次にどうなるか、まだはっきりしなかったが、主役同士が初めて近距離の射程内に入ることは明らかだった。ラ・レガソナ号とアーク・ロイヤル号はたがいにマスケット銃の射程内に入っていた。

資料によると、このとき、小火器が使われていたという。年代記作家ウバルディーノはこう書いている。

「女王陛下の主力部隊がスペイン先駆隊の西側に近々と迫ったので、スペイン側は後退せざるをえなかった。そのとき、司令長官ハワード卿はフロビッシャーの率いるトライアンフ号と五隻の艦が苦境に陥っているのを知って、近くにいた王室艦数隻を呼び、自分にぴったりとついてきて、全力で敵先駆隊を攻撃するように命じた。全艦とも敵のマスケット銃の射程内に入ってから砲撃せよという命令がくだされた。というのも、敵に最大の損傷を与えるのが味方を助ける真の方法だからだ。アーク・ロイヤル号をはじめとして、エリザベス・ジョーナス号、ガレオン・オブ・レスター号、ゴールデン・ライオン号、ヴィクトリー号、メアリー・ローズ号、ドレッドノート号、スワロー号がみごとにこれを果たした」

12:00　スペインの先駆隊が味方旗艦サン・マルティン号に追いついたとき、両艦隊は〝マスケット銃の半分の射程〟で片舷斉射を交わしていた。だが、スペイン艦隊は風上側の優位な位置をしめているイングランド戦列に接近することはできなかった。スペイン艦隊はリカルデの後衛部隊まで行き着いたとき、東南東へ進んでいた。補給戦隊と主力部隊が先を行き、リカルデ指揮する後衛部隊と、レイバ指揮する前衛部隊が護衛した。その午後は両艦隊とも再編制と再集結に費やされ、長射程で砲撃し合いながら、イングランド艦隊がスペイン艦隊を追尾した。

スペイン艦隊
Ⓐ　メディナ・シドニア公
Ⓑ　ベルテンドーナ
Ⓒ　デ・レイバ
Ⓓ　モンカダ（ガレアス船隊）
Ⓔ　リカルデ
Ⓕ　後衛部隊
Ⓖ　輸送船

イングランド艦隊
1　ハワード卿
2　ホーキンズ
3　フロビッシャー
4　ドレイク
5　離脱した主力艦隊

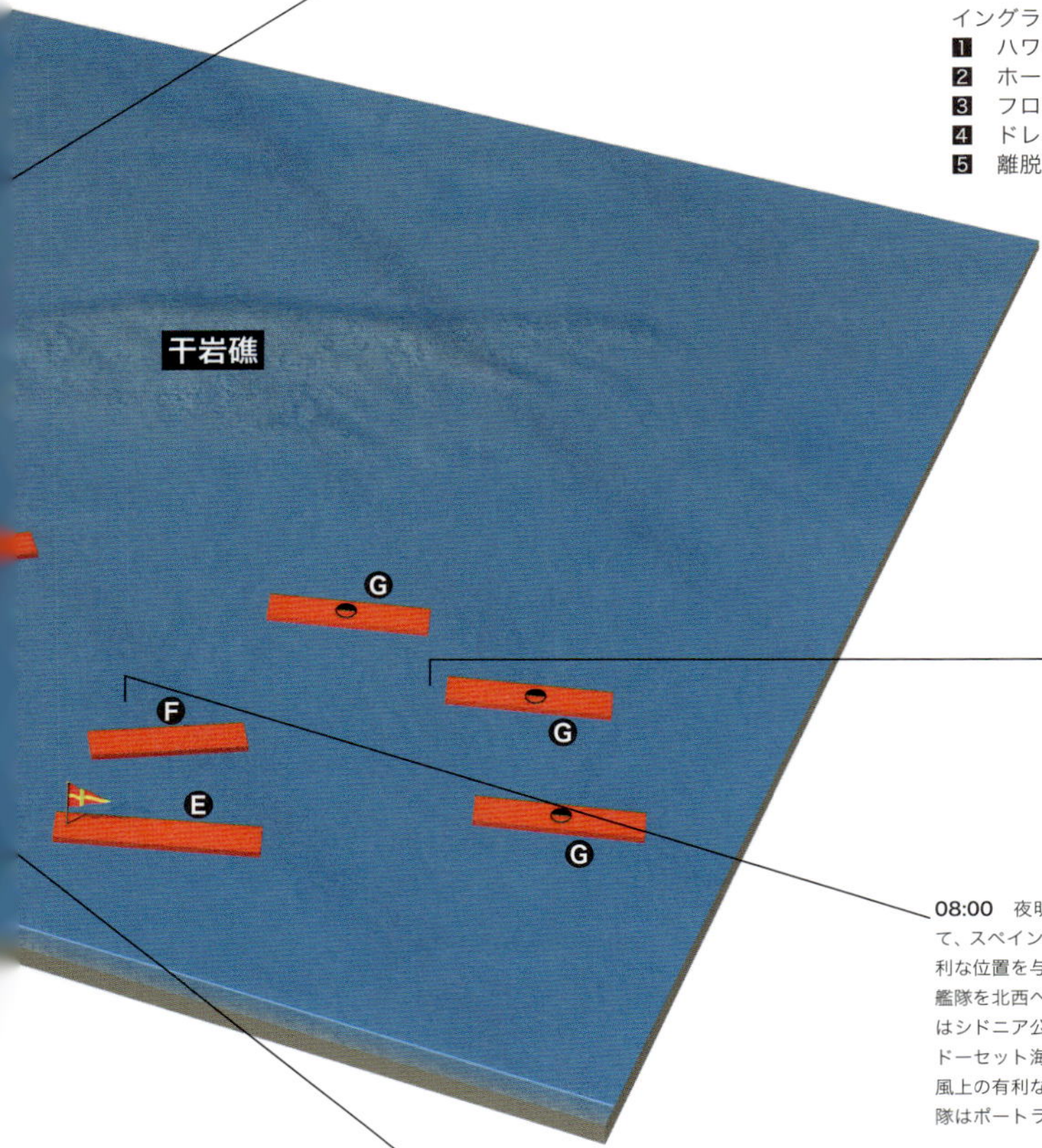

戦闘のさなか、リカルデの指揮する後衛部隊とハルク戦隊（補給戦隊）はポートランド岬の南東で一時停船した。リカルデの後衛部隊は配下の艦船とともにドレイク戦隊と砲撃し合ったが、それ以外は、この戦闘に加わることはなかった。

08:00　夜明けに北東の弱い風が吹きだして、スペイン側にこの戦闘中初めて風上の有利な位置を与えた。メディナ・シドニア公は艦隊を北西へ旋回させた。イングランド艦隊はシドニア公の南西におり、スペイン艦隊とドーセット海岸のあいだを通って、なんとか風上の有利な位置を回復しようとした。両艦隊はポートランド岬沖で一点に集まった。

10:30　風が弱まって南へ変わると、ドレイクは司令長官の命令を無視して東へ針路をとり、リカルデの指揮するスペイン後衛部隊へ向かった。リカルデ部隊はポートランドの南東で一時停船していた。スペインの主力部隊はリカルデを助けるべく変針し、これを追ってイングランド司令長官ハワード卿の主力部隊も変針した。従ってスペインの旗艦サン・マルティン号とイングランドの旗艦アーク・ロイヤル号はともに南東へ針路をとって並走した。スペイン艦隊の大半は風上への切り上がり性能が劣ったため、正午まで旗艦サン・マルティン号に追いつくことはできず、シドニア公に加勢できなかった。

10:00　風が落ちたので、無敵艦隊司令長官メディナ・シドニア公はガレアス戦隊にフロビッシャーを攻撃するよう命じた。ガレアス戦隊には3、4隻の帆走軍艦が支援についた。もろいオールを使わなくても攻撃できるほどの風があり、砲火が交わされた。これを見て、イングランド艦隊司令長官ハワード卿はフロビッシャー戦隊を支援するため、変針して北へ向かった。ガレアス戦隊は〝ポートランド・レース〟と呼ばれる激しい潮の流れに阻まれて、フロビッシャー戦隊に接近することができず、この新たな自然の脅威に直面して攻撃を断念した。

09:45　マーティン・フロビッシャー指揮する王室艦トライアンフ号は、ポートランド岬の風下側に入りこんでしまい、逆風のため、イングランド艦隊に合流することができなかった。トライアンフ号には5隻の小型武装商船が同行していた。フロビッシャーのこの小さな戦隊は、近づいてくるスペイン無敵艦隊のなすがままにされそうだった。

13:30　午後になって、風が順転すると、フロビッシャーの戦隊はなんとかポートランド岬の風下側から脱出し、〝ポートランド・レース〟の南側で、ハワード卿の率いる主力部隊に合流した。

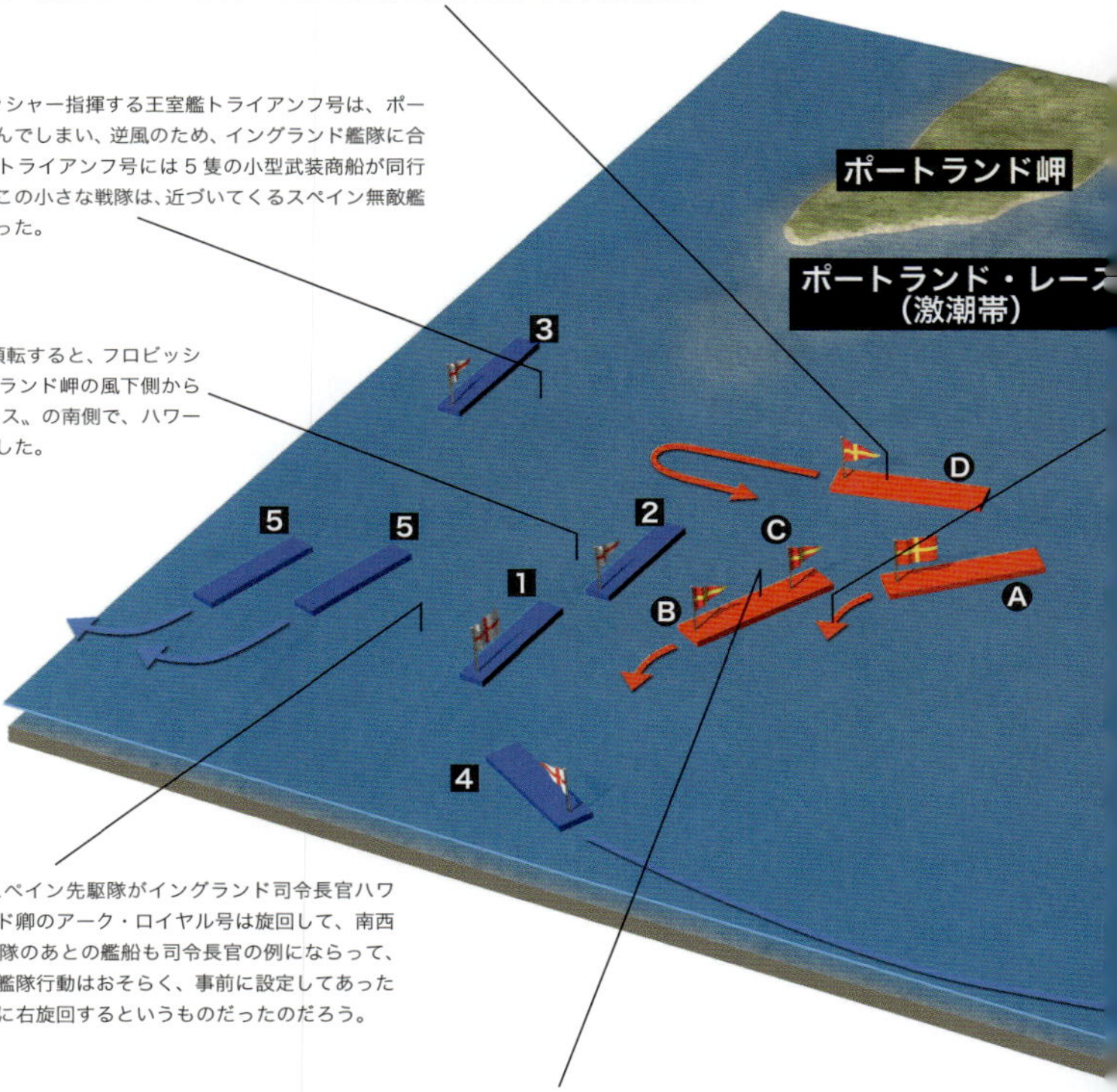

09:30　ベルテンドーナのスペイン先駆隊がイングランド司令長官ハワード卿に追いつくと、ハワード卿のアーク・ロイヤル号は旋回して、南西へ向かった。イングランド艦隊のあとの艦船も司令長官の例にならって、砲撃しながら退避した。この艦隊行動はおそらく、事前に設定してあった信号に従って、全艦隊が同時に右旋回するというものだったのだろう。

09:00　イングランド艦隊はポートランド岬から距離をとり、一方、ラ・レガゾナ号座乗のマルティン・デ・ベルテンドーナの率いるスペイン先駆隊は〝ポートランド・レース〟と呼ばれる不規則な潮の流れを避けるために、旋回した。北東のその位置から南南西に針路をとると、イングランド艦隊に襲いかかった。両艦隊とも、近距離から片舷斉射を交わし合った。

ポートランド岬沖の海戦　1588年8月2日
（メディナ・シドニア公、戦いを挑む）

南側から見た図。艦船の動きはかなり遅く、限定的で、もっとも近い陸上であるポートランド岬との位置関係で戦闘の進展が見てとれる。風向きが変わったことによって、メディナ・シドニア公は風上側の有位な位置を占めることができ、この機会を利用して、なんとかイングランド艦隊を接近戦に持ちこもうと努めた。

注　ここに挙げてある時間は、推定である。参戦者たちは正確な記録をとっていなかった。

つまり、こういうことだった。

ベルテンドーナの先駆隊旗艦レガソナ号の後ろには、サン・マテオ号、ラ・ラタ・サンタ・マリア・エンコロナダ号、そして、サン・ファン・デ・シシリア号がいた。イングランド側は最初の片舷斉射を放ったあと、「すぐに動いて敵の砲弾が来るのを避けた」。つまり、旗艦アーク・ロイヤル号は変針し、つづくイングランド艦船はただちに旗艦にならった。おそらく、敵から逃げる場合の信号が前もって決めてあって、その信号を受けた全艦が同時に行動したのだろう。これは半旋回行動の一部で、イングランド側は敵に艦尾を見せたものの、スペイン側が待望の斬り込み戦にもちこむのは阻止したのだ。

年代記作家ウバルディーノが書いているとおり、「シドニア公はイングランドの動きを封じ、トライアンフ号を助けるのを阻止するために、最強のガレオン艦十六隻とともに前進した」

イングランド主力部隊は遠くから砲撃をつづけたにちがいなく、記録によると、ハワード卿の旗艦にはヴィクトリー号と、エリザベス・ジョーナス号、ノンパレル号、潜水夫艇などが従っていた。スペイン側は敵しんがり船ノンパレル号の後ろについているだけでよしとした」

従って、近距離で一回、片舷斉射を交わしただけで、あとは長い射距離で散発的に撃ち合い、そんな砲撃戦が午前十時ごろまでつづいた。

ウバルディーノはこう書く。「こういう場合にありがちなように、戦いは五分五分で、ついにスペイン側は戦場を離れて、戦闘陣形に戻らざるをえなかった」

イングランドの主力部隊がなんとか接近戦による混乱と敵の斬り込みを避けていたのに対して、もう一つの小グループのほうは大きな危険に陥っていた。イングランド艦隊がスペイン艦隊と陸地のあいだを突き進むのを断念したとき、もっとも風下側（陸側）についていた六隻がポートランド岬と激潮帯《ポートランド・レース》のあいだに閉じこめられて、風向きが変わるか、風が強くなるまで主力部隊に合流できなくなったのだ。孤立したグループにいたのは、マーティン・フロビッシャーのトライアンフ号と、王室艦ゴールデン・ライオン号、メアリー・ローズ号、それに武装商船のマーチャント・ロイヤル号とマーガレット&ジョン号、センチュリオン号だった。フロビッシャーはのちに、自分の作戦としては無敵艦隊の一部をポートランド沖の浅瀬と激潮帯に誘いこむことだったと言ったが、ハワード卿がアルマダ海戦が終わったあと述べたように、フロビッシャーはおそらく〝難破〟したのだろう。

ベルテンドーナ率いるスペインの先駆隊はすでに遠く離れていて、この孤立した六隻を攻撃することはできなかった。もっと東側の、ポートランド岬の先端の沖合に、ドン・ウゴ・モンカダの率いるガレアス戦隊四隻がいた。風は着実に落ちていたので、オールで走れるこの四隻はフロビッシャーを攻撃するのに理想的だった。シドニア公は命令書を持たせたピンネース艇をモンカダ指揮官に送って、帆とオールを使ってフロビッシャーを攻撃するように指示した。さらに、いちばん近くにいた三、四隻の帆走軍艦に攻撃を支援するように命じた。シドニア公は激しい潮の流れであるポートランド・レース（激潮帯）を計算に入れていなかった。

モンカダ率いるガレアス戦隊四隻は砲撃戦ができるほどフロビッシャーの孤立した六隻グループに近づいて、「激しく砲火を浴びせた」。フロビッシャーは弱い風を利用して、半旋回する防御戦術をとり、一方、スペイン・ガレアス戦隊は前進して、できるだけ激潮帯に近づいた。ポートランド・レースというのは海上の一区画で、そこでは強い潮の流れが同時に反対方向から走ってきてぶつかり合う。フロビッシャーをポートランド岬の風下に釘付けにしたこの自然現象が、彼の艦船を守りもしたのだ。モンカダのガレアス戦隊は激潮帯に入れば必ず横へ押し流されるので、あまりにも用心したため、オールを総動員してフロビッシャーに接近するのをためらった。オールは激潮と戦うにはもろすぎたのだ。帆だけを使ったので、機動性に欠け、フロビッシャーに接近することはできなかった。シドニア公はガレアス戦隊指揮官に辛辣な手紙を送った。

その中には「モンカダ指揮官にとって不名誉な言葉も混じっていた」。

　戦いが途絶えたとき、ちょうど風が変わった。穏やかな南風が起こって、ハワード卿にはフロビッシャーを支援するチャンスが生まれた。孤立した仲間と合流しようと、彼は反転して、麾下の艦船を北へ向けた。

　風が変わったことによって、戦術も変えざるをえなかった。ベルテンドーナ率いるスペイン先駆隊は縦一列に並んで、ほぼ南へ針路をとり、ポートランド岬から遠ざかった。風が変わったのだから、南東か南西へちょっと変針することができただろうが、この時点でベルテンドーナが行動を変えるのはほとんど不可能だった。少し西側にはハワード卿率いるイングランド主力部隊がおり、ドレイクと六隻の艦船が、ハワード卿

1588 年 8 月 2 日 -3 日。ポートランド岬とワイト島のあいだにいるイングランド、スペイン両艦隊。ロバート・アダムズ著『1588 年のスペインによるイングランド遠征』に収録されている戦術図シリーズの 8 枚目。この図では、ポートランド沖の混戦が見られる。海峡をさらに東へ進んだところに、次の海戦が描かれている。このころには、この図に示されているとおり、イングランド艦隊は 4 つの戦隊に分かれている。（国立海事博物館、グリニッジ、ロンドン）

とスペイン艦隊の前方にいたのだ。リカルデ率いるスペイン後衛部隊は、シドニア公の主力部隊のはるか東側で一時停船して、脆弱なハルク（輸送）戦隊を守っていた。

スペイン司令長官シドニア公の主力部隊の後方、北側で、フロビッシャー対モンカダの戦いはちょうど終わった。イングランド司令長官ハワード卿は変針したことによって、ポートランド岬とスペイン主力部隊後衛のあいだを進む選択肢が与えられた。しかし、これは危険だった。というのも、そうすると、スペイン主力部隊と風下の海岸のあいだに入ることになり、閉じこめられてしまう可能性があるのだ。それに、近距離の決戦になることも予想できた。ハワード卿は安全な道をとり、ポートランド激潮帯の西へ針路を向けた。彼は配下の指揮官たちに無敵艦隊の射程まで接近して、「敵のマスケット銃の射程内に入り、そこで大砲を撃つべし」と檄を飛ばした。彼自身が率いる主力部隊はスペインの先駆隊後衛と戦ったが、ひどく隊列が崩れていたので、敵につかみかかることができたのは、部隊中のほんの一部だけだった。

南の戦いではドレイクが主導権を握りつつあるようだった。風が変わったおかげで、彼は敵司令長官シドニア公より少し風上側の位置におり、はるか東側にいるリカルデ副司令長官の後衛部隊の南端を追いかけて、旗艦サン・ファン・デ・ポルトガル号に近づいていった。ドレイクとリカルデの戦隊は主力部隊同士が戦っている場から離れた海上で、戦いの火ぶたを切った。主戦場では、スペイン主力部隊は蹄鉄を逆さにしたような戦闘陣形をとり、イングランド主力部隊はスペイン陣形の外側をL字型に囲んでいた。

戦いのこの段階は資料の記述があいまいで、矛盾している場合もしばしばあるため、おおまかにしか追うことができない。

シドニア公はリカルデ副司令長官の率いる後衛部隊が脅かされていることを知ると、もっとも強力な軍艦数隻にリカルデの支援に行くよう命じた。たぶん、ベルテンドーナ率いる先駆隊後衛の中でリカルデの近くにいた艦船が右舷へ回頭して、東南東へ向かうように命じられたのだろう。ベルテンドーナの旗艦レガソナ

ポーツマス沖でスペイン無敵艦隊と戦うマーティン・フロビッシャー、1588年。1588年7月30日、ポーツマスの沖合にスペイン無敵艦隊が視認され、イングランド艦隊は迎撃すべく出帆した。それから数日にわたって両艦隊とも走りながらの戦いがつづき、無敵艦隊は東へ着実に進んでいき、イングランド艦隊はしばしば攻撃をしかけたが、無敵艦隊の堅牢な防御陣形を崩すことはできなかった。8月2日の朝までに、無敵艦隊はポートランド沖に達した。イングランド艦隊の主力部隊は無敵艦隊を追跡し、マーティン・フロビッシャー指揮する小戦隊は海岸寄りにいて、敵がウェイマス付近に上陸しようとしたら、それを阻止する責任を負っていた。風が落ちたとき、無敵艦隊司令長官シドニア公はイングランド艦隊の一部を撃破する好機と見て、フロビッシャーを攻撃しようと、櫂漕のガレアス戦隊に帆走艦数隻を補佐につけ、送りだした。スペイン側にはフロビッシャーのような土地鑑がなく、ポートランドのまわりの海の状況や、2人の主役のあいだに隠れた川のような激しい潮の流れがあることを知らなかった。ガレアス戦隊にできるのはただ、帆走軍艦から長い射程で援護砲撃してもらって、その間にオールを漕いで潮の流れを渡ることだけだった。フロビッシャーは砲弾を敵のオールの列に集中して、なんとか漕げないように破壊した。ガレアス戦隊は〝ポートランド・レース〟につかまって、南東へと押し流された。すると、攻撃するのをあきらめて、主力部隊に合流した。フロビッシャーの旗艦トライアンフ号の甲板から敵が再編制するのが見える。4輪の砲車のおかげでイングランド側はスペイン側に対して決定的に優位だった。スペイン側はいちど大砲を撃つと、簡単には再装填ができなかったのだ。スペイン側に斬り込む機会を与えないことによって、イングランド側は危険にさらされずに砲撃して、敵を混乱させることができた。（アンガス・マクブライド画）

号自体はおそらくイングランド艦隊の風上側にいて、次の命令を待ったと思われる。前衛部隊指揮官レイバのエンコロナダ号がリカルデの支援に向かったと言われている。資料によると、それまでレイバ指揮官はベルテンドーナのレガソナ号のあとについていたという。たぶん、レイバは自分独自の考えで行動していたが、先駆隊全体が再編制できるように先導し、リカルデの支援に行くためより緊密な陣形を作らせようとしたのかもしれない。

イングランド人の目撃者は、スペイン艦は羊の群れのように集まっていた、と述べている。おそらく、ベルテンドーナの先駆隊がイングランド艦隊を白兵戦に持ちこむのに失敗したので、スペイン主力部隊は防御陣形を密にしようとしたのだろう。シドニア公の旗艦サン・マルティン号は馬蹄型陣形の頂点につき、陣形はいまやどんどん丸くなっていった。

こうして敵スペインの旗艦が丸ざらしになったのにハワード卿は気づくと、イングランド主力部隊の一部にもう一度変針して南東へ向かい、スペインの旗艦に接近するように命じた。スペイン側はいまや、二つの攻撃を受けることになった。ドレイク率いる南グループがリカルデ副司令長官を襲い、ハワード卿率いる北西グループが司令長官シドニア公を攻撃しようとしているのだ。この段階では、ハワード卿のイングランド主力部隊もスペインの先駆隊も、ともに軽帆をあげて、南東へ向かっていたと思われる。シドニア公はトップスルさえ降ろして減速し、騎士道精神を見せて斬り込み戦に入るようにハワード卿をうながしたが、ハワード卿は無視した。

イングランド艦隊旗艦アーク・ロイヤル号の後ろには一列に、エリザベス・ジョーナス号、ガレオン・レスター号、ゴールデン・ライオン号、ヴィクトリー号、メアリー・ローズ号、ドレッドノート号、スワロー号と連なっていた。あとの艦船はもっと北西にいて、戦闘を見ていたのだろう。イングランド側の優位点は砲術にあり、主力部隊は敵旗艦サン・マルティン号を「マスケット銃の射程の半分の距離」から撃って、硝煙で包みこんだ。スペイン人の目撃者がこう語った。「旗艦サン・マルティン号は艦隊の中でいちばん風上側にいて、イングランド艦隊にいちばん近かった。イングランド艦隊は両舷のカノン砲列で攻撃し、サン・マルティン号は実に勇敢に、片舷砲列だけで数百発の砲弾を放って応戦した。サン・マルティン号は単独で戦い、僚艦たちが一時間半ものあいだ支援できなかったにもかかわらず、イングランド艦隊のほうは接近戦に持ちこもうとしなかった」のだった。

午後早く、ドン・アロンソ・デ・レイバは特別機動部隊を率いて、味方の艦隊のあいだをなんとか通り抜け、旗艦サン・マルティン号の救援にいった。彼は僚艦サン・マルコス号とサンタ・アナ号とともに旗艦の盾になり、旗艦を主力部隊の比較的安全な位置へと導いた。

彼らの犠牲的行動と、強力なスペイン艦船の堅固な防御線に阻まれて、イングランド主力部隊は南西へ変針し、再集結しようと広い海へ向かった。フロビッシャーのまわりにいた数隻がこれに従った。もっと南では、ドレイクがリカルデの後衛部隊への攻撃を不本意ながらあきらめた。ベルテンドーナの先駆隊がリカルデを支援しようと、なんとかやってきたからだろう。朝から午後早くまで激しく戦った両艦隊とも、再集結して次の動きを決めるため、後退した。

サン・マルティン号を中心とする戦闘は、スペインとイングランドの戦法の違いを浮き彫りにした。スペイン旗艦であるサン・マルティン号は数回にわたってイングランド艦に斬り込もうとしたが、イングランド側は距離を保っていた。どちらも激しい砲撃戦をしたが、多くの資料によると、イングランド艦はスペイン艦が一発撃つあいだに三発撃っていた。砲術においてイングランド側が優位だったのは、四輪の砲車を使用していたからだ。それに対してスペイン側はイングランドより大きな二輪の砲車を使っていた。イングランドの砲車のほうが使いやすく、再装塡するスピードが速かった。スペイン側はまた、砲車を舷側にロープで縛りつけていたのに対して、イングランド側は滑車と滑車ロープの装置を使って、大砲を押し出したり引き入れたり、定位置に保ったりした。このことはまた、イングランド艦の使った弾薬はスペインより多いということでもある。ハワード卿は陸上に伝令を送って、もっと弾薬を補給するように要求し、さらに前日拿捕した二隻のスペイン艦から火薬を持ち出すように指示した。イングランド艦隊の砲撃力が一時的に落ちたのは、火薬が足りなくなったからだった。

しかし、イングランドの砲術が敵に与えた損傷は驚くほど軽いものだった。サン・マルティン号が砲撃の矢面に立ったが、船体が穴だらけになり、索具が切断されたものの、被害はほとんど表面的なものだった。イングランド側は砲術における優位性を誇示はできたが、無敵艦隊を破壊したり、陣形を崩したりすることはできなかった。この戦いにおけるスペイン側の負傷者総数は艦隊中で五十人と見られ、イングランド側の戦死者はごくわずかだった。

イングランドの砲術長ウィリアム・トマスはこう言っている。「われわれの過ちは、これほど多くの弾薬を使い、これほど長い時間、戦ったのに、敵に与えた損害がほとんどなかったということだ」

その午後ずっと、遠距離での小規模な砲撃はつづいたが、どちらももう一度大きな戦いをしようとはしなかった。イングランド司令長官ハワード卿も副司令長官ドレイクも、シドニア公の目的地はワイト島だと考えていたが、火薬の残量が危険なほど少ないので、スペイン艦隊がワイト島に部隊を上陸させるか、ソレント水道へ入るか、いずれにしても阻止するのはむずかしいと見ていた。ハンプシャー州市民軍は戦闘準備ができているし、イングランドの海岸線に沿ってのろし台が次々と火炎をあげていた。無敵艦隊司令長官メディナ・シドニア公のほうは、目前に迫ったパルマ公との合流に不安をつのらせていた。いったんワイト島を通りすぎたら、艦隊にとってカレー以外に安全な錨地はなく、カレー沖で合流することになる。もしソレント水道へ入れば、作戦に遅れを生じるが、パルマ公には上陸のための準備時間を与えることができる。

その夕方、シドニア公は艦隊を再編制して、新たな戦闘原則を次のように示した――「われわれにとって重要なことは、進みつづけることである。戦うことではない。戦うことはただわれわれの歩みを遅らせるだけである」

イングランド側の砲術に威力がないのは明らかだったので、シドニア公は、自分たちが目的地に行き着くのを阻止する力はイングランド艦隊にはない、とあなどった。彼の新しい陣形は二つの戦闘戦隊からなっていた。リカルデ率いる後衛戦隊と、レイバ率いる前衛戦隊である。この二つの戦隊がメディナ・シドニア公率いる主力戦隊と、輸送戦隊を守る。夜がふけるにつれて風がまた変わり、今度はこの数日のあいだ卓越していた西風になった。両艦隊とも東南東へ向かっていた。イングランド艦隊がスペイン艦隊の後ろにつき、風上側を占めていた。翌日には、ソレント水道への入り口でふたたび戦いになるか、あるいはスペイン艦隊が海峡を東へ進みつづけるか、明らかになるだろう。

ワイト島沖（八月三日─四日）

八月三日水曜日、夜が明けると、無敵艦隊を追っていたイングランド艦隊はスペイン艦が一隻、艦隊の後方に落伍しているのに気づいた。陣形の南端にいたハルク船で、ハルク（輸送）戦隊の指揮官ファン・ゴメス・デ・メディナの旗艦エル・グラン・グリフォン号だった。数隻のイングランド艦がグリフォン号を攻撃しようと、競って前へ進みだした。先頭を切るのはリヴェンジ号のドレイクだ。ドレイクは近距離でグリフォン号に片舷斉射を浴びせ、それから縦射し、つづいて二回目の片舷斉射を放った。グリフォン号には四十発以上の球形弾が命中したが、重大な損傷には至らなかった。

一九七〇年代に、沈没したグリフォン号の残骸から命中した衝撃でつぶれたマスケット銃の弾丸が引き揚げられ、この戦いは小火器の射程内で行なわれたと推測された。

リヴェンジ号と僚艦たちはグリフォン号よりうまく操船しながら、砲火で相手を叩いたが、停まらせることはできなかった。

無敵艦隊司令長官メディナ・シドニア公はファン・ゴメス指揮官に支援を送った。ドン・ウゴ・デ・モンカダ指揮官率いるガレアス戦隊と、長射程で加勢するリカルデの後衛部隊だ。ガレアス戦隊は損傷したグリフォン号をなんとか曳航して、艦隊の安全な防御陣形の中に連れ戻した。そこで、シドニア公は、リカルデの後衛部隊とレイバの前衛部隊に対して、イングランド艦隊へ接近して戦闘開始するよう命令した。ドレイクのリヴェンジ号と僚艦たちは戦おうとしないで後ろへ退き、ハワード卿率いる主力部隊はスペイン艦隊のはるか風上側で一時停船して、戦闘を避けた。

ハワード司令長官が戦うのを渋ったの

1588年8月4日　ワイト島沖の海戦。ロバート・アダムズ著『1588年のスペインによるイングランド遠征』戦術図シリーズの9枚目。この段階までにイングランド艦隊は4つの戦隊に分かれて、スペイン陣形の後衛を脅かしているのが見てとれる。（国立海事博物館、グリニッジ、ロンドン）

ドーセットおよびハンプシャー沖の海戦

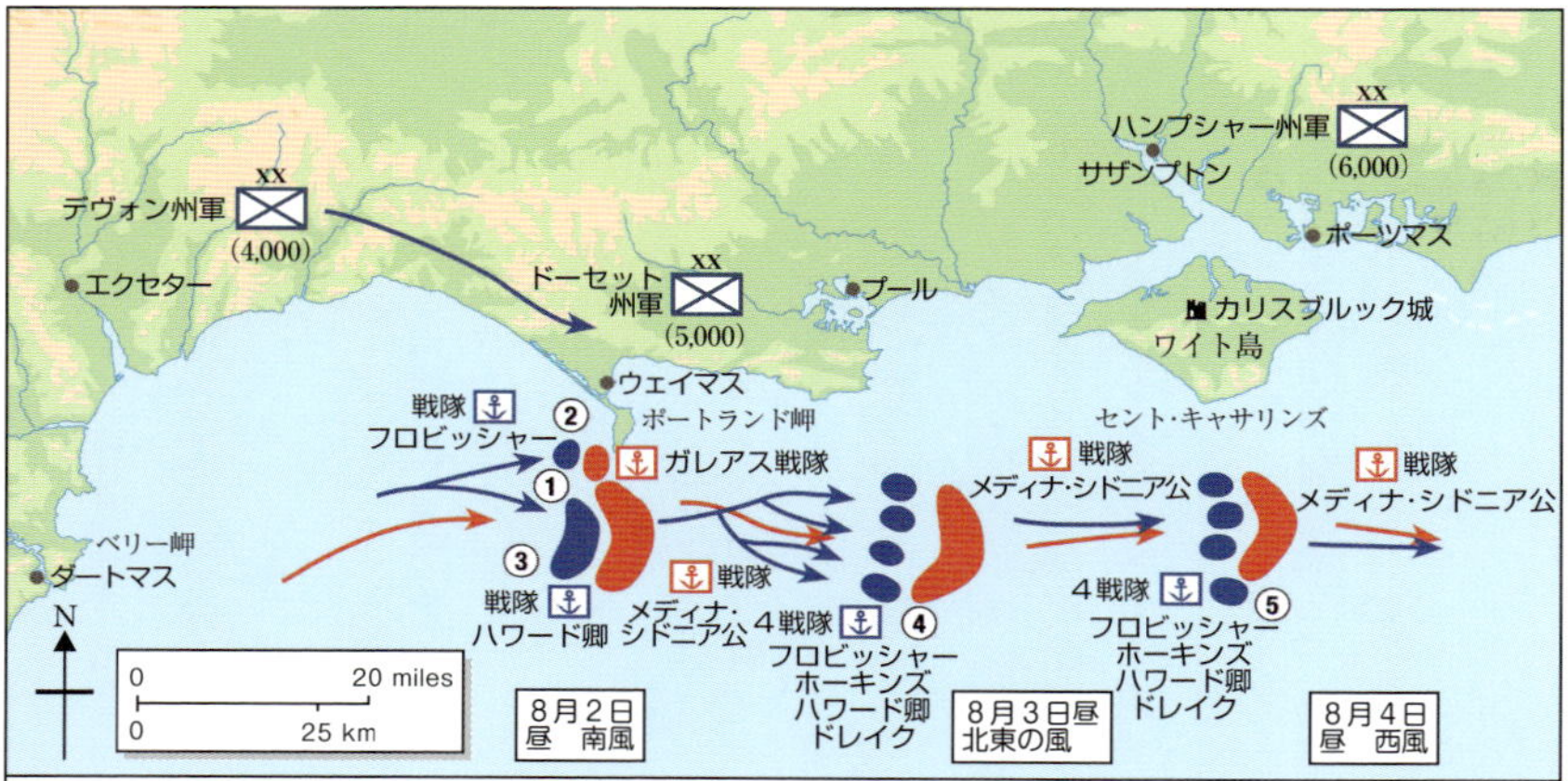

① 8月2日夜明け 風が変わって、スペイン艦隊が風上側の優位な位置についた。イングランド艦隊は陸上へ寄って、風上の位置を取り戻す。すると、スペイン艦隊はイングランド艦隊を攻撃して、つかの間だが、近距離戦に持ちこんだ。

② フロビッシャーの小戦隊はポートランド岬の風下側に閉じこめられた。スペイン側はガレアス戦隊に先導されて、フロビッシャーに攻撃をかける。ポートランド沖の激しい潮の流れに阻まれて、スペイン側はフロビッシャー戦隊に接近することができない。ハワード卿は変針して、フロビッシャーの救援に向かう。

③ 10:30ごろ ドレイクは、リカルデ指揮するスペイン後衛部隊を攻撃する。シドニア公はリカルデの支援にいくが、ハワード卿率いるイングランド主力部隊に攻撃される。スペイン艦隊は再集結して防御陣形を整え、東進をつづける。

④ 8月3日夜明け ハワード卿はイングランド艦隊を4つの戦隊に分け、彼自身と、ドレイク、フロビッシャー、ホーキンズがそれぞれ指揮をとった。この日一日中、小競り合いがつづく。

⑤ 8月4日 小競り合いはつづいていたが、風が落ち、イングランド艦隊は軍艦をボートに曳かせて戦闘に入らざるをえなかった。日暮れまでにはスペイン艦隊がポーツマス付近に上陸する気配はなく、フランドル地方へ向かっていることが明らかになった。

は、慢性的に弾薬が不足していたからだろう。その後はずっと、両艦隊ともきわめて弱い風にもまれ、無敵艦隊は這うようにしてワイト島へ向かっていった。

日の光が消えようというころ、ハワード卿は、敵司令長官シドニア公にはソレント水道の西側の入り口に向かうつもりはほとんどないとわかり、東側の避難海域に投錨するつもりだろうと考えた。その夕刻、彼はアーク・ロイヤル号に先任指揮官たちを召集した。そこで、イングランド艦隊は四つの戦隊に分かれ、各戦隊の指揮はハワード卿をはじめとして、ドレイク、ホーキンズ、フロビッシャーがとることと決定された。この新しい編制だと、ただ旗艦についていくのではなく、各戦隊はより小さくて機動的な陣形で動くことができるのだ。ハワード卿は指揮官たちに対して、明日の戦闘はスペイン艦隊がソレント水道に入るか、上陸を試みるか、どちらにせよ断固阻止すること、それが第一の目的であると強調した。

夜のあいだにスペイン艦がもう二隻、艦隊から落伍した。八月四日木曜日の夜が明けると、サン・ルイス号とドゥケサ・サンタ・アナ号が二つの艦隊のあいだに漂っていたのだった。早朝のうちに風は完全になくなり、イングランド艦はスペインの二隻のはぐれ艦を攻撃するにも、射程内まで曳航してもらわなければならなかった。二隻にいちばん近いのはホーキンズの戦隊で、彼はすぐに配下の艦船にボートを降ろすように命じた。イングランド側が戦闘位置へ向かってボートで艦船を曳きはじめると、スペインの後衛部隊指揮官リカルデは二隻のはぐれ艦を支援するため、モンカダ配下のガレアス艦二隻を派遣した。三隻目は、無風で立ち往生していたレイバ前衛部隊の旗艦エンコロナダ号を安全なところへ曳いていった。

ホーキンズ戦隊はオールで走っているガレアス艦に砲撃を開始し、ホーキンズ自身の言葉に従うと、三隻のうち一隻になんとか損傷を与えることができた。今度は、スペイン側から銃弾を浴びせられて、ホーキンズはボート隊を撤退させざるをえなかった。司令長官ハワード卿の旗艦アーク・ロイヤル号と、トマス・ハワード卿のゴールデン・ライオン号はボートに曳航されて戦いの場へ入ったが、モンカダ配下のガレアス艦が二隻のはぐれ艦を救出するのを阻止することはできなかった。三隻のガレアス艦ははぐれ艦二隻を曳航して、無敵艦隊の陣形に帰った。

午前のなかばごろまでに南西の穏やかな風が出て、ふたたびイングランド艦隊は風上に立った。左（北）翼にいたフロビッシャー戦隊のトライアンフ号が追い風を受けて走って、先頭の数隻をスペイン艦隊とソレント水道の東端のあいだにもっていった。トライアンフ号は敵司令長官の旗艦サン・マルティン号に砲火を放った。サン・マルティン号はこの数日間に二度目のことだが、孤立していた。同号は喫水線の下に二度、穴を開けられたが、なんとか援護されて安全な海域へ逃れることができた。数隻のスペイン艦がフロビッシャーを攻撃するため派遣された。たぶん前衛部隊の艦船で、指揮官のレイバ自身が指揮をとっていたのだろう。気まぐれな風がフロビッシャーの帆から推進力を奪い、一方、南側からフロビッシャーを射程内にとらえようとしていたスペイン艦数隻は、着々と近づいていくことができた。フロビッシャーは必死になってボートを降ろさせてトライアンフ号を安全なところへ曳航させ、ぎりぎりのところで帆が風をとらえると、北へ逃げた。

　ホーキンズとハワード卿は、スペイン艦隊の南翼についているリカルデの後衛部隊にふたたび攻撃をかけた。激しい戦いの連続に、スペイン側の人間がこう言っている。「もしも司令長官シドニア公が旗艦で走りまわっていなかったら、われわれはこの日、負けていたはずだ」

　この言葉から察するに、スペイン艦隊の主力部隊にいた艦船は陣形から離れて、リカルデの後衛部隊を支援しに

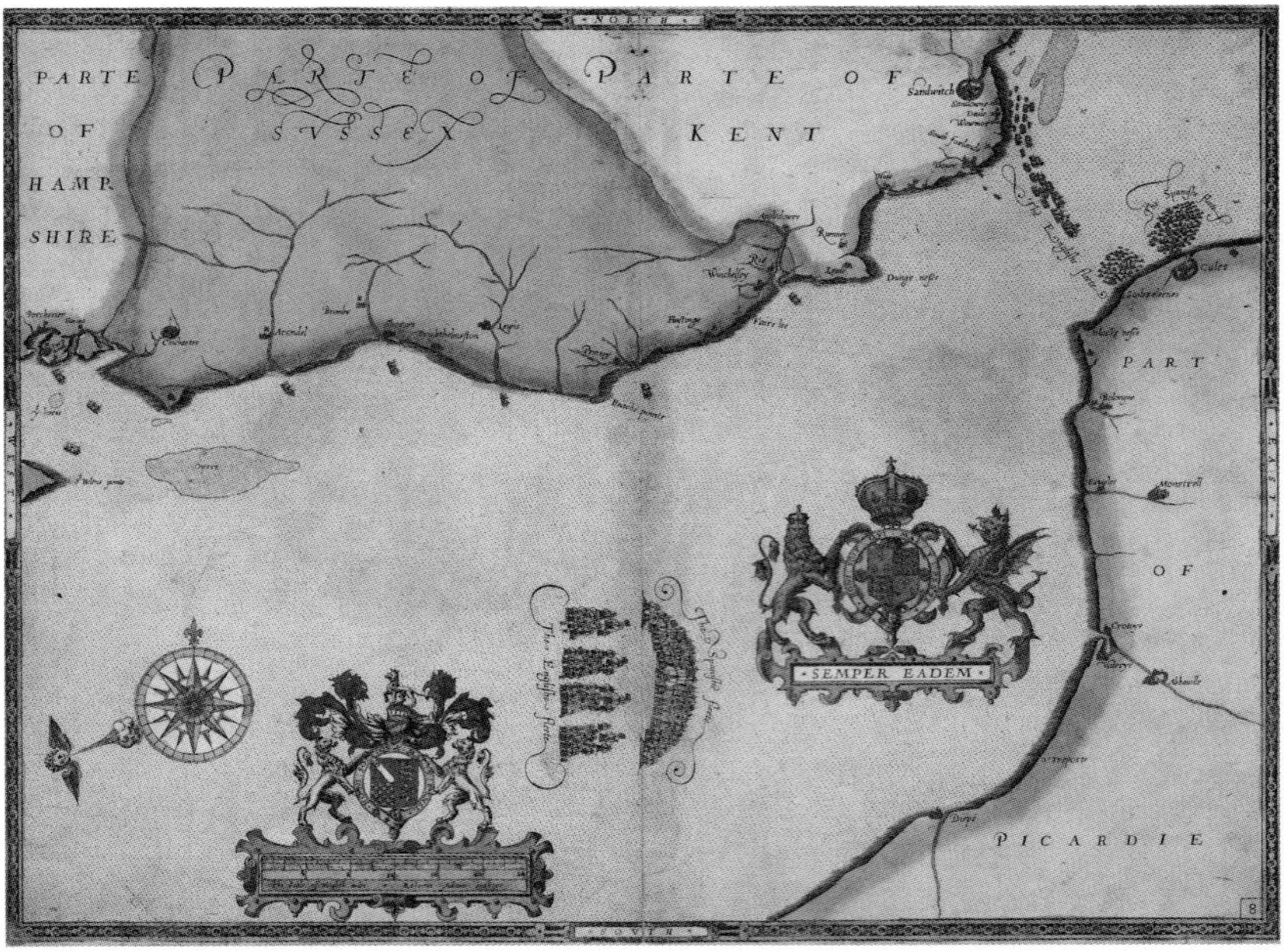

1588年8月4-6日。カレーへの追跡。ロバート・アダムズ著『1588年のスペインによるイングランド遠征』地図画シリーズの10枚目。英仏海峡を進むかなり平穏な航海の最終段階が示されている。カレー沖でイングランド主力戦隊に合流するよう命じられたシーモア卿の海峡戦隊が出動する場面が見られる。（国立海事博物館、グリニッジ、ロンドン）

いかざるをえなかったようだ。この戦いを牛耳ったのはドレイクだとも言われる。対リカルデ戦に加わっていなかったドレイクは自分の戦隊をゆっくりと移動させて、イングランド艦隊の海側へもっていき、リカルデ相手の戦いが始まると、変針して、レイバの前衛部隊に襲いかかったのだ。この戦闘を誰が考えだしたにしろ、とにかく重大な二時間のあいだ、スペイン艦隊を彼らの主目的からそらしておくことには成功したのだ。午後のなかば、イングランド艦隊が再集結したころには、シドニア公はソレント水道へ向かうチャンスを逃していた。彼にはいまや、カレーへ向けて海峡を東進しつづける以外に選択肢はない。その夜、ふたたび彼はパルマ公への手紙を持たせて、ピンネース艇を急行させた。

たとえシドニア公はソレント水道で、あるいはワイト島の東端で錨泊しようと計画していたのだったとしても、それは自分の胸のうちに秘めていたのだった。陣形は損なわれておらず、イングランド艦隊は安全な距離をとって退いていたので、無敵艦隊はなおも海峡を進みつづけることができた。もう一隻、ボートがダンケルクへ送られた。こちらはイングランド艦隊を手こずらせるために、小型船を四、五十隻、派遣してくれるように要請したものだった。

イングランド側にとっては戦いをつづけるとなると、増援部隊と補給品が必要だった。ハワード卿はこう書いている。「こちらの弾薬が大量に消費されたので、司令長官としては、敵がドーヴァーに接近するまで、これ以上攻撃をつづけるのは戦略上よくないと考える」

ハワード卿はテムズ川から派遣されるシーモア卿の補給戦隊と合流したら、そのあと、カレーとケント州の海岸のあいだの洋上で戦闘をつづけるつもりだった。

翌八月五日は一日中、二つの艦隊はごく弱い風を受けて北北東へ針路をとり、ドーヴァー海峡へ向かって進みつづけた。ふたたびイングランド旗艦で会合が持たれ、ハワード卿はこれまでの戦いの軍功を讃えて、ホーキンズとフロビッシャーにナイト爵を授けた。

八月六日土曜日、午前十時、無敵艦隊はフランス・ブローニュ近くの陸地を視認した。いぜんとして緊密な防御陣形を保ったまま、午後遅くにカレー錨地に錨を下ろした。司令長官メディナ・シドニア公は無敵艦隊をほぼ無傷で、防御態勢も完璧に維持して英仏海峡の端から端まで渡らせたのだ。あとはダンケルクにいるパルマ公の部隊と会って、海峡を渡らせる手はずを整えるだけだ。パルマ公からの使者が来ていないことに対する憤りは、その夜、パルマ公宛てに書いた手紙にはっきりと表われていた――「閣下に対し常時、書状を差し上げていましたが、ご返答をいただいていないばかりでなく、わたしの手紙を受け取ったという知らせさえ、受けておりません」

パルマ公が返事を書き、上陸用のはしけ船隊の出動準備ができるまで、無敵艦隊は現在の場所にとどまらざるをえない。陸上には敵の脅威が潜み、それよりもっと恐ろしい敵艦隊が跡を追ってくる中で。シドニア公はその夜、作戦会議を開き、パルマ公の侵攻部隊が無敵艦隊に合流するまで、カレー沖の丸ざらしの錨地にとどまっていることに決めた。一方、イングランド艦隊は、西に数マイル離れたところに風上の優位を保って錨を入れた。その夜、ハワード卿のもとにシーモア卿指揮する海峡戦隊が合流した。テムズ川から待望の補給品と弾薬を運んできたのだ。イングランド艦隊はいまや総勢約百四十隻になったが、ハワード卿は戦術の行き詰まりを打開するために、そのうち数隻を使おうと作戦を練った。彼には大きな切り札があり、その戦術はまさしく破壊的なものだった。

カレー沖(八月七日)

六日金曜日の夜遅く、ハワード卿はシーモア海峡戦隊のサー・ウィリアム・ウインターに助言を求めた。ウインターはスペイン無敵艦隊に対して焼き打ち船を使うことを提案したという。ハワード卿はこの考えに

カレーを攻撃する焼き打ち船。８月７日の朝、イングランド艦隊司令長官ハワード卿はカレー沖に錨泊しているスペイン無敵艦隊に対し、真夜中に焼き打ち船攻撃をかけることを決断。イングランド艦隊は風上側にいたので、上げ潮にも助けられて、焼き打ち船をスペイン艦船の塊へまっすぐにもっていくことができた。スペイン艦隊の背後にはフランドル堆の危険な砂州が何本も横たわっていた。その日の昼間、イングランドの船匠たちは８隻の小型船を焼き打ち攻撃用に改造し、可燃物と火薬を詰めこんだ。真夜中すぎにスペインの哨戒艇が焼き打ち船を発見して、危険を告げた。スペイン側はなんとか２隻の焼き打ち船を曳航して、艦隊から遠ざけたが、あとの６隻は阻止することができなかった。スペイン艦隊司令長官シドニア公は、全艦船に錨を切り捨てて、安全なところへ逃げるように命じた。焼き打ち船によって損傷を受けた艦船は１隻もなかったが、主錨を失ったため、艦隊はカレー沖の位置にとどまっていることができず、夜明けには編制を崩した艦船はカレーの北東へと漂流していった。いまやスペイン艦隊はパルマ公部隊と合流することは不可能になった。図はイングランド焼き打ち船の先頭グループ。小型武装商船で、西から見ている。遠くにいるスペイン艦隊はまだカレー錨地に錨泊したままで、司令長官はイングランドの攻撃に気づいていない。（ハワード・ジェラード画）

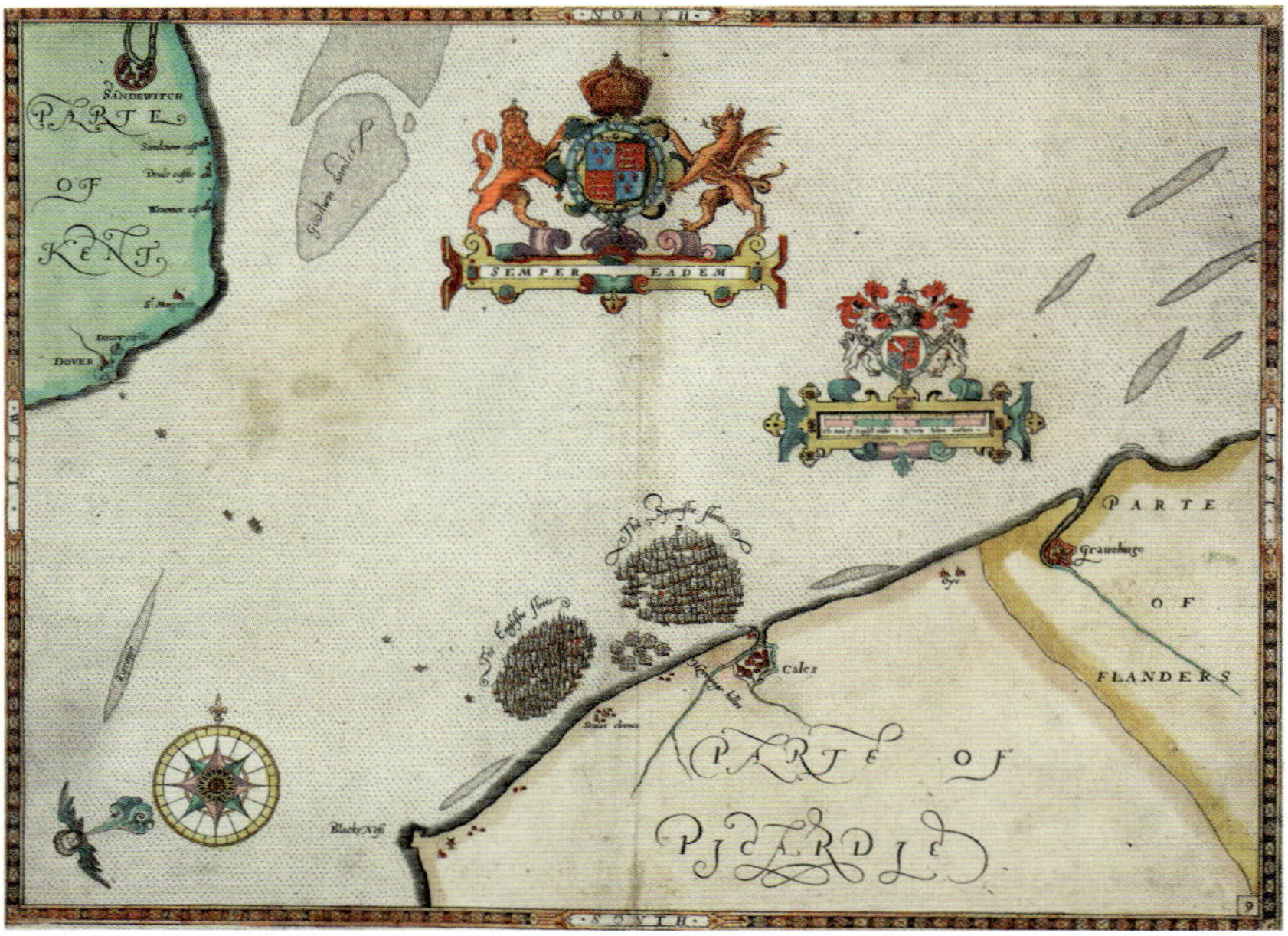

1588年8月7日、スペイン無敵艦隊を襲う焼き打ち船。ロバート・アダムズ著『1588年のスペインによるイングランド遠征』戦術図シリーズの最後から2枚目。2つの艦隊のあいだに焼き打ち船数隻が見える。錨泊しているスペイン艦船のほうへ漂っていく。（国立海事博物館、グリニッジ、ロンドン）

惚れこんで、翌七日朝早く、作戦会議を開くため、先任指揮官たちを旗艦アーク・ロイヤル号に集めた。シーモア卿、ドレイク、ホーキンズ、フロビッシャーはこの焼き打ち船作戦に賛成し、その日の真夜中に実行されることになった。ハワード卿はヘンリー・パーマー指揮するアンテロープ号をドーヴァーに派遣し、適当な船と可燃物を集めさせた。この目的にかなった芝やピッチは、すでにシーモア指揮官がドーヴァーで集めていた。ところが、南西の風が強くなったため、ドーヴァーからの船艇は真夜中前にハワード卿のもとに着くことができなくなった。そこでハワード卿は自身の艦隊から数隻を犠牲にせざるをえなくなった。さらに戦隊指揮官たちと協議したあと、八隻の武装商船が焼き打ち船に改造するため選ばれた。

その八隻は、バーク・タルボット号（二百トン）、トマス・ドレイク号（二百トン）、ホープ・ホーキンズ・オブ・プリマス号（百八十トン）、バーク・ボンド号（百五十トン）、キュアズ・シップ号（百五十トン）、ベア・ヤン号（百四十トン）、小型のエリザベス・オブ・ローストフト号（九十トン）、そしてもう一隻はもっと小さな船だった。

年代記作家ウバルディーノはこう書いている。「改造作業はヤン船長とプラウズ船長の監督の下に慎重に行なわれた」

七日は一日中、船匠たちが船を改造し、索具を強化した。砲門は形を変えるか、あるいはふさいだ。たぶん、船尾には必要最小限におさえた乗組員が脱出できるように、余分にいくつか砲門が開けられたことだろう。水兵たちは艦隊中で見つけた古い帆布や索具、麻ロープ、タール、ピッチなど可燃物をすべて集め、船体には油をしみこませた。また、大砲には砲弾を二発ずつ装塡した。そうすれば、火災の熱で火薬が爆発したとき、敵艦隊へ倍の砲弾が放たれて、混乱を大きくさせるだろうからだ。

無敵艦隊へ向けて焼き打ち船の舵をとるため、志願者が数人選ばれた。彼らは最後の瞬間に舵か舵棒を固縛して、船尾から逃げ、焼き打ち船に曳航されているロングボートに乗りこむ。イングランド側が夜襲の準備に大わらわになっているとき、スペイン艦隊司令長官メディナ・シドニア公は次の動きを決めようとしていた。海峡を東進してくるあいだに、彼は二回、伝令をパルマ公に送っていたが、なんの返事も受け取っていなかった。八月二日、パルマ公はスペイン艦隊がラ・コルーニャを出帆したという知らせを受けたが、艦隊がカレーに近づきつつあると聞いたのは、八月五日。艦隊がカレー錨地に錨を下ろす前日だった。いまようやく、二人の指揮官は連絡を取り合うことができるようになったのだ。

伝令の話によると、パルマ公はまだブリュージュの司令部にいて、兵士と補給品の大半はいまだに野営地にあるという。多くの兵士は、ケント州へ渡る上陸用はしけ船にまだ乗りこんでもいない。

この恐るべき事態を年代記作家のウバルディーノは否定している。「パルマ公はすでに大勢の兵士たちをはしけ船に乗りこませており、残りの兵たちも大急ぎで乗せていた。大量の弾薬と、食糧、水も積みこんであり、従って、いつだろうと出動する準備は整っていた」

別の説もある。ネーデルラント沿岸戦隊がダンケルクとニーウポールトを封鎖しており、そのため、パルマ公は海に出ることができない。はしけ船隊はフランドル地方に広がる小さな運河網や川を使ってグラヴリーヌまで這うようにして行かなければならず、到着するのに二週間はかかると見られる、というものだ。

シドニア公の艦隊は中立国フランスの港外の無防備の錨地におり、強力なイングランド艦隊が風上側に、フランドル堆として知られる砂州群が風下側にある。人にうらやましがられるような場所ではないが、ここにとどまってパルマ公を待つしか、彼にはほとんど選択肢がなかった。カレーのフランス総督はゴールダン領主ジーロウ・ド・マ

18世紀の版画から。ジョン・パイン作。上院に飾ったタペストリーを基にしている。イングランドの焼き打ち船が、カレー沖に錨泊中のスペイン艦隊へ漂っていく。

ウレオンだった。彼は三十年前にイングランドと戦って片脚を失い、カトリック教徒でもあったから、スペインに味方していた。フランス総督とシドニア公のあいだで贈り物が交わされ、スペイン側の代表が上陸してフランス側と接触し、艦隊の食糧を購入した。フランス側でこの仕事を担当したのは、アスコリ公爵だった。公爵はブリュージュにいるパルマ公ともしっかりとした連絡網を作りあげていた。その日一日中、フランスのボート群が、待機しているスペイン艦船へ食糧や補給品を運び、スペイン艦隊の主計長ドン・ホル

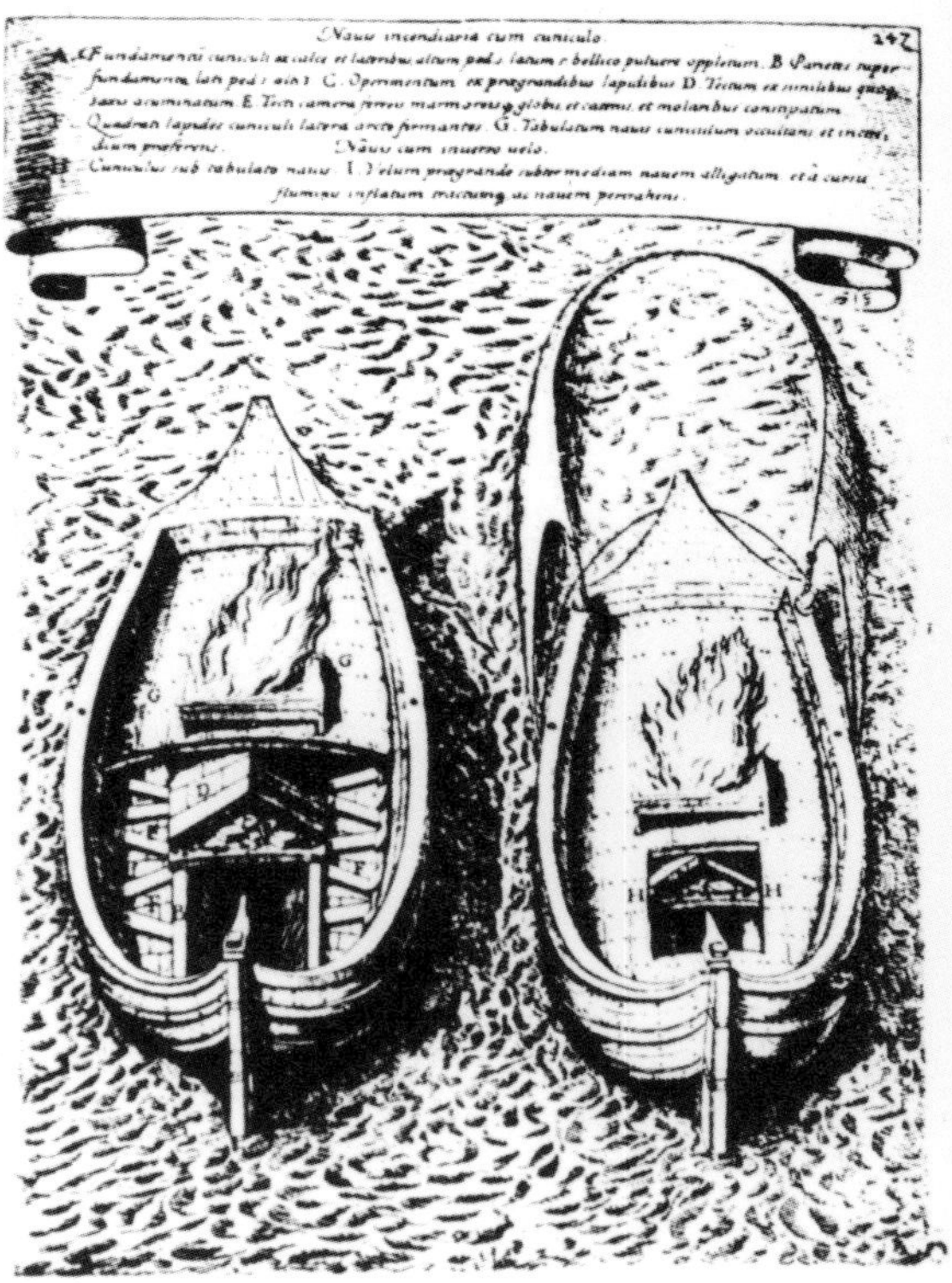

1588年8月7日の夜から8日にかけて、カレー沖に錨泊していたスペイン艦隊にイングランド艦隊がこのような焼き打ち船を使って攻撃をかけ、効果をあげた。小さな船の船艙に乾いた材木やピッチが詰められ、やがて、最小限の人数にしぼられた乗組員によって火がかけられた。焼き打ち船を敵艦船に向けると、乗組員たちは素早く焼き打ち船を捨てた。1590年の海洋手引きからの版画。（ストラトフォード文書館）

へ・マンリケが作業を監督した。その夜、マンリケは司令長官から、ブリュージュに出向いて、パルマ公に兵員の乗り込み作業のスピードを上げるように説得せよと命じられた。

夕方のあいだに風が南西から西へ変わり、潮の流れも同じ西からだった。七日の日曜日はまた、満月で、そのため大潮はもっとも大きかった。風も上げ潮もイングランド側に味方し、焼き打ち船に最終の仕上げがされ、艦隊は七日真夜中の攻撃にそなえて準備を整えた。

一方、シドニア公側は、錨地の西側にカラヴェル船やパタチェ船、ファルア船、サブラ船など小型船を並べて、艦隊とイングランド艦隊のあいだに遮蔽線を作った。ネーデルラントからの奇襲を防ぐために、同じような遮蔽船列が東側にも作られたことだろう。真夜中を過ぎてすぐ、この遮蔽船列にいたスペインの見張員たちは、二マイル離れたイングランド艦隊から自分たちのほうへ向かってくる明るい二隻の船を発見した。焼き打ち船戦術が予定通り始まったのだが、八隻のうち二隻で予定より早く火災が発生したか、船が燃えやすかったのだろう。そのおかげでスペイン側としては襲撃があると前もって知ることができ、警報が飛び交った。

スペイン側にとって、焼き打ち船には記憶に焼き付いた苦い厄災があった。ちょうど三年前に、ネーデルラントの反乱者たちがアントウェルペン近くのスケルデ川にかかる浮き橋を攻撃したのだ。ネーデルラントの焼き打ち船には火薬が詰められていて、橋は破壊され、八百人ものスペイン兵士の命が失われた。焼き打ち船を作ったネーデルラント人技術者はイングランドへ渡ったとわかっていた。だから、この攻撃の背後にはその男がいた可能性は充分にあった。

実際には焼き打ち船は敵に致命傷を与えるほど威力はなく、結果的には戦果はほとんどなかった。真夜中ごろ、上げ潮は東へ三ノットの速さで流れており、焼き打ち船は帆を最小限にしていたが、十五分か二十分でスペイン艦隊の中に入りそうだった。遮蔽線に並ぶ小型船が焼き打ち船八隻のうち二隻になんとか四爪鈎

1588年、カレー沖のイングランド艦隊。1588年8月の初め、スペイン無敵艦隊が英仏海峡を東進しているとき、ドーヴァー沖を基地とするイングランドの予備戦隊は出撃準備を整えた。この戦隊は海峡戦隊で、指揮をとるのはヘンリー・シーモア卿。老練な海軍指揮官で、艦隊司令長官ハワード卿のいとこである。8月6日、シーモア卿は戦隊を率いて、ダウンズ錨地を出た。ダウンズはサンドウィッチとドーヴァーのあいだにある錨地で、長いあいだ艦隊の集結場所として使われていた。2日前にロンドンから17隻の武装商船で編制された増援部隊が出動して、シーモア卿の戦隊に合流した。増援隊が到着すると、すぐさまシーモア卿は細いドーヴァー海峡を渡って、カレー沖にいるイングランド艦隊と合流した。31隻からなるシーモア戦隊は7隻の王室艦が先頭に立った。380トンのガレオン艦レインボー号とヴァンガード号、400トンのアンテロープ号、200トンの改造ガレアス艦タイガー号とブル号、それに2隻の小型艦トラモンタナ号とスカウト号である。図では司令旗を掲げたシーモアの旗艦レインボー号が見える。そのあとに王室艦がつづいている。走っている順番は上に挙げたとおりである。（トニー・ブライアン画）

を引っかけて、スペイン艦隊から引き離した。しかし、あとの六隻はあまりにも激しく燃えていて、近づくことができなかったのだろう。この脅威にシドニア公は素早く対応して、自分にできる唯一の理にかなった命令を出した。スペイン艦隊中にピンネース艇が派遣され、錨索を切って帆をあげ、海側へ逃げるようにと命令がくだされた。いったん脅威が去ったら、スペイン艦隊は再集結して、ふたたび同じ場所に錨泊したい、そうシドニア公は願っていた。

のちのイングランド側の資料では、スペイン艦隊はパニックに陥って逃げだした、と書かれたが、これは否定された。スペイン艦隊が行なったほかのすべての展開行動と同様に、この避難行動は船乗りとして取るべきもので、ほとんど完璧に成功したのだ。多数の艦船のうち暗闇の中で衝突したのは、たった一隻だった。それはガレアス戦隊旗艦のサン・ロレンソ号で、衝突によって舵を壊されたため、オールを使ってその夜ひと晩かかって、這うようにしてカレーをめざした。そのほかの艦船は焼き打ち船をかわしたが、カレー錨地の元の場所にふたたび錨を下ろすことはできなかった。強い上げ潮と、海底の錨のかかり具合の悪いことが重なって、錨をかけることができず、北東へ、グラヴリーヌとフランドル堆のほうへ漂流していったのだ。

年代記作家のウバルディーノは端的にこう書いている。「スペインは、焼き打ち船の最初の攻撃で錨地を捨てざるをえなかった。焼き打ち船から艦隊を助けるために、錨索を切り、錨を捨てて、帆をあげる以外に、もっと安全でもっといい方法を短時間で見つけることはできなかったのだ」。彼はこう付け加えている。「この予想もしなかった大騒ぎ、大混乱――まったくすさまじい混乱――のため、ガレアス戦隊の旗艦は他船と絡み合ってしまった。相手の錨索が旗艦の舵に引っかかり、味方が入り乱れる中で旗艦はその夜ずっと、脱出することができなかった」

これはアルマダ海戦の中でただ一回のもっとも決定的な出来事となった。スペイン艦隊は錨地から追い出され、どの艦もいちばん頑強でいい錨を犠牲にせざるをえなかった。こうした錨に代わる物はなく、残っていたそれより小さい錨ではカレー沖の潮の流れの中で海底をつかむ力はなかっただろう。スペイン艦隊は無傷だったにもかかわらず、ちりぢりにされ、この作戦が始まって以来初めて、洋上に何マイルにもわたって拡散されてしまった。つまり、比較的安全に海峡を進むことのできた緊密な防御陣形を失ってしまったのだ。

錨地を失ったということはまた、パルマ公と合流できなくなりそうだということだった。

イングランドの歴史家の一人は、八隻の焼き打ち船を買った金額は五千ポンド余りで、「国家として行なったもっとも安い投資」と言った。

それはまた、もっとも効果を上げた投資の一つでもあった。スペイン艦隊はヨーロッパでいちばんの難所である海岸のそばにおり、錨を掛けることのできないその海域は危険区域だった。もとの位置になんとか錨を入れることができたのは五隻のガレオン艦だけで、その中にシドニア公のサン・マルティン号と、リカルデのサン・ファン・デ・ポルトガル号もいた。ほかは暗闇の中でちりぢりになり、その風上側ではイングランド艦隊がこの作戦のクライマックスとなる海戦の準備を進めていた。

グラヴリーヌ沖（八月八日―九日）

夜が明けると、スペイン艦隊司令長官メディナ・シドニア公は旗艦サン・マルティン号のまわりに四隻のガレオン艦しかいないのに気づいた。サン・ファン・デ・ポルトガル号と、サン・マルコス号、サン・ファン・バウティスタ号、それにサン・マテオ号だ。イングランド艦隊は戦いを挑もうと移動している。シドニア公は全艦隊に宛てて、戦闘のため再集結せよと大砲を放って信号した。防御陣形をふたたび作りあげるまでには相当な時間がかかる。その間ずっと、この五隻のガレオン艦はちりぢりになった味方艦隊とイングランド艦隊のあいだに陣取っていた。戦いは午前七時に始まり、一日中つづくことになる。このアルマダ海戦でもっとも熾烈で血みどろの戦いが。

ガレアス艦サン・ロレンソ号は焼き打ち船に攻撃されて舵を損傷したため、夜のあいだにカレー沖の砂州に乗り上げていた。サン・ロレンソ号はドン・ウゴ・デ・モンカダが指揮し、ガレアス戦隊の旗艦（カピタナ）だった。だから、イングランド側にとってはあまりにも魅力的な獲物に見え、見逃すことなどできなかった。司令長官ハワード卿自身が、シドニア公と交戦している味方艦隊を残して、孤立したサン・ロレンソ号を攻撃するため、自分の戦隊を率いていったのだ。

浅瀬に阻まれてハワード卿の戦隊はサン・ロレンソ号に近づくことができなかった。そのため、各艦から艦載艇が降ろされて攻撃し、遠くから艦砲が援護射撃した。戦いは激しく、一時間ほどつづいた。しかし、モンカダ指揮官がマスケット銃弾で頭を撃ち抜かれた。指揮官が殺されると、スペイン人たちは士気を失い、降伏するか、ボートで逃げだして陸地へ向かった。

年代記作家ウバルディーノがこう書いている。「大多数のスペイン人たちが海へ飛びこんで港をめざしたが、多くが溺れ死んだ。そこで、敵の混乱を見てとったイングランド側はサン・ロレンソ号を占拠して、略奪をほしいままにした」

それは本当だ。イングランド水兵たちはサン・ロレンソ号の略奪を始めた。カレー駐在のスペイン海軍先任士官であるベルナベ・デ・ペドロソは生存者たちを集め、フランスに支援を求めたが、無視された。結局、スペイン側は小火器でイングランド水兵を追い払ったが、この略奪者たちが撤退すると、すぐあとに、フランス人たちが略奪目当てにボートでサン・ロレンソ号にやってきた。すると、イングランド水兵たちが戻ってきてフランス人たちを威嚇したが、フランス人たちはイングランドのボートへ砲火を浴びせると脅したという。

全体の戦闘は二時間ほどつづき、イングランド艦隊のほぼ半数は戦いの中心から離れて、北へ向かっていった。結局、サン・ロレンソ号は五十門の大砲ごとスペインの手に戻った。大砲は取りはずされたが、サン・ロレンソ号自体はその場に放棄された。

年代記作家ウバルディーノの記述によると、「イングランド側はサン・ロレンソ号にあったスペイン国王の二万二千エキューの金貨と、シドニア公の略奪品十四箱、そのほか金品を奪い、捕虜を数人連れ去った。その中にはガレアス艦の艦長、ドン・ロドリゴ・デ・メンドサと、ドン・ジョバンニ・ゴンサレス・デ・ソロサノもいた」。

それにもかかわらず、全体的にはスペイン側が優勢で、スペイン艦隊にはふたたび防御陣形を固める時間ができたのだった。

シドニア公は五隻の軍艦でなんとかイングランド艦隊の前に立ちはだかって戦い、あとの艦船がなんらかの防御陣形を作れるように時間をかせごうとした。この再編制の指揮をとったのはたぶんレイバ前衛部隊指揮官だっ

グラヴリーヌ沖の戦い。プリマスからグラヴリーヌへ、無敵艦隊の進行。クレース・ヤンス・フィッセルによる当時の版画シリーズより。接近戦で戦われたものの、スペイン艦隊はいぜんとして防御陣形をある程度まで保っていた。従って、艦船が入り乱れて混戦になっているこの絵は想像によるものだろう。(ストラトフォード文書館)

ただろう。シドニア公とリカルデが〝決死行動〟に出た。つまり、五隻でイングランド艦隊の半分に立ち向かったのだ。シドニア公は自分の艦隊を救うために、自分の艦と僚艦四隻を進んで犠牲にしようとしたようだ。

シドニア公の旗艦サン・マルティン号は、マスケット銃の射程の半分の距離で数時間も近距離砲撃に耐えた。最初の攻撃をしかけたのはドレイクのリヴェンジ号で、もしもハワード卿がサン・ロレンソ号の攻撃に心を奪われていなかったら、この名誉はハワード卿にもたらされていたことだろう。やがて、サン・マルティン号はドレイクのリヴェンジ号と、ホーキンズのヴィクトリー号、フロビッシャーのトライアンフ号に取り囲まれ、ほかのイングランド艦船も順番を待って並んでいた。二時間の戦闘で、サン・マルティン号は二百発以上も球形弾を撃ち込まれた。船体も索具もおびただしい損傷を受け、甲板はどこも「血で洗われていた」。

年代記作家ウバルディーノはサン・マルティン号の戦いについてこう書いている。「巨大なスペインのガレオン艦は片側からジョージ・レイモンドのボナヴェンチャー号に攻撃され、同時に反対側からは、味方同士で激しく競い合うヘンリー・シーモア卿のレインボー号と、サー・ウィリアム・ウインターのヴァンガード号に砲火を浴びせられた。しかし、サン・マルティン号は生きのびて、雄々しく自分の艦隊に戻った。しかし、なんとも不運にも、恐ろしい戦いで損傷を受け、敵の砲弾が命中して穴だらけになっていたので、翌日の夜、僚艦からはぐれ、波にももまれるままになっていた。しかし、乗組員たちは救助されたと信じられている」

これはいささか誇張のしすぎである。多くの僚艦とちがって、叩かれても屈しなかった無敵艦隊旗艦サン・マルティン号はなんとか無事にスペインへ帰還したのだった。

〝決死行動〟に加わったほかの四隻も同じようにひどく叩かれたが、しだいに北へ這うようにのぼって、味方艦隊に合流した。そのころにはスペイン艦隊はなんとか司令長官の命令通りの陣形を作りあげた。午前十時には、サン・マルティン号と僚艦たちは味方陣形の輪の内側に無事におさまっていた。一方、イングランド艦隊は無敵艦隊の本体に攻撃をかけようと準備を整えていた。そうして起こった戦いは本質的には移動戦だった。スペイン艦隊は緊密な防御陣形をなんとか保ちながら、できるだけフランドル海岸のそばから離れないように努めていた。イングランド艦隊の目的は、短射程砲を使って敵陣形の両翼に攻撃を集中し、東側にある砂堆に敵艦隊を乗り上げさせることだった。

ヴァンガード号のサー・ウィリアム・ウインターによると、「スペイン艦隊は半月型の陣形に入った。司令長官と副司令長官は中央にいた……両端、つまり、両翼にはガレアス戦隊と、ポルトガル戦隊、ほかにも性能のいい艦船がついていた。片翼で総数十六隻。これは敵の主要艦と見えた」

言い換えれば、スペイン艦隊は従来の防御陣形に戻り、中央部は後衛部隊で守られ、側面は二つの強力な翼部隊で防衛されたということだ。補給戦隊は艦隊の前に位置していた。

午前十時を少し過ぎたころ、リヴェンジ号のドレイクが短距離から砲撃の火ぶたを切り、戦隊を率いて無敵艦隊の左（西）翼へ向かった。すぐにサー・ホーキンズが自分の戦隊を率いて戦闘に加わり、ドレイクの右側に位置をとった。ドレイク戦隊のうちの一隻はメアリー・ローズ号で、その艦上にいた者がこう語った。「われわれが追跡するやいなや、敵艦隊はマスケット銃の射程内に入り、戦いは激しく始まった」

年代記作家のウバルディーノによると、戦いはその朝ずっとつづき、「この攻撃ですべての艦長が名誉ある仕事をしたが、ドレッドノート号のビーストン艦長こそ一点の疑いもなく、格別な賞賛に値する」。さらにウバルディーノはつづける。「ドレイクのリヴェンジ号は、大小さまざまなカノン砲弾に何か所も撃ち抜かれた。それはまるで火縄銃隊が二つの艦隊のあらゆるところから撃ったかのような密集した弾幕で飛んできた。実際、彼の船室は二発が貫通していた」

16:00　無敵艦隊の陣形は激しい攻撃を受けて乱れてはいたが、いぜんとして無傷だった。イングランド側は弾薬が不足してきた。両艦隊は離れ、スペイン側は損傷の修理に努め、イングランド側は見守りながら待った。風が出てきて、スペイン側はフランドル海岸に戻ることはできなくなった。イングランド侵攻は阻止された。

スペイン艦隊
Ⓐ　再編制
Ⓑ　メディナ・シドニア公
Ⓒ　サン・ロレンソ号
Ⓓ　リカルデ
Ⓔ　デ・レイバ
Ⓕ　輸送船
Ⓖ　フランドル軍

イングランド艦隊
1　ハワード卿
2　ドレイク
3　シーモア卿
4　ネーデルラント戦隊

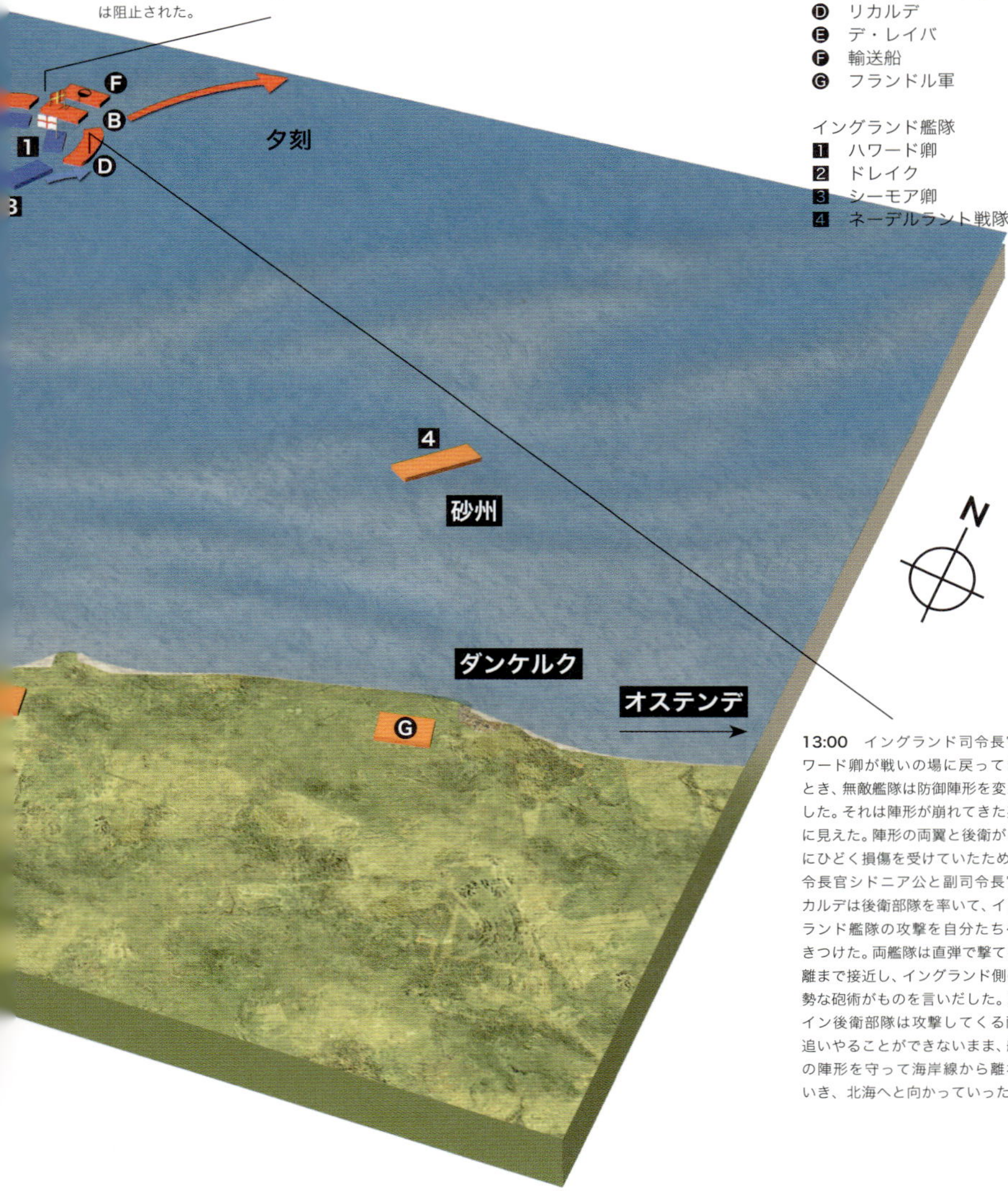

13:00　イングランド司令長官ハワード卿が戦いの場に戻ってきたとき、無敵艦隊は防御陣形を変えだした。それは陣形が崩れてきた兆しに見えた。陣形の両翼と後衛がとくにひどく損傷を受けていたため、司令長官シドニア公と副司令長官リカルデは後衛部隊を率いて、イングランド艦隊の攻撃を自分たちへ引きつけた。両艦隊は直弾で撃てる距離まで接近し、イングランド側の優勢な砲術がものを言いだした。スペイン後衛部隊は攻撃してくる敵を追いやることができないまま、艦隊の陣形を守って海岸線から離れていき、北海へと向かっていった。

10:30　全体的な混戦がつづき、スペイン・ガレアス戦隊旗艦サン・ロレンソ号を攻撃していた離脱艦船がイングランド艦隊に戻ってきて、艦隊は増強された。その中にはシーモア卿の海峡戦隊もいた。この新来者たちは、ゆっくりと北北東へ進む敵陣形の右翼を攻撃した。両艦隊は移動しながら、接近して戦いつづけた。

07:30　スペイン艦隊司令長官シドニア公の旗艦サン・マルティン号と４隻のガレオン艦はばらばらになっている味方艦隊とイングランド艦隊のあいだに入った。この５隻は後衛の戦いを２時間つづけて、スペイン艦隊がふたたび防御陣形を作る時間をかせいだ。５隻はひどく損傷したが、味方艦隊を再集結させることができた。

10:00　リヴェンジ号座乗のサー・フランシス・ドレイクは、無敵艦隊の陣形へ接近戦をかける先陣を切り、陣形の西端を攻撃した。ジョン・ホーキンズが２番手の戦隊を率い、マーティン・フロビッシャーが３番手を率いた。敵味方共にすぐさま〝マスケット銃の射程内〟で砲火を交わし合った。

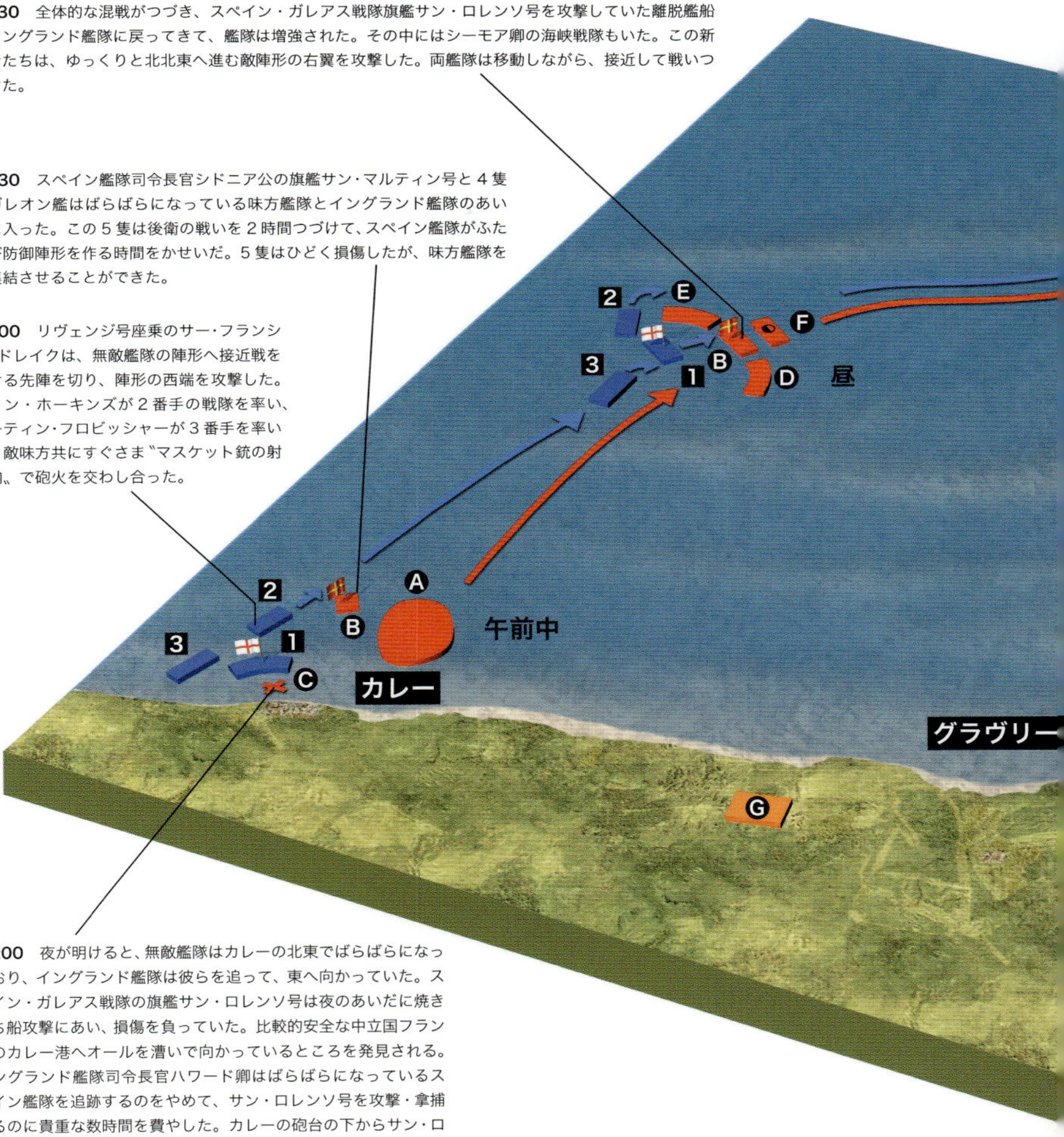

07:00　夜が明けると、無敵艦隊はカレーの北東でばらばらになっており、イングランド艦隊は彼らを追って、東へ向かっていた。スペイン・ガレアス戦隊の旗艦サン・ロレンソ号は夜のあいだに焼き打ち船攻撃にあい、損傷を負っていた。比較的安全な中立国フランスのカレー港へオールを漕いで向かっているところを発見される。イングランド艦隊司令長官ハワード卿はばらばらになっているスペイン艦隊を追跡するのをやめて、サン・ロレンソ号を攻撃・拿捕するのに貴重な数時間を費やした。カレーの砲台の下からサン・ロレンソ号がイングランドに拿捕されるのをフランス側は阻止した。

グラヴリーヌ沖の海戦　1588年8月8日
（接近戦による最終決戦）

フランドル海岸（南）から見た図。この決戦は移動戦という形をとり、フランドル堆の北側にあるカレー錨地から北海へと向かっていった。２つの艦隊の各戦隊の関係位置からして、どの段階でも一触即発の状態だったことがわかる。風は順転して午後までに西南西に変わった。

このグラヴリーヌ沖の戦いは、アルマダ海戦の全作戦の中で両艦隊がもっとも接近し合った戦いだった。

ドレイク船隊とホーキンズ戦隊の背後で、もっと東寄りの位置にフロビッシャー戦隊がついた。三つの戦隊とも近距離で砲撃を開始し、スペインの艦船は相手にしているイングランド艦船へしじゅう斬り込もうとしていた。イングランドの小型艦船は、なんとか敵に近寄りすぎないようにした。ふたたび戦いはマスケット銃の射程内で行なわれ、優勢なイングランドの砲術はその効果を最大限まであげることができた。戦いの局面はくるくる変わって、全体が混戦に見えた。しかし、それは幻想だった。というのも、イングランドの攻撃はスペインの個々の艦船には大きな損傷を与えたが、戦闘陣形全体

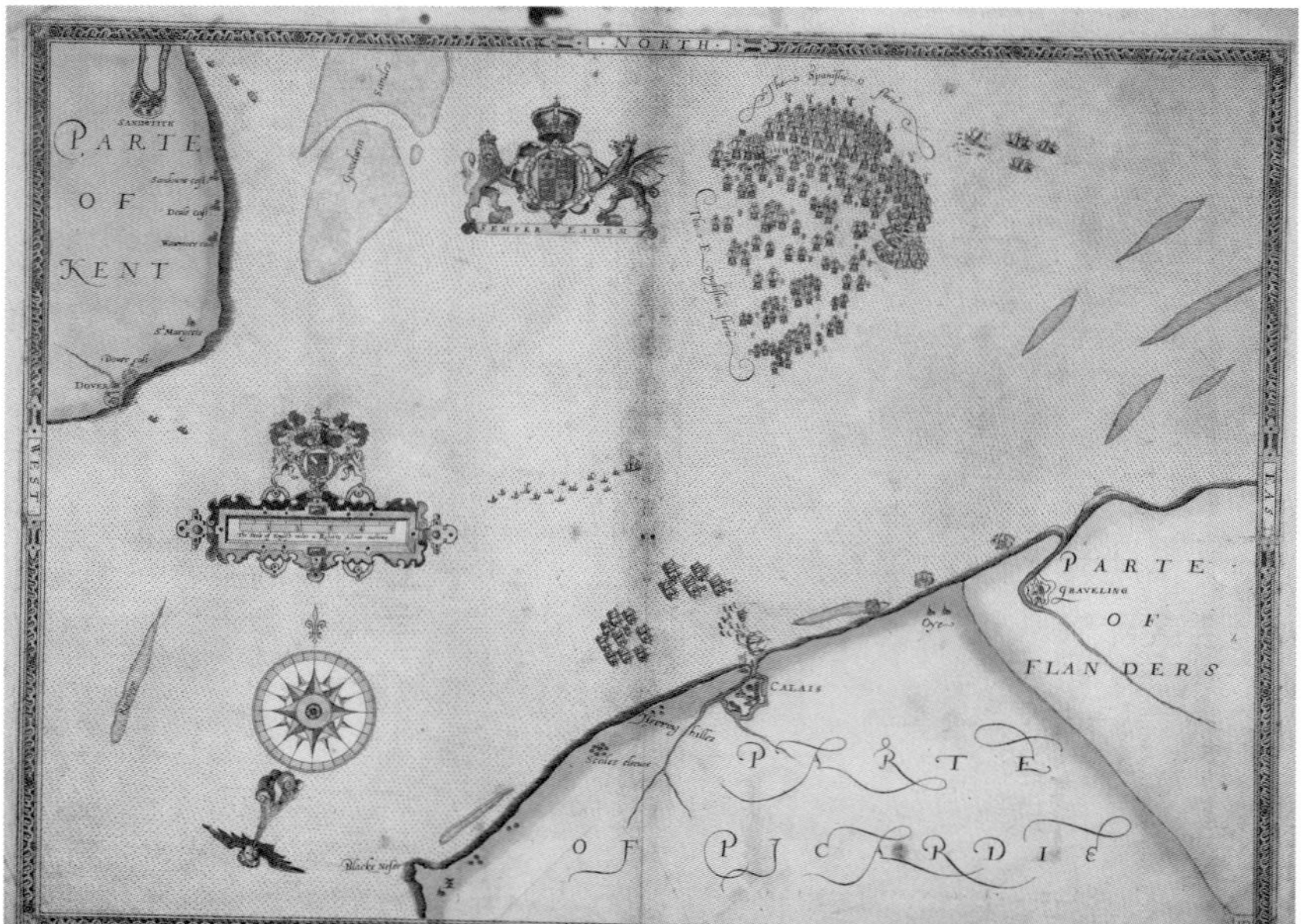

1588 年 8 月 8 日、グラヴリーヌ沖の海戦。ロバート・アダムズによる戦術図シリーズの最後の 1 枚。アダムズの『1588 年のスペインによるイングランド遠征』より。イングランド艦隊の一部がスペイン艦隊を追っているが、ほかの艦船は、カレー沖で身動きのつかないガレオン艦サン・ロレンソ号を攻撃している。（国立海事博物館、グリニッジ、ロンドン）

はほとんど無傷のままだったからだ。

午前の終わりごろ、イングランド艦隊は、カレー沖でサン・ロレンソ号を攻撃していた離脱組が戻ってきて、増強された。シーモア卿はこれらの艦船を率いて、無敵艦隊の陣形のまだ戦っていない右（東）翼に攻撃をしかけた。従って、正午までには陣形のすべてが戦いに加わっていた。ウィリアム・ウインターの報告によると、左翼へは百二十発の砲弾が放たれ、その砲火で左翼は混乱しながら中央部へ押し寄せていき、プリマス沖の海戦で見られた光景を繰り返した。四隻が衝突し合って、ひどい損傷を負ったという。

イングランド艦隊司令長官ハワード卿が午後一時ごろ、艦隊に合流したとき、無敵艦隊の陣形は分裂しはじめていた。ハワード卿は後衛部隊を攻撃しにかかった。

目撃者によると、「わが司令長官は艦隊を率いて、スペイン艦隊に接近し、新たな攻撃にかかった」という。

スペイン側の損傷と死傷者はもっとも強い艦群

グラヴリーヌ沖の海戦。色彩豊かだが、全体としては不正確である。戦いはしばしば決戦へともちこまれたが、両艦隊ともこのアルマダ海戦中、一度も白兵戦になることはなかった。『スペイン無敵艦隊の敗北』18世紀末の油彩画。フィリップ・ジャック・ド・ルーテルブール作。（国立海事博物館、グリニッジ、ロンドン）

グラヴリーヌ沖のサン・マルティン号。８月８日夜が明けると、スペイン艦隊は夜のあいだにしかけられた焼き打ち船攻撃で陣形を崩し、すっかり無防備になっていた。イングランド艦隊は接近して、攻撃をかけた。スペイン艦隊司令長官シドニア公の旗艦サン・マルティン号は２つの艦隊のあいだに入り、ほかの４隻のガレオン艦を周囲に集めた。この５隻のガレオン艦はイングランド艦隊の２時間にわたる攻撃に耐え、味方艦隊が再集結して防御陣形を作る時間をかせいだ。スペイン側には幸いなことだったが、イングランド艦隊の半数の艦船は、カレー沖で損傷を負ったガレアス艦サン・ロレンソ号を拿捕しようと懸命になっていた。サン・マルティン号は結局、なんとか艦隊に戻った。船体には200個以上も穴があき、どの甲板も血が洗っていたという。

に集中していた。先駆隊や後衛部隊を構成していたガレオン艦やナオ艦だ。目撃者によると、戦いが終わるころには、これらの艦は弾薬が足りなくなって、イングランド側の弾幕に応戦できたのは小火器だけだったという。

難破した無敵艦隊から引き揚げた遺物は別のことを物語っている。スペインの大砲は再装填するのが遅く、しかも、再装填しようとすると、人員構成を乱してしまう。大型砲一門につき砲手長が一人ずつつき、さらに六人の兵士が補佐した。いったん大砲が発射されると、兵士たちは自分の通常の任務に戻る。斬り込み戦にそなえて待機するのだ。

再装塡するためには、兵士たちは武器を片脇に置いて、人力ではひどく動きにくい二輪の砲車を操作する。熟練者でもカルヴァリン砲に再装塡するには十五分ぐらいかかっただろう。同じ大きさの大砲を同じ人数で操作した場合、イングランドの四輪の砲車は二度か三度、発射できた。そうした反面、スペインの難破船からの遺物が示唆しているように、軽砲や旋回砲（ベルソ）など短射程の火器の弾薬はほとんど使い尽くしていた。つまり、大砲が小さいほど、よく使われたらしい。

このことは、グラヴリーヌ沖の海戦が非常に近距離で行なわれたというイングランド側の証言を裏付けている。

サー・ウィリアム・ウインターはこう述べた。「火器を発射できるぎりぎりまで離れていたときでも、敵の火縄銃の銃弾は届いており、たがいに撃ち合える距離内に何度も入った」

スペイン艦隊の左（西）翼にいたガレオン戦隊の一隻はサン・フェリペ号で、指揮官のドン・フランシスコ・トレドがイングランド艦に斬り込もうとしたとき、イングランド艦はスペイン兵が甲板へ銃弾を撃ち込めるほど近くにいた。しかし、くるりとイングランド艦はそれていった。

年代記作家ウバルディーノによると、「イングランド指揮官シーモア卿とウインターは、最上の獲物の中から二隻のガレオン艦——サン・マテオ号とサン・フェリペ号へみごとな砲撃をくらわした。二隻はフランドルの海岸のほうへ後退せざるをえなかった。さんざんに打ちのめされて、乗組員は死に、船体はどこもかしこも水漏れがしていたからだ」

シドニア公は残っている味方艦船を見つけられるかぎり見つけてかき集め、新たな後衛部隊を作った。おそらく指揮したのはラ・ラタ・サンタ・マリア・エンコロナダ号座乗のレイバと、損傷の激しいサン・ファン・デ・ポルトガル号座乗のリカルデだっただろう。シドニア公の目的は、破壊の激しい艦船を守って、北東へ連れていくことだった。シドニア公のサン・マルティン号は別として、ポルトガル戦隊の三隻のガレオン艦——サン・マテオ号とサン・フェリペ号、サン・ルイス号は艦隊中でもっとも破損がひどかった。

あるスペイン人の語ったところによると、「サン・ファン・デ・シシリア号はイングランド側の砲撃ですさまじい被害を受けたため、船底や船首から船尾まで多くの弾痕を修理しなければならなかった」。サン・サルバドル号に乗っていたスペイン人はこう報告した。「敵イングランドは、われらがガレオン艦サン・マテオ号とサン・フェリペ号に甚大な被害を与え、サン・フェリペ号は右舷の大砲五門と艦尾楼の巨砲一門を使用不能にされた」

午後遅くまでにスペイン艦隊の陣形から二隻が落伍せざるをえなくなり、南東のフランドル堆へ流されていった。夜のあいだにその二隻はフランドル海岸近くで座礁し、ネーデルラント沿岸戦隊につかまった。ウバルディーノは言う。「二隻はゼーラント地方人たちに占拠され、略奪されて、フリッシンゲンへ運ばれた。捕まった生存者たちも一緒で、捕虜の中でもっとも重要な人物はスペインでは高名なドン・ディエゴ・ピメンテルだった」

その日のうちにもう一隻、スペイン艦が失われた。ビスケー湾戦隊のナオ艦ラ・マリア・ファン号で、数隻のイングランド艦から集中砲火を浴びて、沈没した。降伏交渉がされているあいだに沈んでしまい、逃げだせたのは一隻のボートに乗りこんだ男たちだけだった。

ウバルディーノは別の戦いについても述べている。「メアリー・ローズ号のフェントン艦長はスペインのガレオン艦と遭遇した。片方は東から、もう片方は西から来て、非常に接近したので、砲員たちは確実に狙いを定めて、敵ガレオン艦の舷側に砲弾を貫通させた。フェントン艦長と部下たちは幸運な結果を生んだその勇敢な戦いによって、もちろん賞賛された……また、ホープ号のロバート・クロス艦長もとくに賞賛を浴びた。彼は、ホープ号という名の自分の艦に乗っている男たちがホープ（希望）を持つほど、実り豊かな結果を出したのだ。ほかにも同様に自分の価値を示し、その働きによって賞賛を受けた人物は大勢いた」

午後四時ごろには、イングランド艦隊の弾薬がしだいに底をついてきて、戦いの激しさは衰えだしていた。シーモア艦隊に所属していた武装商船のリストによると、各船は大砲一門につき二十発の球形弾と、索具を切断するための数発の棒付き弾、それにブドウ弾しか積んでいなかった。サー・ウィリアム・ウインターは、自分の王室艦ヴァンガード号は五百発以上も撃ったと見積もっている。一門につき約十二発である。戦いがすでに八時間以上もつづいているのだから、それも不思議はない。

この日、スペイン艦隊はひどく撃たれて、陣形がいくらか乱れたにもかかわらず、艦隊としては無傷のままだった。イングランド艦隊はスペインの後衛部隊から後ろへ徐々に落ちていき、砲撃がやむと、両艦隊とも損傷の修理に懸命になった。弾薬の不足はハワード卿や指揮官たちにとって大きな心配の種で、イングランド本土から弾薬が運んでこられないかぎり、新たな戦いをすることは不可能だと考えられた。一方、スペインのシドニア公の側は、翌日、ふたたび戦いを始めようと意気込んでいた。パルマ公と接触するためには、それが唯一の道だからだ。彼はまた、イングランド側の弾薬が不足しているのに気づいていた。スペインの犠牲者は多く、一千人が死に、八百人が負傷したと推定された。しかし、士気はいぜんとして高かった。

無敵艦隊の運命を決めたのは風だった。その夕方早くに強い北西風が起こり、無敵艦隊をフランドル堆のほうへ押し戻しそうになった。暗闇が閉ざすと、シドニア公の助言者たちは、北東へ向かって北海の安全な海域に入るように勧めた。しかし、シドニア公は助言に従わないで朝を待つことにし、全艦船は現在位置を保つように命じた。その夜ずっと、無敵艦隊はフランドル堆にじりじりと寄っていったため、シドニア公は経験豊富な水先人たちを小型ピンネース艇で艦隊中に派遣して、艦首をできるかぎり風に立てておくように命じた。

八月九日火曜日、夜が明けると、二つの艦隊はたがいに一マイル以内のところにいた。カレーから北北東に二十五マイルほど離れた海域で、砂堆の北側だった。ふたたびスペイン艦隊旗艦サン・マルティン号は敵のいちばん近くにいて、五隻の大型ガレオン艦と生き残った三隻のガレアス艦に支援されていた。シドニア公はイングランド艦隊に面して後衛部隊を作ったが、そのころには風がほとんど完全に凪いでしまい、部下たちの士気はついに落ちだし、数人の艦長を臆病者と非難することになった。数日後、そのうちの一人が絞首刑に処せられた。

潮はいぜんとして無敵艦隊をフランドル堆のほうへ運んでいくので、イングランド艦隊は敵がどうなるか、喜んで待って、事態を見守ることにした。惨劇は避けられないと思われたまさしくそのとき、風がふたたび出た。今度は南西風だった。そのおかげで、スペイン艦隊はゆっくりと砂堆から離れることができたが、イングランド艦隊に近づくことはできなくなった。

艦隊が北東へ流されていくと、シドニア公はまた作戦会議を召集した。もしも天候が許せば、カレーに戻りたいと彼は言ったが、風が強まりつづけたら、さらに北海へ吹き送られてしまうとわかっていた。彼よりもっと経験のある海軍指揮官たちは、風と潮とイングランド艦隊と戦って、カレー沖の錨地へ戻るのはまず不可能であると考えていた。会議が終わるころまでには、故国スペインのラ・コルーニャ港に帰るためには、このまま北海に入ってイングランド諸島をまわっていくほか選択肢はないと決定されていた。

一日中、各艦船は長い帰投航海の準備をし、艦隊中でパンや水、そのほかの食糧が再分配された。艦隊の大部分はまだ無傷で、スコットランドとアイルランドをまわる長い航海を控えていたものの、まだ戦力はあり、もう一日は戦うことができた。イングランドへの侵攻作戦は一年間は先へのばさざるをえないだろう。シドニア公、ハワード卿、どちらの司令長官も知らなかったことだが、このとき大西洋で大嵐が起こっていて、イングランド艦隊の砲術が打ち破ることのできなかったスペイン無敵艦隊を、その大嵐が自然の猛威で破ることになるのだ。

第５章　戦いの余波

国へ帰る長い航海

北海から大西洋へ出てスペインに戻るというシドニア公の決断は、戦局をしっかりと把握した上でのことだった。この決断は、先任指揮官たち——ビスケー湾戦隊指揮官デ・リカルデ、参謀長フロレス・デ・バルデス、ギブスコア戦隊指揮官オケンド、前衛戦隊指揮官デ・レイバ——から支持された。カレーへ戻ることも、逆風をついて英仏海峡を西へ進むこともできないので、シドニア公にはほかにほとんど選択肢はなかった。

八月十日、シドニア公は、シェトランド諸島をまわって大西洋に入ることにした。アイルランド島の海岸沖に広い操船余地があれば、そこで南へ旋回してラ・コルーニャへ向かうことになる。シドニア公の命令は次のようだった。「最初にとるべき針路は北北東で、そのまま北緯六十一度三十分まで進む」。かなり予言めいているが、そのとき彼はこう警告した。「アイルランド島沿岸では座礁する危険があるので、充分に注意すること。海岸で損傷を受けるかもしれない。気がかりである」

この段階でスペインの〝大事業〟が失敗したことはほとんど疑いの余地はなかった。数隻が失われ、多く

大ブリテン島をまわったスペイン艦隊の航跡図。ロバート・アダムズの『1588年のスペインによるイングランド遠征』に見られる他の地図とちがって、戦術図ではない。もっと大きな戦略図で、スペイン艦隊が大ブリテン島をまわってスペインへ帰ろうとする航跡が描かれている。（国立海事博物館、グリニッジ、ロンドン）

がひどい損傷を負っていた。何隻かは、絶え間なくポンプを突いているおかげでかろうじて浮いていた。ほとんどの艦船はまた、水が不足していた。多くの水樽が敵の砲弾で破壊され、大多数の艦船ではいま水は配給制になっていた。食糧の蓄えも底を突いていた。フランドル沖で新鮮な食糧を補給するチャンスがなかったのだ。あげくに病気の問題もあった。乗組員の多くは熾烈な戦いや食糧不足のせいで消耗していたし、何百人もの人員が戦闘で負傷していた。その一方で病気になる者も増えていった――艦内の劣悪な衛生状態や、また長い船酔いのせいで病気を引き起こしてしまうのだ。

艦隊はふたたび戦いをする状態にはなかったので、シドニア公の選択肢は国に帰って捲土重来を期すことしかなかった。イングランド諸島をまわっていくのだ。それでも、士気は全体としてまだ衰えていなかった。乗組員の大半が機会さえあれば、戦いに戻りたがっていたことだろう。シドニア公のかかえているもう一つの問題は、規律だった。カレー沖で敵の焼き打ち戦攻撃にあったとき、艦隊は一つにまとまっているようにという命令は無視された。艦長たちが、艦隊全体の結束を犠牲にして、自分自身の安全を図ったからだ。シドニア公は同じような規律違反を犯させたくなかった。艦長のうち二十人が告発され、数人が――ガレオン艦サン・ペドロ号の艦長フランシスコ・デ・クエジャルのように――艦長の任を解かれ、大半がシドニア公から厳しい警告を受けて放免された。不運な一人がシドニア公の生け贄に選ばれた。シドニア公には自分の考えを強調するために処刑が必要だったのだ。不運な艦長は輸送戦隊に所属する艦長、ドン・クリストバル・デ・アビラだった。法務官のデ・アランダが命乞いをしたが、アビラ艦長は、揺れながら北海を北へと進んでいく旗艦でヤードの端に吊された。

北海を北上していくのはつらい航海だった。気温は下がり、濃い霧やスコールで艦隊のまとまりは乱された。イングランド艦隊は弾薬や食糧が不足していたが、ハワード卿は北へ進んでいくスペイン艦隊を追った。しかし、シーモア卿の海峡戦隊にはダウンズ錨地に引き返して、パルマ公が侵攻を試みたら、それを封じるようにと命じた。

八月十三日にイングランド艦隊にとって分岐点がやってきた。スペイン艦隊はイングランドの東岸に沿って北上をつづけ、一度も上陸しようとしなかった。そこで、スペイン艦隊がスコットランドのフォース湾を通過したとき、ハワード卿は配下の艦船に引き返して、イングランド北東の港に入るように命じた。彼はこう嘆いた。「もしも不足している弾薬や食糧が補給さえされれば、敵がどんな遠くへ行こうとも追跡できただろうに」

ハワード卿としてはスペイン艦隊が戻ってくると確信していたわけではなく、ただ補給品が尽きて、これ以上洋上にいることができなかったのだ。

スペイン艦隊の大半の艦船はまとまっていて、強い北西風に逆らって進もうとしていた。風は数日のあいだ順転をつづけ、しまいに南東から吹いてきた。

八月二十日、シドニア公の旗艦と艦隊の一部はオークニー諸島とシェトランド諸島のあいだを抜けて、大西洋に入った。そのころには風は北東に変わっていた。アイルランドの北の海岸を過ぎて、南のスペインに向かうには理想的な追い風だった。その翌日、シドニア公は、艦隊の航行状況を知らせる書状を持たせて、ピンネース艇を一隻、先に行かせた。ほかの艦船はそれほど幸運ではなかった。北海の突風が強風に変わったため、こちらの艦船ははるか東のノルウェー海岸や遠い北のフェロー諸島まで吹き送られた。大西洋に入ると、大半の艦船がシェトランド諸島の南端のフェア島から西南西に針路をとったが、帆走性能の悪いハルク船やひどい損傷を負っている艦船はそれほど南に針路を保つことはできず、もっと北へ向かわざるをえなかった。

航海計画は次のようだった。大西洋に入ったあと、艦隊は東南東に針路を変えて、北緯五十八度まで下る。アウターヘブリディース諸島のロックオール島を越えたあたりだ。そこで南西に変針して、北緯五十三度まで進む。アイスランドの南側で、アイルランドの西岸から充分に距離をとった大西洋の真ん中だ。そこからは南東に針路をとって、スペインへ戻る。当然、経度は知ることができない。航海長にはアイルランドから実際にはどれだけ離れているか、確実に知る方法はない。緯度の算出も、アストロラーベが正確に使える晴天を頼みとしている。艦隊の正確な現在位置がわからなければ、安全な楽園へも危険な地獄へもやすやすと入ってしまいかねない。

八月二十四日には風は強まって、南へ順転していた。スペインのある士官はこう述懐している。「二十四日から九月四日まで、われわれは絶え間ない嵐と、霧と、突風を突いて、どこに向かっているかわからないままに進んでいた」

悪天候のために艦隊は少しばらばらになり、イングランドの砲術でひどく破壊された艦船では、その損傷が船体や板の合わせ目に負担をかけていた。合わせ目が開いていくにつれて、浸水が始まり、七百五十トンのハルク船ラ・バルカ・デ・アンブルゴ号は沈没直前に、乗組員をラ・トリニダド・バレンセラ号とエル・グラン・グリフォン号に移した。バレンセラ号にしてもグラヴリーヌ沖の海戦で大きな損傷を受けており、惨憺たる状態だった。艦を浮かしておくためには、乗組員たちが休みなくポンプを突いていなければならず、彼らはどんどん疲労困憊していった。

これ以上、板張りの合わせ目が開くのを避けるためには、ただ風が運ぶ方向へ走るしかなかった。九月三日、シドニア公は日誌にこう書いた。「すぐに艦隊が港へ入れるように、好天を恵んでくだされと、わたしは神の慈悲を乞うて祈っている。食糧がひどく欠乏しているので、もしも自らの何かの罪のせいで航海が長引くことがあれば、すべての艦船が失われて、取り返しのつかないことになるからだ。いま病人の数はきわめて多く、大勢が死んだ」

国王宛てに送った手紙で、シドニア公は戦死者のリストに加えて、病人と負傷者はおよそ三千人にのぼると告げている。また配下の艦船についても書いている。「最初に艦隊から帰された四隻のガレー船を除いて、百二十六隻のうちまだ百十二隻がおり、従って作戦は失敗に終わりましたが、惨事でなかったことは確かであります」

九月の二週目までにシドニア公はアイルランドの西のどこかに来ていた。ほかの艦船は数百マイル北でちりぢりになっていた。風向きはほとんど毎日のように変わり、自分たちの位置を推定する機会もなく、ほとんどの艦船が自分の現在位置を正確に知らなかった。九月十二日に新たな嵐が近づいてきて、海はますます荒れてきた。この新たな強風は南から襲ってきて、艦隊をさらに離散させた。シドニア公と艦隊の主体は六十隻ほどの艦船と一緒に九月十四日、アイルランドの南端を通過したが、あとの艦船はまだアイルランドの沖合のどこかにいた。

浸水するか、沈みかけている艦船が一隻また一隻とあきらめて、アイルランドの海岸へ向かっていき、どこかに避難場所を見つけようとした。最初の艦はレバント戦隊のラ・トリニダド・バレンセラ号で、ドニゴール州のキナゴー湾で座礁した。二日後にバレンセラ号は大破したが、乗組員の大半はなんとか海岸にたどり着き、そこでアイルランド人によってなぶり者にされた。生き残った者たちは内陸に入っていったが、イングランドのパトロール隊に見つかり、結局、降伏させられた。当然、持ち物や金、服すらも奪われた。そのあと、先任士官を除いて全員が虐殺された。イングランド側はアイルランドのカトリック教徒たちに反乱が起こる恐れがあることを充分にわかっていて、そういう危険の芽を放置しなかったのだ。

アイルランド北部のアルスター地方から南西部のケリー州にかけて、海岸で難破して助かった者たちにも同様の運命が降りかかった。レバント戦隊の三隻の艦――ラ・ラビア号と、ラ・フリアナ号、サンタ・マリア・デ・ビソン号は、スライゴーの北に広がるストリーダ河口の沖に錨を入れた。三隻は風でドニゴール湾に閉じこめられ、外洋に戻ることができなかった。数日後、強い西風に叩かれて、海岸へ流されていった。

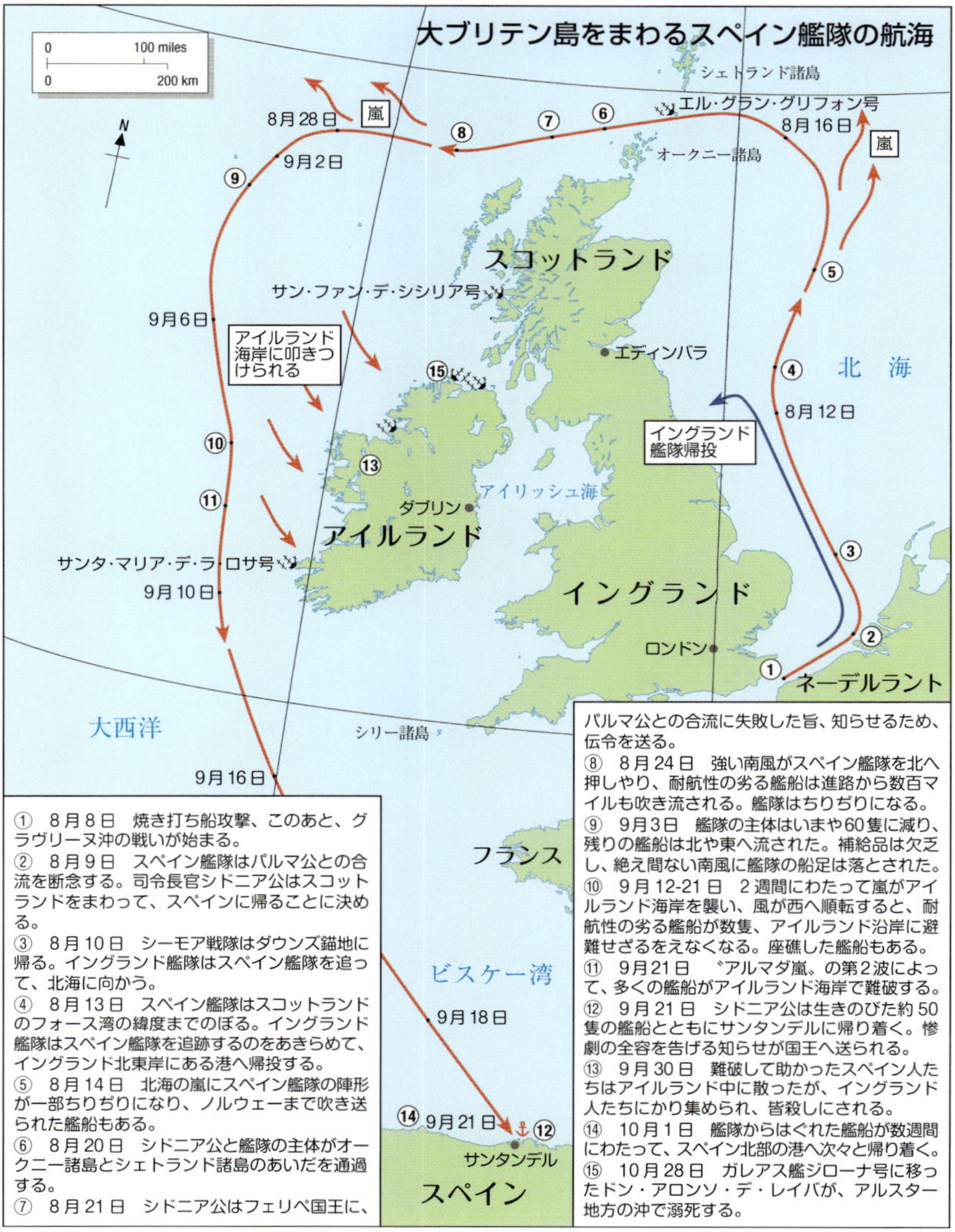

① 8月8日　焼き打ち船攻撃、このあと、グラヴリーヌ沖の戦いが始まる。
② 8月9日　スペイン艦隊はパルマ公との合流を断念する。司令長官シドニア公はスコットランドをまわって、スペインに帰ることに決める。
③ 8月10日　シーモア戦隊はダウンズ錨地に帰る。イングランド艦隊はスペイン艦隊を追って、北海に向かう。
④ 8月13日　スペイン艦隊はスコットランドのフォース湾の緯度までのぼる。イングランド艦隊はスペイン艦隊を追跡するのをあきらめて、イングランド北東岸にある港へ帰投する。
⑤ 8月14日　北海の嵐にスペイン艦隊の陣形が一部ちりぢりになり、ノルウェーまで吹き送られた艦船もある。
⑥ 8月20日　シドニア公と艦隊の主体がオークニー諸島とシェトランド諸島のあいだを通過する。
⑦ 8月21日　シドニア公はフェリペ国王に、パルマ公との合流に失敗した旨、知らせるため、伝令を送る。
⑧ 8月24日　強い南風がスペイン艦隊を北へ押しやり、耐航性の劣る艦船は進路から数百マイルも吹き流される。艦隊はちりぢりになる。
⑨ 9月3日　艦隊の主体はいまや60隻に減り、残りの艦船は北や東へ流された。補給品は欠乏し、絶え間ない南風に艦隊の船足は落とされた。
⑩ 9月12-21日　2週間にわたって嵐がアイルランド海岸を襲い、風が西へ順転すると、耐航性の劣る艦船が数隻、アイルランド沿岸に避難せざるをえなくなる。座礁した艦船もある。
⑪ 9月21日　〝アルマダ嵐〟の第2波によって、多くの艦船がアイルランド海岸で難破する。
⑫ 9月21日　シドニア公は生きのびた約50隻の艦船とともにサンタンデルに帰り着く。惨劇の全容を告げる知らせが国王へ送られる。
⑬ 9月30日　難破して助かったスペイン人たちはアイルランド中に散ったが、イングランド人たちにかり集められ、皆殺しにされる。
⑭ 10月1日　艦隊からはぐれた艦船が数週間にわたって、スペイン北部の港へ次々と帰り着く。
⑮ 10月28日　ガレアス艦ジローナ号に移ったドン・アロンソ・デ・レイバが、アルスター地方の沖で溺死する。

サン・ペドロ号の元艦長フランシスコ・デ・クエジャルは命令違反の罪でこのときはラ・ラビア号で虜囚の身となっていたが、この苦難を生きのびて、次のように物語ることができた。「錨索が艦を押さえてくれず、帆も助けてはくれず、われわれを乗せた三隻はすべて海岸に押し上げられた。海岸の片側は実に細かい砂で、もう片側は大きな岩でおおわれていた。あんな光景を一度も見たことがない。一時間のあいだに三隻はすべて木っ端みじんになった。逃げられなかった者は三百人にのぼり、一千人以上が溺れ死に、その中には重要人物が大勢いた――艦長、貴族、役人も」

スライゴーの北十マイルにあるストリーダ河口の水辺には六百以上の死体が打ちあげられた。

助かった者たちは、イングランド兵と彼らの率いるアイルランド人部隊によって身ぐるみ剝がされたうえ、殺された。ほんのひと握りの乗組員たちが奥地へ逃れ、その大半が捕まって、処刑された。

ふたたび、クエジャル元艦長の語った経緯によると――浜辺には敵の兵士たちとアイルランド人部隊員が並んでいた。「われわれの仲間の一人が浜辺に一歩足を踏み入れると、二百人もの野蛮な敵たちが襲いかかって、衣服を引き剝がし、丸裸にしてしまった。その一部始終が大破した艦の上からはっきりと見えたのだ」

クエジャル元艦長は砂丘の上をできるだけ遠くまで逃げた。裸のスペイン人士官が一人一緒だった。そこから彼はアイルランドの比較的安全な内陸へなんとかたどり着き、ついにはスペインに帰り着いたのだ。

アイルランドでイングランド兵が残虐だったのは、この地の指揮官であるコナハト総督サー・リチャード・ギンガムの方針のためだった。難破船はアイルランドに大きな混乱を引き起こし、多くの人々は――ギンガム総督も含めて――海岸にスペイン人が現われたのはスペイン軍が侵攻してくる前触れだと疑ったのだ。その結果、彼はこう命じた。「見つけたスペイン人は逮捕し、処刑すべし。どんなに位の高い人間でもだ。尋問をする際には拷問してもよろしい」

こうした残虐な方針をとったのは、イングランド人が必要以上に残酷だったからではなく、恐れた結果だった。恐ろしいのは、スペイン人たちが一般のカトリック教徒をけしかけて、アイルランドで反乱を起こさせることだった。アイルランドに駐屯するイングランド部隊は弱小だったのだ。

沈没したハルク船アンブルゴ号の生存者を乗せていたエル・グラン・グリフォン号は、九月四日にバレンセラ号とはぐれてしまった。バレンセラ号と同じくグリフォン号も破損が激しく、海水が浸入していた。三日後にグリフォン号は強風で東へ流されたが、アイルランドの海岸を避けようと、なんとか北へ這うようにのぼっていった。

九月二十七日、グリフォン号はアイルランドではなく、シェトランド諸島フェア島の海岸へ押しやられ、島の南東の角の岩壁に叩きつけられて木っ端みじんになった。乗組員の大半はフォア・マストによじのぼって、岩壁のてっぺんへ必死で登り、命を失ったのは奇跡的にも七人だけだった。生存者たちは島の住民にかくまわれたが、救出される前に五十人が病気で死んだ。結局、生存者は

スペインのガレオン艦とオランダの軍艦の戦い。スペイン人画家の作（作者名不明）17 世紀初め。（海軍博物館、マドリード

アムステルダム号の難破、油彩画。コーネリス・クレース・ファン・キエリンゲン作。何百人も乗せた木造帆船が岩山に引き裂かれて難破する恐怖をとらえた迫力ある場面。スペイン艦隊の艦船がたどった運命である。その中にはジローナ号やエル・グラン・グリフォン号も含まれる。（国立海事博物館、グリニッジ、ロンドン）

中立国スコットランドの首都エディンバラに連れていかれ、そこから大多数がスペインに送還された。

この九月二十一日から二十五日の新たな強風は浸水していた多くの艦船にとどめを刺した。サンタ・マリア・デ・ラ・ロサ号はケリー州沖で沈没し、エル・グラン・グリフォン号はコナハト地方沖で座礁した。サン・ファン・デ・ポルトガル号はブラスケット湾に避難して強風をかわしていたが、同号に乗っていたある貴族がこの二隻のうち最初のロサ号が沈没するのを目撃した。「ファン・マルティネス指揮官の旗艦が、われわれの乗るポルトガル号のほうに漂流してきて、錨を下ろし、錨索をもう一本とったが、ポルトガル号のランタンや、ミズン・マストの滑車装置と索具を破壊して、なんとか停まった。正午ごろに、マルティン・デ・ビジャフランカ艦長のロサ号が別の入り口から湾に入ってきた。ロサ号のほうがわれわれのポルトガル号より北東側で陸地に近かった。ロサ号は入ってくるとき、大砲を一発放った。まるで助けを求めるように。さらにもう一発放った。ロサ号の帆はフォアスルを除いて、すべてずたずただった。錨を一つ入れた、ほかにはなかったからだ。南東から潮が入ってきて、艦尾を叩くなかで、ロサ号は二時までそこにとどまっていた。それから潮が弱まって変わると、ロサ号はポルトガル号の二本の錨索を引きずりだし、われわれと一緒になっていた。だが、やがて、どんどん流されていき、なんとかフォアスルを上げようとするのが一瞬だが見えた。それから、ロサ号は乗組員全員を乗せたまま、沈没した。誰一人として助かった者はいなかった――まったく尋常ではないほど恐ろしい出来事だった」

もっとひどい悲劇は前衛部隊指揮官ドン・アロンソ・デ・レイバの死だった。レイバの旗艦ラ・ラタ・サンタ・マリア・エンコロナダ号は、九月二十一日にメイヨー州のブラックソッド湾で座礁した。レイバは助かり、乗組員たちをドゥケサ・サンタ・アナ号に移した。レイバはアナ号で海へ出たが、また強風がこの二番目のアナ号をドニゴールの海岸へ押し上げた。レイバと生存者たちは陸地に上がると、ドニゴール湾に沿ってキリベグまで行った。キリベグで彼はガレアス艦ラ・ジローナ号を見つけた。ジローナ号の指揮官はそれから三週間かけてジローナ号の修理をし、修理が終わると、北へ進みつづけてアルスター地方をまわり、スコットランドの中立の港へ入ることにした。ジローナ号には一千三百人がぎゅう詰めになっていた。もともとの乗組員に二隻の難破船から生存者たちが乗り移っていたからだ。十月二十八日、ジローナ号はアルスター地方のダンルース沖で大波と戦って舵を破壊された。北からの強風と巨浪に襲われ、ジローナ号はなすすべなくラカダ岬に、四百フィートもある絶壁の根方の岩盤に激突した。ひと握りの乗組員を除いて全員が死んだ、レイバも含めて。

九月二十一日から最初の艦船がスペイン北部の港にたどり着きはじめ、惨劇の知らせが国王フェリペ二世のもとに届けられた。乗組員たちのほとんどが悪化した壊血病と栄養失調に苦しみ、一方、無敵艦隊司令長官メディナ・シドニア公は任を解かれて自分の領地に引退した。副司令長官ファン・マルティネス・デ・リカルデはビルバオに生還したが、わずか数週間後に修道院の病院で逝去した。艦船が損失したという知らせが重なっていくうちに、この惨劇の全容が明らかになった。全艦船のうち、スペインに帰還したのは六十五隻、つまり、少なくとも四十五隻が失われたことになる。その中にはスペイン艦隊でもっとも優れた、もっとも大きな二十七隻が含まれていた。フェリペ二世はこの損失に衝撃を受け、とくに寵臣のドン・アロンソ・デ・レイバの死に打ちのめされた。十一月初めには自らの死を願い、いつもは揺るぎない信仰も危機に見舞われたという。

　イングランドの宣伝者たちは上機嫌で英仏海峡における海戦の勝利と九月の嵐を結びつけて、神がプロテスタント主義に賛成しておられる証

16世紀末のアイルランド人戦士たち。アイルランドの海岸で難破した大勢のスペイン人たちが出会った〝残虐な者〟たち。土地の族長たちはスペイン人生存者たちをイングランド人に売るか、あるいは引き渡した。（アッシュモリン博物館、オックスフォード）

アイルランドの北西地方の再現図。バプティスタ・ボアシオ作。スライゴー州の海岸線を示しており、3隻のスペイン艦――ラ・フリアナ号、ラ・ラビア号、サンタ・マリア・デ・ピソン号――の遭難位置を記している。この3隻はすべてレバント戦隊所属。ストリーダ河口沖で難破。（国立海事博物館、グリニッジ、ロンドン）

スペイン人船乗りの使ったアストロラーベ、16世紀末。アイルランドの南西の角にあるヴァレンシア島で発見されたもの。ブラックソッド湾で難破したスペイン艦のものであることはほぼ確実である――たぶん、サンタ・マリア・デ・ラ・ロサ号だろう。アストロラーベは、太陽の高度を測って、観測者のいる場所の緯度を出すために使われた。（国立海事博物館、グリニッジ、ロンドン）

拠だとした。イングランド艦隊は艦船を一隻も失っておらず、受けた損傷も比較的小さかった。エリザベス一世は宗教改革の擁護者と見なされ、アルマダ海戦の余波の中で、さらにスペイン本土と帰国する財宝輸送船団を攻撃することを承認した。一方、フェリペ二世は艦船や武器、人員の補充を命じて、国民たちを駆り立てた。王の顧問官の一人はこう言った。「重要なのはわれわれが絶大な勇気を示して、始めたことを終わらせることだ」

惨劇だったにもかかわらず、戦争はさらにつづくことになる。

戦争続行

エリザベス女王は一五八九年四月に、ドレイクとサー・ジョン・ノリスに百二十六隻の艦船と二万一千人の人員を任せて、スペイン北部のサンタンデル港へ派遣した。この〝逆アルマダ作戦〟の目的は残っているスペイン艦隊を破壊することだった。ドレイクとノリスはサンセバスティアン港もサンタンデル港もあまりにも危険すぎて、攻撃することができず、ラ・コルーニャに軍隊を上陸させて、港を略奪した。それからリスボンへ行き、そこでテグス川に錨泊していた艦船を襲撃し、六十隻のドイツ艦船を捕獲した。結局、外交問題になるのを避けるため、ドイツ艦船は返還しなければならなかった。イングランド部隊は上陸したが、リスボンを占拠することはできなかった。そこで、また艦隊に乗りこんで、北へ進み、ビゴの港を攻撃して略奪し、それからアゾレス諸島へ向かった。

目的は年に一度戻ってくるスペイン財宝輸送船団を待ち伏せすることだったが、イングランド側は見逃してしまい、そのまま帰国した。ドレイクの艦船は腐れが来ており、乗組員たちは半数が病気のために死にかけていた。女王は、ドレイクが敵艦船を攻撃するより略奪を優先させたとして、個人的に厳しく叱責し、そ

ジローナ号の遭難。スペイン艦隊の多くをちりぢりにさせた嵐のあと、ガレアス艦ジローナ号はドニゴール湾のキリベグに入った。そこで10月の大半を費やして、損傷した船体の修理をし、ほかの2隻の生存者たちを引き受けた。10月26日、1300人以上を乗せてぎゅう詰めのジローナ号は出帆した。先任士官はドン・アロンソ・レイバで、彼は損傷した艦でスペインまで航海する危険を冒すより、中立国のスコットランドに向かうと決断した。ジローナ号はアントリム州のダンルース沖で舵が壊れ、ラカダ岬に叩きつけられた。生き残ったのは5人のみ。フェリペ国王は艦隊の多くの艦船が失われたことよりレイバの死を悲しんだという。難破船は1968年にロバート・ステニット博士によって発見され、回収された遺物は現在すべてベルファストのアルスター博物館に帰属している。（ハワード・ジェラード画）

の後五年間、元英雄は不名誉のうちにプリマスで日々を送った。

そのあと、サー・リチャード・グレンヴィルとカンバーランド伯爵ジョージ・クリフォードの指揮する戦隊がアゾレス諸島を襲撃し、それからイベリア半島の海岸沖でスペインの財宝輸送船団を遮断した。

一五九一年の四月には、トマス・ハワード卿がスペインへ帰る財宝輸送船団をアゾレス諸島沖で捕捉するため、チューダー朝大戦隊を率いて出動した。その間、カンバーランド伯爵はスペイン海岸沖を巡航していた。トマス・ハワード卿率いる戦隊は三か月間も、アゾレス諸島のまわりを巡っていたが、輸送船団は見つからなかった。逆に、アゾレス諸島で財宝輸送船団と合流するために派遣された敵艦隊に捕まった。この艦隊は五十隻以上もの艦船で編制されていて、ハワード戦隊よりはるかに優勢だった。スペイン艦隊の指揮官はドン・アルフォンソ・デ・バサンで、彼はイングランド戦隊を奇襲することに決め、フローレス島を盾にして、密かにハワード戦隊にしのびよったのだった。

一五九一年八月三十日、アゾレス諸島フローレス島の沖合いで、リヴェンジ号はトマス・ハワード卿率いるイングランド戦隊の一部とともに一時停船した。リヴェンジ号を指揮しているのは熟練艦長サー・リチャード・グレンヴィルで、この五百トンのガレオン艦には約二百五十人が乗り組んでいた。夜が明けると、三十隻以上の艦船で構成されたスペイン艦隊が近づいてくるのが見えた。大多数は大型のガレオン艦だった。ハワード戦隊は一隻を除いてすべて北へ逃げたが、グレンヴィルのリヴェンジ号は大勢の乗組員が島に上陸中だったため、逃げ遅れた。グレンヴィルは逃げることもできず、逃げたくもなく、リヴェンジ号を敵艦隊

無敵艦隊の敗北――ティルベリーでのエリザベス一世。板に描いた油彩画。作はイングランド人画家（名前は不明）17世紀初め。スペイン無敵艦隊が敗北したあと、ティルベリーで陸軍部隊を閲兵したエリザベス一世。背景に燃えているスペイン艦船が見える。（セント・フェイス教会、ゲイウッド、キングス・リンの近く、ノーフォーク）

へ向けるように命令した。グレンヴィルは強力なスペイン・カスティリャ戦隊の真ん中へ突き進んでいき、進みながら、両舷で繰り返し斉射した。リヴェンジ号は敵の陣形を破って通り抜け、北へ向かった。スペイン・ガレオン艦数隻が追ってきた。

スペイン・ガレオン艦サン・フェリペ号がリヴェンジ号の右舷側を追い越して、風をふさいだ。フェリペ号はなんとかリヴェンジ号に斬り込んでこようとしたので、グレンヴィルは片舷斉射を放ち、フェリペ号を航行不能にさせた。同号は後方へ落ちていった。しかし、フェリペ号との戦いでリヴェンジ号はスピードが落ちており、サン・バルナベ号がリヴェンジ号の左舷に並んだ。二隻の艦はがっしりとロープで繋がれた。リヴェンジ号はスペイン艦が沈没するのを恐れて重砲が撃てない。スペイン艦が沈んだら、リヴェンジ号を道連れにするにちがいないからだ。スペイン艦の上甲板の砲列はリヴェンジ号のマストと帆に砲火を集中して、たとえリヴェンジ号が離れることができたとしても、逃げられないようにしている。そのあいだにも、スペインの兵士たちは艦の高さを利用して、防御するイングランド兵を上から火器や手榴弾で倒していった。いまやリヴェンジ号のぐるりを取り囲んでいるスペイン艦船の輪を、ハワード卿はなんとか突破して援護しようと数回試みたが、だめだった。グレンヴィルと乗組員は自力でなんとかしなければならない。ちょうど暗闇が降りてきたとき、スペイン・ガレオン艦サン・クリストバル号がリヴェンジ号の艦尾にぶつかってきて、スペイン兵の波がリヴェンジ号の艦尾甲板になだれこんだ。攻撃者たちはイングランド兵を切り分けて、艦首のほうへ進み、メイン・マストまで来たが、リヴェンジ号の乗組員たちが寄り集まって、スペイン兵をクリストバル号のほうへ押し戻した。この大混乱の中でグレンヴィル自身は致命傷を受けた。その間にも、イングランドの砲手たちはクリストバル号に艦尾迎撃砲で砲弾を浴びせて、喫水線下に穴を開けていった。クリストバル号は引き下がっていき、指揮官は救助を求める信号を出した。

次に攻撃してきたのは、ラ・アスンシオン号で、乗組員たちはリヴェンジ号の左舷艦首から斬り込んできた。この斬り込みは押し戻されたが、敵兵はさらに数度、リヴェンジ号の艦首楼になだれこもうとした。その次はラ・セレナ号だったが、イングランド兵の防壁は断固として持ちこたえて、すべての攻撃を跳ね返した。いまや三隻のガレオン艦がリヴェンジ号に四爪鈎をかけており、この三隻に加勢しようと、さらにスペインの増援艦が駆けつけてきて、戦いに新たな激しさが加わった。リヴェンジ号の右舷だけが敵艦に横付けされておらず、片舷斉射を繰り返して敵を寄せ付けまいとしていた。スペイン側は斬り込み攻撃をかけるあいまに撃ち返した。その夜のある時点で、損傷したサン・バルナベ号がそれ以上の痛手を避けようと、離れていった。しかし、リヴェンジ号の被害は大きくなる一方で、甲板は遺体置き場と化していった。

夜が明けると、損傷の全容が明らかになった。敵艦は上甲板の砲弾を撃ち尽くしており、下甲板の大砲だけがまだ散発的に撃っていた。朝日がまたスペイン兵士たちに新たな標的を捧げ、まもなく、リヴェンジ号上で立って防御している者はほとんどいなくなった。瀕死のグレンヴィルはリヴェンジ号を爆破するように命じたが、生き残っている士官たちがリヴェンジ号はすでに沈みかけているので、乗組員たちを助けるために降伏すべきだと彼を説得した。グレンヴィルはしぶしぶ応じたが、スペインの指揮官アルフォンソ・デ・バサンはグレンヴィルに対して満腔の敬意を捧げた。三日後にグレンヴィルは息を引き取った。リヴェンジ号は数日後に嵐に遭って沈み、戦いの最中にひどく損傷していたスペインの五隻も沈没した。

リヴェンジ号の最後の戦いはイングランド海軍史の中でも感動的な戦いであるが、同時にまた、ハワード卿率いる快速船仕様ガレオン艦の戦闘力と損傷に耐える力をも立証した。この戦いはエリザベス女王の海軍指揮官たちが大量の火薬を使って砲撃できたことを示しているだけでなく、スペイン人が海戦において砲撃よりも斬り込みを好んだことも露わにした。この戦いの鍵となったのは、グレンヴィルの乗組員たちの断固たる闘志だった。

サー・ウォルター・ローリーの話に従うと、イングランド乗組員のうち九十人がすでに重い病気で、戦いに参加することはできなかったようだ。そのため、グレンヴィルには百六十人ほどの部下しかいなかったのだ。そのうちの少なくとも半数が十六時間におよぶ戦いで死に、残った大半が重傷を負った。本書のような書籍は艦船や兵器の性能的な面について語るが、忘れてならないのは、軍艦の戦力は乗っている人間たちの力の範囲を出ないということである。この点からして、グレンヴィルやドレイク、ホーキンズ、フロビッシャーのような人物たちはきわめて幸運だったと言える、艦も人員もどちらも彼らにふさわしいものだったからだ。

サー・リチャード・グレンヴィル（1542 ごろ -91）。油彩画、イングランドの画家の作（名前は不明）16 世紀末。グレンヴィルはサー・ウォルター・ローリーがヴァージニアで行なった植民地建設に参加した。アルマダ海戦でも戦ったが、彼がもっともよく知られているのは、1591 年にリヴェンジ号を指揮してアゾレス諸島沖で戦った最後の戦いである。（国立海事博物館、グリニッジ、ロンドン）

アルマダ作戦のあいだ、ヨーロッパ海域で戦闘がつづいていたため、南米北部のカリブ海沿岸スペイン領では敵の攻撃が途絶えていて、スペイン側には防衛施設を強化する機会ができた。その結果、カリブ海にあるスペイン領の港では新たな攻撃に対する備えが充分にできた。一五九五年、ドレイクとホーキンズは共同で指揮をとり、二十六隻の艦船と二千五百人の人員を率いてカリブ海へ新たな遠征に出かけた。私的な冒険航海は投資者たちからの支援を受け、その目的は戦略上のものではなく略奪だった。ドレイクは大西洋をカリブ海へと渡る前に、カナリア諸島のラスパルマスを攻撃したが、失敗し、捕まった乗組員たちがスペイン側にドレイクはプエルトリコを攻撃する計画だと話してしまった。ドレイクとホーキンズはプエルトリコ攻撃をめぐって激しく議論し、この反目は一五九五年十一月十二日にホーキンズが死ぬまでつづいた。

十一月にドレイクはプエルトリコに二度、攻撃をかけ、二度とも撃退された。プエルトリコ攻撃はあきらめて、彼は南米へ向かい、カリブ海沿岸を西へ航海した。コロンビアのリオアーチャとサンタマルタを略奪してから、パナマのダリエン半島へ渡り、そこで、一五九六年一月六日、ノンブレ・デ・ディオス港を占拠した。ふたたびドレイクが来るのを警戒していたスペイン側は、財宝を町の安全な場所に移していた。二日後、彼は、隠された財宝を見つけたいと、六百人にのぼるラバ部隊をパナマへ送ったが、部隊は天候とスペイン人の抵抗に阻まれて、一週間で海岸へ戻ってきた。そこでドレイクはホンジュラスの海岸へと北上し、スペインの船舶を探したが、数週間のうちに熱病にかかり、一五九六年一月二十八日、ポルト・ベロ沖の洋上で他界した。

【左】サー・リチャード・グレンヴィルとリヴェンジ号の最後の戦い。1591 年。無敵艦隊の敗北はスペインの海軍力と威信にとって大打撃であったが、スペイン王室はまだかなりの艦船と人員を蓄えていた。1591 年、トマス・ハワード卿はイングランドの小艦隊を率いてアゾレス諸島へ行き、そこで、毎年 1 度、ハバナからセビリャへ戻るスペイン財宝輸送船団を待ち伏せした。スペイン側は待ち伏せを知っていて、ハワード艦隊を攻撃するため、大艦隊を派遣した。狩人が狩られる立場になり、スペイン艦隊が現われたとき、ハワード卿は自分の艦隊に北へ逃げるように命じた。ハワード卿の次席指揮官はリヴェンジ号座乗のサー・リチャード・グレンヴィルで、彼はフローレス島で水樽を満たしていた上陸班を収容するために待った。フローレス島を盾にしていたスペインの二番手の戦隊に奇襲されて、グレンヴィルは自分がハワード艦隊から取り残されたのに気づいた。大西洋に逃げこむまねはせず、グレンヴィルはリヴェンジ号を敵艦隊へ向けた。すぐにリヴェンジ号は 22 隻ものスペイン艦船に取り囲まれたが、斬り込み隊をすべて撃退した。戦いは夜までつづき、夜が明けたとき、致命傷を負っていたグレンヴィルには沈没しかけているリヴェンジ号を降伏させるしか選択肢はなかった。2 隻のスペイン艦も夜のあいだに沈んでいた。場面は、まだ夕方早いころ、スペインのガレオン艦サン・バルナベ号（1000 トン）の甲板。（アンガス・マックブリッド画）

Angus McBride
00

トマス・ハワード卿とサー・ウォルター・ローリーが指揮する三十隻の軍艦と三十隻の輸送船からなるイングランド・オランダ大連合艦隊が大西洋上で集結した。エセックス伯爵ロバート・デヴェルーが八千人の上陸部隊を率いている。連合艦隊は一五九六年六月二十一日、カディスに到着し、次の日の夕方、作戦会議が開かれて、最上の戦闘方針が決められた。海軍指揮官たちが港で敵艦隊を攻撃し、それから上陸を試みると決定されたのだ。そこで、翌朝、ローリーが先陣を切って内港を襲った。彼はスペイン艦船と海岸砲台を激しく砲撃して、スペイン艦隊を叩きのめし、火をかけ、大小さまざまな艦船四十隻を捕獲あるいは座礁させた。艦砲の援護射撃を受けながら、上陸が企てられ、カディス港は連合軍の手に落ちた。連合軍は六週間、この港を占拠して、それから帰国の途についた。

一五九六年にフェリペ二世はイングランドを撃破しようと第二の無敵艦隊を送ったが、悪天候に打ち負かされた。悪天候は翌一五九七年にも起こって、この事業は放棄せざるをえなくなった。一五九八年にフェリペ二世が崩御すると、フランスと和平が結ばれたが、イングランドとの和平は拒絶した。フェリペ二世が亡くなったあと六年間、戦争は下火になっていき、一六〇三年にエリザベス女王が他界すると、イングランドは和平へと向かった。一六〇四年にロンドンのサマセット・ハウスで正式に両国は会合した。その年の八月に和平条約にサインがされた。

イングランドにとっては〝海の猟犬〟の時代が終わり、海上における国家的私掠船活動は商業活動や植民地拡張活動にとってかわられ、華々しい魅力には欠けるものの、より生産的な時代に入っていく。スペインにとっては、海外搾取と経済不振の時代が訪れる。

スペインにとってアルマダ作戦は、ヨーロッパにおけるスペインの政治的軍事的野望の絶頂点を示すものだった。敗退したことによってスペイン国家の権威は失墜し、回復不能な損害を負った。ネーデルラント（オランダ）との戦争は一六四八年まで断続的につづくことになるが、スペインはしだいにヨーロッパの政

サマセット・ハウスでの会談。油彩画、パントハ・デ・ラ・クルス作。1604年ごろ。イングランドとスペインの和平条約が1604年8月に批准された。この絵ではスペインの代表団が左側にすわり、イングランド側が右にすわって彼らと対面している。右側の窓から2番目にいるのが、トマス・ハワード卿。（国立海事博物館、グリニッジ、ロンドン）

治活動において脇役と見られるようになっていった。イングランドはすばらしい名声を得て世界に躍り出た。スペイン無敵艦隊はイングランド海軍というより焼き打ち船と嵐に打ち負かされたのだが、イングランドは世界の海洋国家の筆頭としてその地位は確定し、それから三世紀半にもわたってその地位を維持しつづけることになる。

第6章 考古学的遺産

「船乗りの墓には花は咲かない」という古い諺があるが、歴史的な難破船に潜ったことのある人なら誰しも、この諺に反論するだろう。アルマダ海戦に関係する陸海軍の墓地も、きちんと保存されている戦場跡地もない。海戦が行なわれた英仏海峡は、とりわけ、カレーとドーヴァーのあいだは、現在、世界でもっとも船舶の往来の激しい航路の一つだからだ。その海の底で何世紀も残ってきたものは、船が難破したことを示す証拠品であり、スペイン無敵艦隊がイングランド艦隊を寄せ付けず、ただアイルランドとスコットランドの海岸沖で自然の力に負けたことを示す残骸である。一五八八年九月に無敵艦隊を何度も襲った嵐で、三十隻以上もの艦船が失われたことがわかっている。

この本が出版されるとき、こうした難破船のうち八隻は沈没した場所がすでに突き止められて、調査がされていた。その結果わかった情報は、スペイン艦隊とその艦船、乗組員についてわれわれの理解を大いに助けてくれた。まず、一九六八年、水中考古学者シドニー・ウィッグナルがギプスコア戦隊の副旗艦（アルミランテ）サンタ・マリア・デ・ラ・ロサ号の残骸を発見した。それから二年以上にわたって、ウィッグルとアマチュアの考古学チームは、南西アイルランドのケリー州で、ブラスケット湾の水深百フィートの海に潜り、激しい潮の流れの中でロサ号の残骸を調査した。

同じころ、水中海洋学のロバート・ステニット博士が北アイルランド・アントリム州ダンルースの近くで、ガレアス船ジローナ号の残骸を発見し、発掘した。沈没したとき、ジローナ号には一千三百人が乗っていた。その多くが、ほかの二隻の難破船から助かってジローナ号に乗っていた者たちだった。五人を除いてあとは全員が溺死した。その中には、無敵艦隊でもっとも武勇の誉れの高い一人、ドン・アロンソ・デ・レイバもいた。一九七〇年にコリン・マーティン博士がオークニー諸島とシェトランド諸島のあいだにある孤島、フェア島の断崖の根方でハルク船エル・グリン・グリフォン号の残骸を発掘した。それから数年間にわたって、博士はデリー・サブ潜水クラブと共同で、もう一隻のハルク船ラ・トリニダド・バレンセラ号の残骸も発掘した。バレンセラ号は北西アイルランド・ドニゴール州のキナゴー湾で大破したのだった。一九八五年にはさらに三隻の難破船が発見された——ラ・ラビア号、ラ・フリアナ号、サンタ・マリア・デ・ビソン号で、三隻とも、西アイルランド・スライゴーの北にあるストリーダ河口の沖に沈んでいた。マーティン博士は難破船を発見したダイバーたちやアイルランド政府と連携して、スペイン無敵艦隊の艦船についてさらに重要な情報を開示していった。

八隻目の難破船はレバント艦隊のサン・ファン・デ・シシリア号だった。シシリア号は、一五八八年十一月五日、遠いスコットランドのマル島の、トバーモリー港で錨泊中に爆発した。不運なことに、それから四世紀ものあいだ、沈没船からの引き揚げ事業やトレジャー・ハンターの発掘にあって、残っているものはほとんど、いいや、なにもなかった。

この時期のイングランドの軍艦で沈没場所が特定できるものは一隻もない。ただし、一五四五年にポーツマス郊外のソレント水道で沈没したメアリー・ローズ号は、チューダー朝海軍の艦船や人員に関して有用な情報を提供してくれた。もう一隻、チャンネル諸島のオールダニー島で発見された難破船は、一九八〇年代に発掘が行なわれ、どうやら輸送船らしく、アルマダ作戦のころ、この島に人員と弾薬を運んだらしい。

すべてを考え合わせると、スペイン無敵艦隊を構成していた艦船は、僚艦を守る〝機動部隊〟船から、兵士や攻城砲、補給品、弾薬などを運ぶ輸送補給船まで、タイプがさまざまだった。ジローナ号はユニークなガレアス船である。つまり、帆とオールと両方使う船で、こうした船はアルマダ海戦のあとすぐに使われなくなった。不運なことに、ガレアス船の船体はほとんど残っていない。ただ、ラ・トリニダド・バレンセラ号が沈んだ場所からは、原形を保った繊維や木材の残骸が出ている。引き揚げられた遺物の中でアルマダ海戦についてもっともよく教えてくれるのは、無敵艦隊が積んでいた兵器である。

この時期の大砲はほとんど例外なく青銅で鋳造したものだったが、イングランドでは十六世紀中ごろから鋳鉄砲を試しに使いはじめていたし、まだ古い錬鉄の元込め砲を使っていた艦船もあった。これは一五八八年までには使われなくなっていたと考えられていた。無敵艦隊から回収された二十門以上の大砲が、一九八八年にマーティン&パーカー社によって分類され、目録が作られた。その結果、二つの重要な特徴があぶりだされた。大砲が製造された国がさまざまであり、大砲の品質がさまざまであるということだ。おそらくこうした特徴は無敵艦隊の兵器全体に見られることだろう。ドイツ建造のハルク船エル・グリン・グリフォン号はハルク戦隊の旗艦で、大砲を三十八門搭載していた。そのうち多くの大砲は、難破したグリフォン号を考古学調査するあいだに発掘回収され、その中には鋳鉄砲が高い割合で含まれていた。重要なことは、もっと新しい青銅砲（少なくともその砲身の破片）を調査すると、鋳造が劣悪で、口径が間違っていることがわかった。同様のミスが無敵艦隊のほかの大砲でも発見された。たとえば、ジュリアナ号のサクレ砲は青銅の砲身の一部が吹き飛んでいた。

無敵艦隊の兵装準備は大規模に行なわれ、フェリペ二世の財産が最大限まで使われた。当時の資料によると、大砲は急造され、また火力に劣る艦船では改善が図られたようだ。砲手たちは大砲を必要以上に撃つ危険を冒したくなかったらしい。また、大砲が作られた国は広範囲にわたる――フランドル、スペイン、ドイツ、オーストリア、イタリア、フランス、シチリア。この中でドイツとフランドルの大砲が優れていると評判だった。

回収された砲弾を分析した結果、もっといろいろなことがわかった。積み荷目録に記録されている砲弾と回収された砲弾の数を照合すると、撃たれた砲弾のおよその数がつかめる。一九八五年以前の難破船発掘調査の結果をすべて合わせて、マーティン&パーカー社は一九八八年に結論を出し、アルマダ海戦のあいだ、大型砲はあまり撃たれなかったのに対して、小型の旋回砲や元込めの砲はあまりにも頻繁に撃たれたため、積んであった弾薬が底を突いた、と証明した。この説から、スペインの大砲は扱いにくい砲車に積まれていたため、再装塡にひどく時間がかかったという見方も支持される。難破船から引き揚げられた航海装置や黄金の宝飾品、コインは非常に興味深いものだが、無敵艦隊の武器に関する情報のほうが歴史的にはるかに大きな価値がある。無敵艦隊に乗っていた砲手たちが直面した緊迫感を際立たせているからだ。

ラ・トリニダド・バレンセラ号から回収された別の遺物群はとくに重要だ。バレンセラ号には攻城砲が積んであったのだ。イングランドに上陸したパルマ公がケント州を行軍していくのを支援するために、これは使われる予定だった。攻城砲とその砲車はドーヴァー城やロンドンの市城壁のような要塞を攻撃するために取っておかれたが、結局、ドニゴールの海底で無傷で発見されたのだった。

第7章

運命のねじれ

もしスペインが勝っていたら？

一五八八年のアルマダ海戦以後、イングランドの何世代にもわたる宣伝者たちと、その後のイギリスの歴史家たちは、フェリペ二世の〝大事業〟が失敗に終わったのは必然的結果以外のなにものでもないと言ってきた。イングランド人の剛胆さと優秀な航海術、操船術、それに国民的英雄になった〝海の猟犬〟が一つに結びついたら、スペイン側にまったく勝ち目はなかったというのだ。多くの歴史書がそう書いている。スペイン人はそうは考えていなかった。フェリペ二世がただちに第二の無敵艦隊の出動計画を立てたという事実から、国王も顧問官たちも侵攻作戦が失敗したと考えていなかったと充分に証明される。では、もしも運命のさいころがちがう目を出していたら、スペインは勝っていただろうか？

スペイン側を勝利させる可能性がいちばんあったのは、サンタ・クルス侯爵が立てた作戦だった。侯爵はイングランド上陸部隊をリスボンで無敵艦隊に乗せ、無敵艦隊が彼らをイングランド海岸まで護送していくと構想していた。つまり、パルマ公と合流する必要はなく、そのため齟齬が起きる可能性はほとんどないはずだった。艦隊司令長官はイングランド南岸のファルマスからドーヴァーまでどこでも上陸場所に選ぶことができるし、また艦隊自体が上陸部隊を援護するために兵力と火器を充分に備える、こう侯爵は主張したのだった。

この作戦に反対して妥協案を選んだことが、〝大事業〟の成功率を大幅に落とした。それでも、無敵艦隊がなんとかパルマ公と合流したら、また、パルマ公がフランドル地方から上陸する準備をすでに万端整えていたら、アルマダ作戦は最終的には成功していたかもしれない。パルマ公はケント州の北東の角にあるラムズゲートを上陸地に選んだ。パルマ公と合流していれば、メディナ・シドニア公は、パルマ公侵攻部隊を輸送するはしけ船隊を護衛して、フランドルからラムズゲート海岸まで四十マイルの洋上を渡らせることができたかもしれない。というのも、スペイン艦隊はイングランド側の攻撃にもかかわらず、なんとか防御陣形を保って、英仏海峡を東まで行き着いたのだから。

無敵艦隊がカレー沖に到着したとき、パルマ公の出動準備ができていなかった点に関して、パルマ公の言い分は、兵士の乗船を完了させるようにとの知らせが届いていなかったからだ、ということだった。上陸用のボートやはしけ船は小さいので、大変なすし詰め状態になるから、兵士たちが船内にいる時間を最小限にしたかった、とパルマ公は言う。だから当然、時間が来ても、兵士たちは乗船を開始さえしてなくて、全員が乗り終わるのに数日どころか数週間もかかることになったのだ。結局、これはイングランド側にとっては好都合なことになった。

それでも、パルマ公の参謀によれば、「ドイツ人、イタリア人、ワロン人より成る一万八千人がボートに分乗し、スペイン人歩兵と騎兵もダンケルクで乗船準備を整えた。その最中に、スペイン艦隊が通りすぎていったという知らせがパルマ公に届いた。それでも、準備はそのままつづけられ、パルマ公はその場にとどまって、艦隊からはっきりした知らせがあるまでは、準備を進めていた」のだった。

言い換えれば、パルマ公は出動準備ができていたと言っているのだ。約束にそむいたのは艦隊のほうだと。

では、想像してみよう。パルマ公が兵士を乗船させはじめて、数日後には上陸用はしけ船に兵士たちが乗っており、出動準備ができていたとする。次の想像は、イングランド司令長官ハワード卿が焼き打ち船攻撃をしなかったか、あるいは、スペイン艦長たちが錨を捨てて外洋に出ようとせずに、シドニア公の命令に従って錨地にとどまっていたとする。スペイン艦長たちが無敵艦隊に損傷を与えたのは必然だっただろう。おそらく、五、六隻の主要艦が失われたことだろう。この損失もシドニア公は仕方がない結果と考える。もしもスペイン艦長たちが勇気を失ってさえいなかったら、シドニア公は焼き打ち船の嵐など切り抜けることができただろう。

次に上陸用はしけ船隊を護衛して、英仏海峡を渡らせる問題がある。スペイン艦隊がカレー沖に到着すると、フランドル地方の海岸線を略奪していたネーデルラント沿岸戦隊が引き上げた。小型のネーデルラント船にはスペイン艦船を脅かすような戦闘力はないからだ。さらに、フランドル堆の浅瀬に囲まれた海域では操船余地がほとんどないため、身動きならないネーデルラント船にスペイン艦船が斬り込める可能性は大きくなる。だからネーデルラント船は賢明にも退散した。これはイングランド艦隊には問題を残した。イングランド艦隊がグラヴリーヌ沖で示した断固たる闘志をここでも見せてスペイン艦隊と戦おうとすることは、ほとんど疑いの余地がない。しかし、グラヴリーヌ沖の海戦では、スペイン側はちりぢりにされ、そのため移動戦のあいだ成功していた防御陣形に入ることができない状態だったのだ。

カレーでは風はスペイン側に有利だったから、もしも上陸はしけ船隊が艦隊の防御陣形の中に入って隊列を作れば、海峡を横断するのに一日かかって甚大な死傷者を出すと懸念する理由は一つもない。翌朝までには、艦隊はラムズゲートの沖合いへ戻り、パルマ公部隊は敵の海岸に上陸する作戦を開始できるだろう。これはスペイン側としては経験のある作戦だ。ちょうど六年前に地中海とアゾレス諸島の海戦でやったことがあるのだ。小型船が——理想的にはガレー船が艦砲で支援し、艦隊は沖合から上陸部隊を援護する。最初に

リヴェンジ号最後の戦い、1591 年。1591 年夏、サー・リチャード・グレンヴィル指揮するリヴェンジ号は、アゾレス諸島へのイングランド遠征部隊に参加した。ハワード卿率いるイングランド艦隊はスペインのはるかに大きな艦隊に奇襲された。イングランド艦船の大半がなんとか逃げたが、リヴェンジ号はスペインのガレオン艦群に追いつかれ、たちまち取り囲まれて、近距離から砲弾を浴びた。戦いは 16 時間もつづき、イングランド乗組員は敵の斬り込みを何度も撃退したが、リヴェンジ号はさんざんに撃たれて、なすすべも無くなった。反撃することができず、部下たちの大半が死傷したため、瀕死のグレンヴィルはとうとう降伏した。この絵は夜明け直後の戦いを描いており、リヴェンジ号は３隻のスペイン・ガレオン艦に取り囲まれている。サン・バルナベ号がリヴェンジ号の左舷につき、ラ・アスンシオン号とラ・セレナ号が艦首を押さえている。艦尾についた４番手のガレオン艦を撃退したリヴェンジ号は、まだ暗い中、右舷横に集まったスペイン艦隊と砲火を交わしている。（トニー・ブライアン画）

上陸するのは、剣を持った盾兵だろう。彼らは行く手から敵兵を追い払って、後につづく陸軍部隊が上陸できる場所を作る。次は銃兵で、そのあとは槍兵、最後が騎兵で、火器が海岸に運びあげられる。この地方にイングランド側は二つの部隊を据えていた。二千人余りの東ケント予備隊がカンタベリー近辺に配置され、もっと大きな歩兵四千人と騎兵七百人からなる部隊がラムズゲートの南十二マイルほどにあるダウンズに野営していた。ティルベリーにいる主力部隊はあまりにも遠く離れているので、敵の上陸部隊に対応することはできず、この二つの部隊が敵と戦うことになる。

ジェフリー・パーカー博士はこう述べている。「この当時のイングランド市民軍は過小評価されている。大半の歴史家たちが言っているよりも有能で、士気も高かった。この六千七百人のうち、五千人は市民兵だった」

士気は高かっただろうが、市民兵たちは、一万八千人の古強者スペイン兵士に対抗して自分たちの土地を守ろうと、恐ろしい緊迫感に見舞われていたことだろう。事実、スペイン無敵艦隊がカレーに到着すると、多くの市民兵が逃げだして、彼らは戦場では決して信頼できないと暴露したのだった。

もしかしたら、パルマ公は上陸作戦のあいだに死傷者を出した――たぶん一千人ほども失ったかもしれない、そう想像できる。しかし、向かってくるケント市民軍を追い散らすことはほぼまちがいなくできただろう。ラムズゲートかマーゲートの近くに防衛野営地を築いたにちがいないが、もしもケント市民軍を撃退したのが完璧だったら、当然、その成功につづいて、ケント州の海岸沿いにサンダウン、ディール、ウォルマー、そしてドーヴァーと要塞を攻撃して占拠していったことだろう。後方の安全を固めながら、彼はロンドンまで、西へ七十マイルの進軍を計画したにちがいない。

パルマ公の進軍する道筋をたどると、要塞の町ファヴァーシャムを通り、それからメドウェイ川へ出ることになる。この川は恐ろしい自然の障害物で彼を阻もうとするだろう。それに気づくと、パルマ公はできるだけ早く――理想的には、イングランドの主力部隊がこの地域に到着しないうちに――基地を確保してから、西へ向かって行軍を始めることだろう。メドウェイ川まで三日かかる。レスター伯爵の率いるイングランド主力部隊が来ないうちに川に行き着こうとして、パルマ公には大変な重圧がかかる。川を警護しているイングランド東ケント予備隊は二千八百人。それに主力部隊が加わると、ちょうど二万人に少し欠ける部隊になる。従って、パルマ公は数にして同等の敵と戦って、川を渡る指揮をとらなければならない。

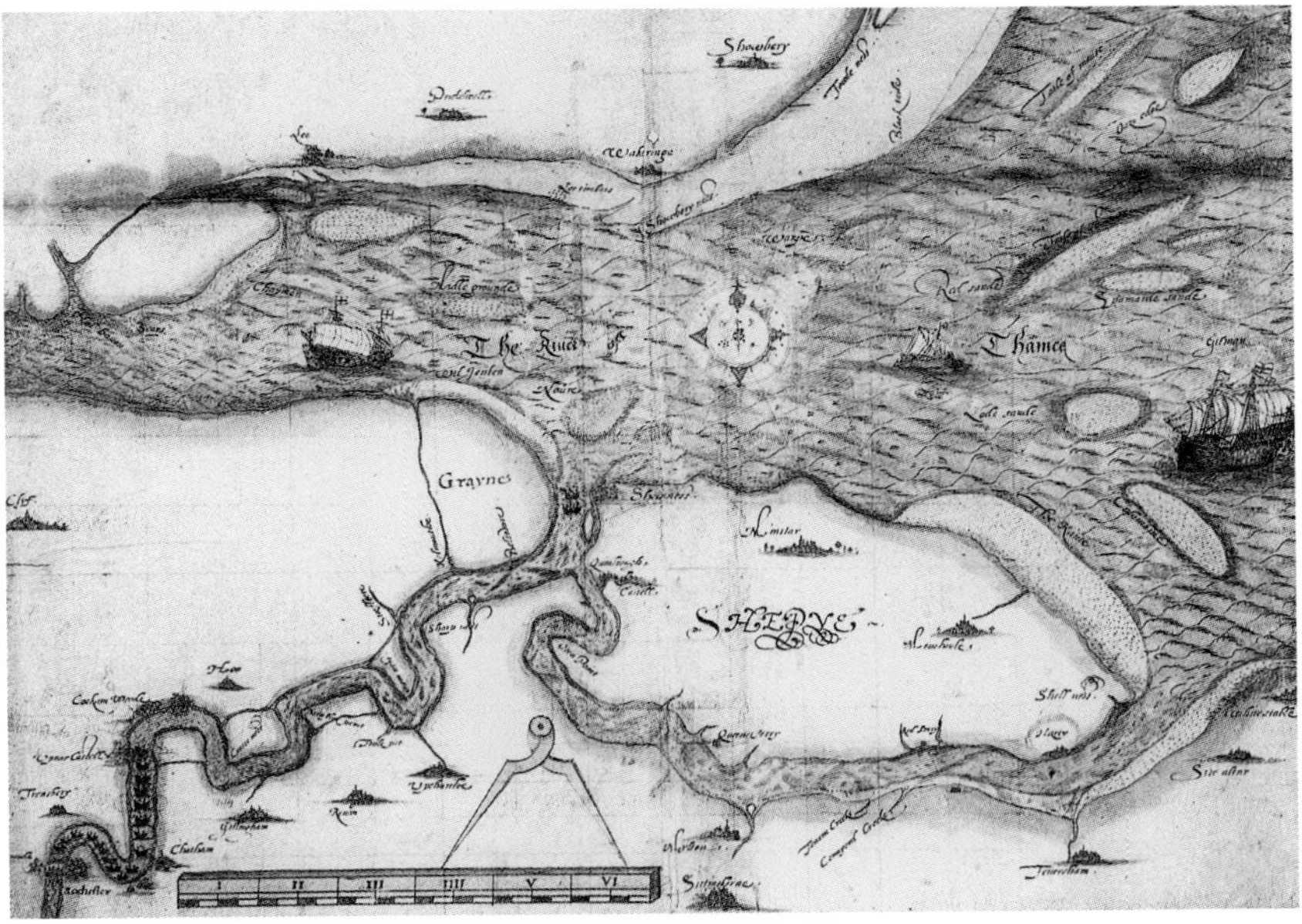

メドウェイ川とテムズ河口の地図、1580年ごろ。ここは囲われた安全な場所である。パルマ公はここにスペイン艦隊が安全に錨泊して、ロンドンへ行軍する自分の部隊を援護してくれるように望んだ。ここはまた、フランドル地方から追い払われた後、メディナ・シドニア公の艦隊が安全に錨を下ろすことのできる最後の場所でもあった。

パルマ公は、「敵の港を占拠しろ」との命令を受けていた。その港はスペイン無敵艦隊に避難所と修理場を与えてくれる。メドウェイ川の河口がまさしくそういう避難場所になるだろうし、河口の防衛は充分ではないので、シドニア公と五千人の小戦隊にとって接近するのに問題となるものはほとんどない。注意しなければならない最寄りの要塞はアップノー要塞だが、それもスペイン艦隊が河口に避難所を探す妨げにはならない。そこに艦隊がいれば、パルマ公はまた別の場所に上陸する機会も得られる。今度は河口の西側の、グレイン島だ。艦隊がいない場合には、パルマ公には戦術的に二つの選択肢がある。一つは南へ行軍して、メイドストンの近くで川を渡る。もう一つは、イングランド部隊に正面攻撃をかけて、自分の強者兵士たちの戦闘力を信じる。

あまり訓練されていないイングランド市民兵でも自国を防衛するとなったら、マスケット銃でも火縄銃でも撃てるし、弓も引けることとは、パルマ公も充分にわかっていたので、結果的には敵の側面にまわるようにする可能性もある。

これは危険な作戦だが、パルマ公にはこの作戦を遂行するために必要な経験豊かな指揮官と兵士がいる。つまり、イングランドの将来を決める陸上決戦がメイドストーンかアリスフォードの近くで起こるということだ。両軍の兵士数は同じだが、スペイン側は兵士の質において決定的に有利だ。パルマ公の配下にいるドイツ人やイタリア人、スペイン人、ワロン人の古参兵たちを押しとどめることはできない。片や兵士の質において有利、片や土地鑑がある——どちらが勝つか実際のところ、判断がつかない。しかし、勝つ可能性はスペイン側に大きいだろう。

もちろん、たとえレスター伯の部隊を破ったとしても、パルマ公はロンドンまでさらに行軍しなければならない。首都には二番手の部隊が集結している。女王の衛兵として知られている部隊だ。女王自身の二千の近衛兵がこの部隊の中核となり、部隊は一万六千を越える市民兵でふくれあがることだろう。それから、南岸の〝沿岸州〟の市民兵たちもいる。彼らは海峡を東進していくスペイン艦隊のあとについている。彼らはこの最後の王室衛兵軍を増強するために使えるだろう。衛兵軍はロンドンの入り口でスペイン軍を押しとどめることができるだろうか?

アルマダ作戦にはスペインが越えなければならないハードルがたくさんあった。艦隊は英仏海峡を安全に進まなければならない——これは立派にやってのけた。パルマ公の上陸準備が整うまで、フランドル地方の沖合にとどまっていなければならなかった——それは大きく失敗した。上陸部隊をケント州へ運ばなければならない。そこでパルマ公が上陸作戦の指揮をとることになっていた。パルマ公がイングランドの市民軍と戦ってどんなに勝利しようと、海側との連絡がとれていないのでは、侵攻作戦は失敗する。もしもイングランド艦隊司令長官ハワード卿がスペイン無敵艦隊をケント州の海岸から撃退したとすると、スペイン艦隊は逆風の中、パルマ公の支援に戻ることはできなかっただろう。フランドルとケントのあいだの連絡網は切断されて、パルマ公部隊は大変な困難に陥ったにちがいない。

予測できないことがあまりにも多く、〝もしもこうだったら、どうなるか〟ということもあまりにも多くて、結果は予想できない。しかし、スペイン軍がイングランド本土に侵攻したら、エリザベス女王は大変な屈辱を味わい、女王の軍隊はパルマ公部隊を阻止したことだろう。しかし、たとえ阻止したとしても、スペイン側はパルマ公部隊がイングランドの地にいるということを利用して、エリザベス女王を交渉のテーブルにつかせることができたかもしれない。一応の勝利が宣言できるので、スペイン側にとっては大きな効果があっただろう。フェリペ国王は、イングランドにおいてカトリックを容認するとか、スコットランド女王メアリーがイングランド国王の玉座につくことを認めるとか、イングランド軍が守っているネーデルラントの町はすべて降伏するとか、そういう譲歩をイングランド側に強制することができるだろう。

一五八八年の八月にスペインがイングランド本土上陸に成功していたとしたら、どんな結果になっていたかはわからないが、一つだけ確かなことがある。〝大事業〟は失敗と見られるのではなく、大アルマダ作戦はフェリペ二世にとって誠に王にふさわしい偉業であり、彼がまさしく全ヨーロッパの主人であることを示す証拠となったことだろう。

訳者あとがき

「無敵艦隊」と言えば、ある程度の年齢以上の人なら誰しも知っていることだろう。無敵を誇る大国スペインの大艦隊がエリザベス女王率いる小国イングランドの艦隊によって完膚無きまでに叩きのめされたとして。イングランド本土侵攻をもくろんだスペイン艦隊がイングランドの地を一歩も踏むことなくスペインに帰ったことは事実である。しかし、巷間言われているようにスペイン艦隊は果たしてほんとうにイングランド艦隊に叩きのめされて敗走したのだろうか、本書の著者アンガス・コンスタムはそう疑問をもつ。自ら海軍士官であり、退役後はフロリダのメル・フィッシャー海事博物館の館長などを務めた海軍史の専門家である彼は、膨大な史料や絵画版画などの資料を渉猟する。ほかにもこういう疑問をもった歴史家はいた。『アルマダの戦い　スペイン無敵艦隊の悲劇』（幸田礼雅訳　新評論刊）の著者マイケル・ルイスもその一人だ。しかし、本書のアンガス・コンスタムを際立たせているのは、難破したスペイン艦から引き揚げられた水中考古学上の遺物に注目していることだ。それら遺物によって彼は資料の記述を実証していくのだ。そこに読者は「なるほど」と納得させられ、アルマダ作戦を失敗に追い込んだ真の理由をつかんでいくことだろう。

著者は軍事的な面だけでなく、登場する人物たちも生き生きと描いている。エリザベス一世と彼女の〝海の猟犬たち〟、ドレイクにホーキンズ、フロビッシャー。フェリペ二世とシドニア公をはじめとする戦隊指揮官たち。非常に個性的な人物ばかりで、そうした個性が艦隊を動かし、国を動かしていくおもしろさに後の時代の人々は、とりわけコンピューター時代の私たちは惹かれるのだろう。

このアルマダ海戦の結果によって、やがてイングランドとスペインの国際政治的な地位が逆転したのは確かだ。スペインは凋落し、イングランドは海洋大国としてのしあがっていく。この海戦は、国際版〝天下分け目の関ヶ原〟と言っていいだろう。この戦いでいろいろな革新がもたらされた。軍艦の動力としてのオールが消え、帆が主流になった。艦列が横から縦に変わった。従来の敵艦に接舷して斬り込む戦法が捨てられ、敵艦に距離をおいて砲撃する新たな戦法がとられるようになった。そして、こうした革新をいち早く成し遂げたイングランド海軍は世界に冠たる海軍となり、新たな英雄が生みだされた。ナポレオンと戦って勝利したネルソン提督である。ネルソンもまたその強烈な個性によって人々を魅了し、彼をモデルとしたであろう帆船小説シリーズが続々と出されて、日本でも多くのファンを生んだ。『海の男　ホーンブロワー・シリーズ』、『海の覇者　トマス・キッド・シリーズ』（以上、早川書房刊）、『アラン、海へいく・シリーズ』（徳間書房刊）などなどである。海に囲まれた日本ではやはり海と、海に生きる男たちによって人々は心の中にロマンを掻きたてるのだろう。

本書三〇二ページの艦船リストにリチャード・ダフィールド号という船が載っている。船長はかのウィリアム・アダムズ。日本史で習ったあの三《み》浦按針《うらあんじん》である。彼はアルマダ海戦に参加したあと、オランダのリーフデ号に乗り、二年にわたる苦しい航海の末、九州にたどり着き、日本に初めて来たイギリス人となった。リーフデ号に搭載されていた大砲を接収した徳川家康はその大砲を使って、関ヶ原の戦いで石田三成に勝利した。そうと知ると、アルマダ海戦が日本人にとってもいっそう身近な世界になるにちがいない。

大森洋子

補給船

船名	指揮官	トン数	搭載砲数	乗組員数
メアリー・ローズ	フランシス・バーネル	100		70
ジョン・オブ・ロンドン	リチャード・ローズ	100		70
リチャード・ダフィールド	ウィリアム・アダムズ	100		70
ベアセイブ	エドワード・ブライアン	100		60
エリザベス・ボナヴェンチャー	リチャード・スタート	100		60
エリザベス・オブ・ライ	ウィリアム・バウワー	100		60
ソロモン	ジョージ・ストリート	100		60
ペリカン	ジョン・クラーク	100		50
パール	ローレンス・ムア	100		50
マリゴールド	ロヴァート・バウワーズ	100		50
ジョナス	エドワード・ベル	100		40
ギフト・オブ・ゴッド	ロバート・ハリソン	100		40
ホープ	ジョン・スキナー			40
ユニティ	ジョン・ムア			40
ホワイト・ヒンド	リチャード・ブラウン			40

これらの船は司令長官ハワード卿の主力艦隊と合流するために、8月1日、テムズ川河口から派遣された。8月3日にワイト島沖でハワード艦隊に合流した。

注　次のリストの最初の7隻を指揮したのは、ロンドンの郷士（エスクワイア）ニコラス・ジョージ。あとの10隻はロンドン冒険商人ギルドによって派遣され、ヘンリー・ベリンガム（通称〝ジョージ・ノーブル〟）が指揮した。

船名	指揮官	トン数	搭載砲数	乗組員数
スーザン・パーネル・オブ・ロンドン	ニコラス・ジョージ	220		80
ヴァイオレット・オブ・ロンドン	マーティン・フォークス	220		60
ジョージ・ボナヴェンチャー・オブ・ロンドン	イレイザー・ヒックマン	200		80
アンネ・フランシス・オブ・ロンドン	チャールズ・リスター	180		70
ソロモン・オブ・ロンドン	エドワード・マスグレイヴ	170		80
ヴィンヤード・オブ・ロンドン	ベンジャミン・クーク	160		60
ジョージ・ノーブル・オブ・ロンドン	リチャード・ハーパー	120	14	60
アンテロープ・オブ・ロンドン	アブラハム・ボナー	120	13	60
プリューデンス・オブ・ライ	リチャード・チェスター	120	12	60
ジュエル・オブ・ライ	ヘンリー・ローリン	110	13	55
サラマンダー・オブ・ライ	ウィリアム・グッドラッド	110	12	55
ドルフィン・オブ・ライ	ウィリアム・ヘア	110	11	55
トビー・オブ・ロンドン	ロバート・カットル	100	13	60
アントニー・オブ・ロンドン	リチャード・ドーヴ	100	12	50
ローズ・ライオン・オブ・ライ	ロバート・デューク	100	10	50
パンジー・オブ・ロンドン	ウィリアム・バトラー	100	10	50
ジョン・ボナヴェンチャー・オブ・ロンドン	トマス・ホールウッド	100		80

ウィリアム・オブ・イプスウィッチ	バーナビー・ロウ	140		50
キャサリン・オブ・イプスウィッチ	トマス・グリンブル	125		50
プリムローズ・オブ・ハーウィッチ	ジョン・カーディナル	120		40
エリザベス・オブ・ドーヴァー	ジョン・リトゲン	120		70

シーモア卿はまた、以下の小型王室艦を指揮した——アカーテース号（90トン）、マーリン号（50トン）、サン号（39トン）、シグネット号（29トン）。
スパイ号、ファンシー号、ジョージ・ホイ号、ボナヴォリア・ガレー号は、ほかの任務に分遣された。
彼はまた、70トン以下の武装商船8隻を所有していた。

イングランド増援部隊

アルマダ海戦のあいだ、イングランド海軍に志願して加わった武装商船（6隻）。

船名	指揮官	トン数	搭載砲数	乗組員数
サンプソン	ジョン・ウィングフィールド	300		108
サマリタン・オブ・ダートマス		120		100
フランセス・オブ・フォイ	ジョン・ラシュレイ	140		60
ゴールデン・ライアル・オブ・ウェイマス		120		60
ウィリアム・オブ・プリマス		120		60
グレイス・オブ・トプシャン		100		50

さらに、アルマダ海戦のあいだ、90トン以下の小型船が15隻志願した。

注　これらの船の大半は、7月31日から8月1日のデヴォン沖の海戦のときに、艦隊に加わった。

17隻の武装商船が1588年8月4日、シーモア戦隊を増強するため、ロンドンから送られた。

バーク・ボンド	ウィリアム・プール	150		70
バーク・ボナー	チャールズ・シーザー	150		70
バーク・ホーキンズ	ウィリアム・スネル	140		70
ベア・ヤン・オブ・ロンドン	ジョン・ヤン	140		70
エリザベス・ファウネス	ロジャー・グラント	100		60

ドレイクはまた、小型王室艦アドヴァイス号（50トン、9門）と、30トンから80トンの小型船13隻を指揮した。

海峡戦隊(ダウンズ錨地)

指揮官　ヘンリー・シーモア卿

王室艦（7隻）

艦名	指揮官	トン数	搭載砲数	乗組員数
レインボー	ヘンリー・シーモア卿	380	24	250
ヴァンガード	サー・ウィリアム・ウインター	450	42	250
アンテロープ	サー・ヘンリー・パーマー	400	24	170
タイガー	ジョン・ボストック	200	20	100
ブル	ジェレミー・ターナー	200	17	100
トラモンタナ	ルーク・ワード	150	21（*）	80
スカウト	ヘンリー・アシュレー	100	18	80

武装商船（7隻）

艦名	指揮官	トン数	搭載砲数	乗組員数
グレース・ヤーマス	ウィリアム・マズグレイヴ	150		70
メイフラワー・オブ・リン	アレクサンダー・マスグレイヴ	150		70
ウィリアム・コルチェスター	トマス・ランバート	140		50

ドレイク戦隊(プリマス)

指揮官　サー・フランシス・ドレイク

王室艦（5 隻）

艦名	指揮官	トン数	搭載砲数	乗組員数
リヴェンジ	サー・フランシス・ドレイク	460	36	250
ホープ	ロバート・クロス	420	33	280
ノンパレイル	トマス・フェナー	500	34	250
スウィフトシュア	エドワード・フェナー	350	28	180
エイド	ウィリアム・フェナー	240	23	120

武装商船（21 隻）

艦名	指揮官	トン数	搭載砲数	乗組員数
ガレオン・レスター	ジョージ・フェナー	400		160
マーチャント・ロイヤル	ロバート・フリック	400		140
ロウバック	ジェイコブ・フィドン	300		120
エドワード・ボナヴェンチャー	ジェームス・ランカスター	300		120
ゴールド・ノーブル	アダム・シーガー	250		110
ガレオン・ダッドリー	ジェームス・エリセイ	250		96
ホープウェル	ジョン・マーチャント	200		100
グリフィン	ウィリアム・ホーキンズ	200		100
ミニオン・オブ・ロンドン	ウィリアム・ウインター	200		80
トマス・ドレイク	ヘンリー・スピンドロー	200		80
スパーク	ウィリアム・スパーク	200		80
バーク・タルボット	ヘンリー・ホワイト	200		80
ヴァージン・ゴッド・セイヴ・ハー	ジョン・グレンヴィル	200		70
ホープ・ホーキンズ・オブ・プリマス	ジョン・リヴァース	180		70
バーク・マニントン	アンブローズ・マニントン	160		80
バーク・セント・リーガー	ジョン・セント・リーガー	160		80

ナイチンゲール	ジョン・ドアテ	160		16
ジョン・トレローニー	トマス・ミーク	150		30
キュアズ・シップ		150		
クレッシェント・オブ・ダートマス		140		75
ゴールデン・ライオン・オブ・ロンドン	ロバート・ウィルコック	140		70
トマス・ボナヴェンチャー・オブ・ロンドン	ウィリアム・オールドリッジ	140		70
サミュエル・オブ・ロンドン	ジョン・ヴァッサール	140		50
ホワイト・ライオン	チャールズ・ハワーズ	140		50
バーソロミュー・オブ・トップシャム	ニコラス・ライト	130		70
ユニコーン・オブ・ブリストル	ジェームス・ラントン	130		66
エンジェル・オブ・サザンプトン		120		
ロビン・オブ・サンドウィッチ		110		
ジョン・オブ・バーンステーブル		100		65
ガレオン・オブ・ウェイマス	リチャード・ミラー	100		
チャリティ・オブ・プリマス		100		

司令長官ハワード卿の指揮下にはさらに、チャールズ号（70トン、8門）と、ムーン号(60トン、13門)、30トンから99トンの小型船87隻がいた。そのほぼ半数が50トン未満で、戦場ではほとんど役に立たなかった。こうした船はたぶん、伝令や補給品を運んだのだろう。しかし、こうした小型船の情報はほとんどない。おそらく、スペイン艦隊のパタチェやセブラ、ファルア、カラヴェル合わせて45隻分に匹敵すると思われる。

ジョージ・ホイ	リチャード・ホッジズ	100		20

武装商船（33）

艦名	指揮官	トン数	搭載砲数	乗組員数
ヘラキュレス・オブ・ロンドン	ジョージ・バーン	300		120
トビー・オブ・ロンドン	ロバート・バレット	250		100
センチュリオン・オブ・ロンドン	サミュエル・フォックスクラフト	250		100
ガレオン	ダッドリー・ジャームズ・エリセイ	250		96
ミニオン・オブ・ブリストル	ジョン・サッチフィールド	230		110
アセンション・オブ・ロンドン	ジョン・ベーコン	200		100
メイフラワー・オブ・ロンドン	エドワード・バンクス	200		90
プリムローズ・オブ・ロンドン	ロバート・ブリングローン	200		90
マーガレット&ジョン・オブ・ロンドン	ジョン・フィッシャー	200		90
タイガー・オブ・ロンドン	ウィリアム・シーサー	200		90
レッド・ライオン・オブ・ロンドン	ジェーヴィス・ワイルド	200		90
ミニオン・オブ・ロンドン	ジョン・デイル	200		90
エドワード・オブ・モールドン	ウィリアム・ピース	186		30
ギフト・オブ・ゴッド・オブ・ロンドン	トマス・ラントロー	180		80
バーク・ポーツ	アントニー・ポッツ	180		80
ロイヤル・ディフェンス・オブ・ロンドン	ジョン・チェスター	160		80
バーク・バー・オブ・ロンドン	ジョン・セロコールド	160		70
ブレイヴ・オブ・ロンドン	ウィリアム・ファーソー	160		70

4隻のガレー船からなる戦隊はスペインからイングランド海岸へ行くあいだに、悪天候のため引き返さざるをえず、海戦ではなんの役も果たさなかった。

イングランド艦隊

主力艦隊(プリマス)

指揮官　司令長官チャールズ・ハワード卿

注　この艦隊にはハワード卿自身が直接指揮した戦隊のほかに、フロビッシャーとホーキンズの戦隊が含まれる。イングランド艦隊をさらに戦隊に分類できるような記録は残っていない。たぶん、指揮権はその場の必要に応じて与えられ、書類は発行されなかったからだろう。イングランドの記録はスペインの記録より完備しておらず、艦船によってはまったく情報がないものもある。搭載砲数は1585年のリストによる。(＊)が付いているものは、1602年のリストによる。

王室艦(14隻)

艦名	指揮官	トン数	搭載砲数	乗組員数
アーク・ロイヤル	司令長官	550	38(＊)	430
トライアンフ	サー・マーティン・フロビッシャー	740	46	500
ホワイト・ベア	シェフィールド卿	730	66	490
エリザベス・ジョーナス	サー・ロバート・サウスウェル	750	54	490
ヴィクトリー	サー・ジョン・ホーキンズ	800	44	450
メアリー・ローズ	エドワード・フェントン	600	36	250
エリザベス・ボナヴェンチャー	カンバーランド伯爵	600	34	250
ゴールデン・ライオン	トマス・ハワード卿	500	34	250
ドレッドノート	サー・ジョージ・ビーストン	360	26	190
スワロー	リチャード・フォーキンズ	360	26	160
フォーサイト	クリストファー・ベーカー	300	26	150
スカウト	ヘンリー・アシュレー	100	18	80
アカーテース	ジョージ・リングズ	100	16	70

注　これらの船の多くは乗員の位がひどく高かった。というのも、これらの船はパルマ公の上陸部隊のために、スペインの陸軍将兵、つまり増援部隊を輸送するのに使われたからだ。

ガレアス戦隊

指揮官　ドン・ウゴ・デ・モンカダ

艦名	艦のタイプ	トン数	搭載砲数	乗組員数	結末
サン・ロレンソ（カピタナ）	ガレアス（*）		50	368	損失
スニガ	ガレアス（*）		50	298	帰還
ラ・ジローナ	ガレアス（*）		50	349	損失
ナポリタナ	ガレアス（*）		50	321	帰還

小型付属船戦隊

指揮官　アウグスティン・デ・オヘダ

注　デ・オヘダはドン・アントニオ・ウルタド・デ・メンドサから指揮官の任を引き継いだ。メンドサはスペインからイングランド海岸へ行く航海のあいだに死去した。この4隻だけが100トンを越える。

艦名	タイプ	トン数	搭載砲数	乗組員数	結末
ヌエストラ・セニョーラ・デル・ピラル・デ・サラゴサ	ナオ	300		173	損失
ラ・カリダド・イングレサ	ハルク	180		80	帰還（？）
サン・アンドレス	ハルク	150		65	帰還（？）
エル・サント・クルシフィホ	パタチェ	150		64	損失

100トン以下の34隻は、10隻がカラヴェル、10隻がパタチェ、7隻がファルア、7隻がサブラだった。このうち少なくとも9隻がアルマダ海戦中、あるいはその後の嵐で損失した。

ハルク戦隊(補給・輸送戦隊)

指揮官　ファン・ゴメス・デ・メディナ

艦名	タイプ	トン数	搭載砲数	乗組員数	結末
エル・グラン・グリフォン（カピタナ）	ハルク	650	38	279	損失
サン・サルバドル（アルミランタ）	ハルク	650	24	271	帰還
エル・カスティジョ・ネグロ	ハルク	750	27	103	損失
ラ・バルカ・デ・アンブルゴ	ハルク	600	23	287	損失
ラ・カサ・デ・パス・グランデ	ハルク	600	26		帰還（＊）
サンティアゴ	ハルク	600	19	65	帰還
サン・ペドロ・エル・マヨール	ハルク	581	29	144	損失
エル・サンソン	ハルク	500	18	125	帰還
サン・ペドロ・エル・メノル	ハルク	500	18	198	損失
エル・ファルコン・ブランコ・マヨール	ハルク	500	16	216	帰還
ラ・バルカ・デ・ダンシグ	ハルク	450	26	178	損失
ダビド	ハルク	450	7		帰還（？）
サン・エル・シエルボ・ボランテ	ハルク	400	18	172	損失
アンドレス	ハルク	400	14	65	帰還
エル・ガト	ハルク	400	9	71	帰還
サンタ・バーバラ	ハルク	370	10	130	損失
ラ・カサ・デ・パス・チカ	ハルク	350	15	175	帰還
エル・ファルコン・ブランコ・メディアノ	ハルク	300	16	80	損失
サン・ガウリエル	ハルク	280	4	47	損失
エサジャス	ハルク	260	4	47	帰還
パロマ・ブランカ	ハルク	250	12		帰還
エル・ペロ・マリノ	ハルク	200	7	96	帰還
ラ・ブエナ・ベンツーラ	ハルク	160	4	64	帰還

サン・ブエナベンツーラ	ナオ	379	21	212	帰還
ラ・マリア・サン・ファン	ナオ	291	12	135	帰還
サン・バルナベ	パタチェ	69	9	34	損失
ラ・アスンシオン	パタチェ	60	9	34	損失
ヌエストラ・セニョーラ・デル・グアダルーペ	ピンネース		1	12	損失
ラ・マダレナ	ピンネース		1	14	損失

レバント戦隊

指揮官　マルティン・デ・ベルテンドーナ

艦名	艦のタイプ	トン数	搭載砲数	乗組員数	結末
ラ・レガソナ（カピタナ）	ナオ	1200	30	371	帰還
ラ・ラビア（アルミランタ）	ナオ（＊）	728	25	303	損失
ラ・トリニダド・バレンセラ	ハルク（＊）	1100	42	413	損失
ラ・トリニダド・スカラ	ナオ	900	22	408	帰還
ラ・フリアナ	ナオ	860	32	412	損失
サン・ニコラス・プロダネリ	ナオ	834	26	294	帰還
ラ・ラタ・サンタ・マリア・エンコロナダ	ナオ（＊）	820	35	448	損失
サン・ファン・デ・シシリャ	ナオ	800	26	332	損失
ラ・アヌンシアダ	ナオ	666	18	284	帰還
サンタ・マリア・デ・ビソン	ナオ	666	18	284	帰還

アンダルシア戦隊

指揮官　ドン・ペドロ・デ・バルデス

艦名	艦のタイプ	トン数	搭載砲数	乗組員数	結末
ヌエストラ・セニョーラ・デル・ロサリオ(カピタナ)	ナオ（*）	1150	46	559	損失
サン・フランシスコ(アルミランタ)	ナオ	915	21	323	帰還
サン・ファン・バウティスタ	ガレオン	810	31	333	帰還
サン・バルトロメ	ナオ	976	27	240	帰還
ドゥケサ・サンタ・アナ	ナオ	900	23	273	損失
ラ・コンセプシオン	ナオ（*）	862	20	260	帰還
サンタ・カタリナ	ナオ	730	23	289	帰還
サンタ・マリア・デ・フンカル	ナオ	730	20	287	帰還
ラ・トリニダド	ナオ	650	13	210	帰還
サン・ファン・デ・ガルガリン	ナオ	569	16	193	帰還
エスピリト・サンタ	パタチェ	70	6	33	損失

ギブスコア戦隊

指揮官　ミゲル・デ・オケンド

艦名	艦のタイプ	トン数	搭載砲数	乗組員数	結末
サンタ・アナ(カピタナ)	ナオ（*）	1200	125	400	帰還
サンタ・マリア・デ・ラ・ロサ	ナオ（*）	945	26	323	損失
サン・サルバドル	ナオ（*）	958	25	371	損失
サン・エステバン	ナオ	936	26	274	損失
ラ・サンタ・クルス	ナオ	680	18	165	帰還
サンタ・マルタ	ナオ	548	20	239	帰還
サンタ・バーバラ	ナオ	525	12	182	帰還
ラ・ウルカ・ドンセジャ	ナオ	500	16	141	帰還

カスティィリャ戦隊

指揮官　ドン・ディエゴ・フロレス・デ・バルデス

艦名	艦のタイプ	トン数	搭載砲数	乗組員数	結末
サン・クリストバル（カピタナ）	ガレオン（＊）	700	36	303	帰還
サン・ファン・バウティスタ（アルミランタ）	ガレオン（＊）	750	24	296	帰還
ヌエストラ・セニョーラ・デ・ベゴニャ	ガレオン	750	24	300	帰還
サン・ペドロ	ガレオン	530	24	274	帰還
サン・ファン・エル・メノル	ガレオン	530	24	284	損失
サンティアゴ・エル・マヨール	ガレオン	530	24	293	帰還
サン・フェリペ・イ・サンティアゴ	ガレオン	530	24	234	帰還
ラ・アスンシオン	ガレオン	530	24	240	帰還
ヌエストラ・セニョーラ・デル・バリオ	ガレオン	530	24	277	帰還
サン・メデル・イ・セレドン	ガレオン	530	24	273	帰還
サンタ・アナ	ガレオン	250	24	153	帰還
ラ・サンタ・カタリナ	ナオ	882	24	320	帰還
ラ・トリニダド	ナオ	872	24	241	損失
サン・ファン・バウティスタ（フェランドム）	ナオ	652	24	240	損失
ヌエストラ・セニョーラ・デル・ソコロ	パタチェ	75	12	35	損失
サン・アントニオ・デ・パドア	パタチェ	75	12	46	損失

ビスケー湾戦隊

指揮官　ファン・マルティネス・デ・リカルデ（艦隊副司令長官。旗艦はサン・ファン・デ・ポルトガル号）

リカルデ不在のときはサンティアゴ号の名目上の戦隊指揮官が、戦隊を指揮する。

艦名	タイプ	トン数	搭載砲数	乗組員数	結末
サンティアゴ（カピタナ）	ナオ	666	25	312	帰還
エル・グラン・グリン（アルミランタ）	ナオ（*）	1160	28	336	損失
サンタ・マリア・デ・モンテマヨール	ナオ	707	18	202	帰還
ラ・マリア・ファン	ナオ	665	24	399	損失
ラ・マグダレーナ	ナオ	530	18	274	帰還
ラ・マヌエラ	ナオ	520	12	163	帰還
ラ・コンセプシオン・マヨール	ナオ	468	25	219	帰還
ラ・コンセプシオン・デ・ファン・デル・カノ	ナオ	418	16	225	帰還
サン・ファン	ナオ	350	21	190	帰還
ラ・マリア・デ・ミゲル・デ・スソ	パタチェ	96	6	45	損失
サン・エステバン	パタチェ	78	6	35	帰還
ラ・イサベラ	パタチェ	71	10	53	帰還
ラ・マリア・デ・アキーレ	パタチェ	70	6	43	損失

注　当初の戦隊旗艦（カピタナ）はサンタ・アナ・デ・ファン・マルティネス号だったが、同号はビスケー湾で悪天候にあい、フランスの港に避難せざるをえなくなり、アルマダ海戦ではなんの役も果たさなかった。サンティアゴ号が新しい旗艦になった。

サンタ・アナ・デ・ファン・マルティネス	ナオ（*）	768	30	412	

艦隊一覧表

スペイン無敵艦隊(アルマダ)

注　〝カピタナ〟というのは戦隊の旗艦で、〝アルミランタ〟は次席指揮官の座乗艦のことを言う。(＊)のマークがついているのはすべて艦隊の前線につく艦船で、必要な場合に〝先駆隊(ヴァン)〟として配備される。つまり、〝機動部隊〟として、艦隊の陣形の中で敵に脅かされている部分から敵の脅威を除くのだ。

ポルトガル戦隊

指揮官　メディナ・シドニア公爵(スペイン艦隊司令長官)

艦名	艦のタイプ	トン数	搭載砲数	乗組員数	結末
サン・マルティン(艦隊カピタナ)	ガレオン(＊)	1000	48	469	帰還
サン・ファン・デ・ポルトガル(艦隊アルミランタ)	ガレオン(＊)	1050	50	522	帰還
フロレンシア	ガレオン(＊)	961	52	383	帰還
サン・フェリペ	ガレオン(＊)	800	40	439	損失
サン・ルイス	ガレオン(＊)	830	38	439	帰還
サン・マルコス	ガレオン(＊)	790	33	386	損失
サン・マテオ	ガレオン(＊)	750	34	389	損失
サンティアゴ	ガレオン	520	24	387	帰還
サン・ベルナルド	ガレオン	352	21	236	帰還
サン・クリストバル	ガレオン	352	20	211	帰還
フリア	サブラ	166	14	135	帰還
アウグスタ	サブラ	166	13	92	帰還

ラ・ラビア号　……270, 272, 289
ラ・レガソナ号　……225

［り］

リヴェンジ号　……56, 127, 131, 154, 185, 197, 220, 221, 236, 237, 254, 255, 280-282
リカルデ、ファン・マルティネス・デ　……70, 82, 90, 206, 208, 210, 214, 215, 220, 225, 231, 233, 234, 236, 237, 239-241, 251, 253, 261, 265, 276
リザード岬　……54, 205
リスボン　……5, 43-45, 52, 53, 56, 59, 61, 65, 87-98, 113, 118, 199, 200, 203, 278, 292
リューベック号　……25, 131, 176, 180

［る］

ル・テス、ギヨーム　……32
ルハン提督、フランシスコ　……28

［れ］

レイバ、ドン・アロンソ・マルティネス・デ　……57, 90-92, 200, 206, 208, 210, 212, 215, 220, 231, 233, 234, 236, 237, 239, 241, 253, 261, 265, 275, 276, 289
レインボー号　……127, 152, 185, 186, 254
レパントの海戦　……58, 92

レバント戦隊　……61, 70, 72, 96, 103, 119, 208, 225, 270

［ろ］

ロウバック号　……221
ロサ号　……274, 275, 288, 289
ローリー、ウォルター　……8, 22, 42, 47, 138, 140, 157, 159, 186, 214, 282, 286

［わ］

ワイト島　……55, 150, 202, 203, 235, 236, 238, 241
ワーシップ号　……187

ボースン（掌帆長） ……164
ポートランド ……55, 66, 70, 89, 150, 156, 210, 224, 225, 228, 229, 230, 231
ポートランド・レース（激潮帯） ……225, 229
ボバディラ、ドン・フランシスコ・デ ……82, 85, 206
ホープ号 ……177, 179, 186, 262
ホープ・ホーキンズ・オブ・プリマス号 ……245
ポルトガル戦隊 ……61, 62, 64, 70, 75, 106, 255, 261
ボロー、ウィリアム ……40
ホワイト、トマス ……159, 160
ホワイト、ヘンリー ……215
ホワイト・ベア号 ……131, 179, 186, 217
ボーン、ウィリアム ……195
ポーンシー号 ……171, 176

［ま］

マエストランサ（技術兵） ……99
マエストレ（航海長） ……97
マエストレ・デ・カンポ（連隊長） ……85
マスター・ガンナー（掌砲長） ……164
マーゲート岬 ……46, 200
マーチャント・ロイヤル号 ……190, 229
『マリナーズ・ミラー』 ……169
マンスン、サー・ウィリアム ……162, 169
マンリケ、ドン・ホルヘ ……247
マンリケ、ドン・ロペ ……85

［み］

ミニオン号 ……26, 30, 31, 180

［め］

メアリー、スコットランド王女 ……22-25, 53
メアリー一世 ……13, 14, 171, 173, 175, 177
メアリー・ウィロビー号 ……176
メアリー・ハンバラ号 ……176
メアリー・ローズ号 ……127, 140, 142, 166, 169-171, 174, 186, 191, 196, 197, 217, 225, 229, 233, 255, 262, 289
メアリー・ローズⅡ号 ……171, 175
メディナ、ファン・ゴメス・デ ……236, 237
メディナ・シドニア公爵 ……52, 74, 76, 81, 88, 96, 199, 200
メンドサ、ドン・ロドリゴ・デ ……253

［も］

モンカダ、ドン・ウゴ・デ ……66, 96, 229, 230, 237, 239, 252

［ら］

ラ・アスンシオン号 ……281
ラ・コルーニャ ……48, 52, 55, 56, 94, 98, 112, 203, 205, 209, 223, 245, 264, 265, 278
ラ・ジローナ号 ……66, 91, 275
ラ・セレナ号 ……282
ラ・トリニダド・バレンセラ号 ……67, 103, 269, 270, 289, 290, 291
ラ・バルカ・デ・アンブルゴ号 ……269
ラ・フリアナ号 ……270, 289
ラ・マリア・ファン号 ……262
ラ・ラタ・サンタ・マリア・エンコロナダ号 ……92, 212, 215, 220, 223, 228, 261, 275

［ひ］

ビジャフランカ、マルティン・デ　……274
ビスケー湾戦隊　……61, 70, 72, 82, 205, 208, 214, 216, 262, 265
ビーストン、サー・ジョージ　……255
ピメンテル、ドン・ディエゴ　……262

［ふ］

ファルコン号　……176
ファルネーゼ、パルマ公爵アレッサンドロ　……21, 92
フィリップ&メアリー号　……171, 173, 175, 186
フェナー、ウィリアム　……148
フェナー、エドワード　……148
フェナー、トマス　……148
フェニックス号　……176
フェリペ二世　……5, 8, 9, 14, 17, 21, 24, 35, 36, 38, 39, 44, 46, 52, 53, 56-59, 61, 81, 86, 92, 110, 147, 152, 171, 199, 203, 275, 276, 278, 286, 290, 292, 299
フェルナンド二世　……10, 12
フェントン、エドワード　……262
フォーサイト号　……181, 182, 190
ブラックソッド湾、メイヨー州　……275
フランドル　……17, 21, 25, 43, 50, 57, 59, 85, 86, 88, 90, 92, 111, 112, 118, 122, 124, 152, 200, 202, 208, 210, 224, 246, 250, 255, 261-264, 267, 291, 293, 294, 298, 299
プリマス　……25, 26, 31, 32, 34, 39, 42, 43, 48, 49, 52, 55, 69, 124, 126, 136, 148, 154, 159, 205, 208, 209, 214, 225, 259, 279
ブリュージュ　……245, 247
ブーリン、アン　……12, 15
ブル号　……176, 181, 186
プレヴェザの海戦　……110
フレミング、トマス　……222
フロビッシャー、サー・マーティン　……8, 41, 124, 138, 148, 150, 151, 155, 157, 159, 165, 173, 179, 214, 220, 225, 229, 230, 231, 234, 238, 239-241, 244, 254, 258, 283
プロベードル（兵站総監）　……85
フロレンシャ号　……223

［へ］

ベア・ヤン号　……245
ベーカー、マシュー　……127, 131, 134, 177, 182, 185, 187, 191, 192, 193
ペット、ピーター　……127, 182, 185, 187, 193
ベードル・ヘネラル（視察総監）　……85
ペドロソ、ベルナベ・デ　……85, 252
ペリカン号　……32, 133
ベルテンドーナ、マルティン・デ　……70, 96, 225, 228, 229, 230, 231, 233, 234
ヘンリー・グレース・ア・ディウ号　……108
ヘンリー七世　……10
ヘンリー八世　……10, 12, 13, 15, 22, 111, 131, 138, 140, 147, 171, 174, 176, 180, 186, 197

［ほ］

ホーキンズ、サー・ジョン　……8, 25, 26, 28, 30, 31, 56, 69, 74, 124, 127, 130, 131, 134, 136, 138, 148, 150, 151, 154, 155, 157, 159, 167, 171, 173, 175, 176, 180-187, 193, 195, 214, 222, 238-241, 244, 254, 255, 283, 284

[と]

ド・マウレオン、ジーロウ　……246
ドゥケサ・サンタ・アナ号　……239, 275
トマス、ウィリアム　……235
トマス・ドレイク号　……245
トライアンフ号　……131, 156, 165, 179, 186, 225, 228, 229, 239, 240, 254
トルデシリャス条約　……12
ドレイク、サー・フランシス　……8, 22, 30-35, 39-43, 46-48, 52-55, 57, 69, 124, 130, 133, 134, 138, 148, 150-154, 156, 157, 159, 165-167, 170, 173, 181, 190, 195, 209, 214, 215, 218, 220-222, 230, 231, 233-238, 240, 241, 244, 254, 255, 278, 283, 284
ドレイク戦隊　……217, 255
ドレッドノート号　……182, 190, 225, 233, 255
トレド、ドン・フランシスコ　……261

[な]

ナポリタナ号　……66

[に]

ニュー・バーク号　……174

[ぬ]

ヌエストラ・セニョーラ・デル・ロサリオ　……55, 154, 190, 216, 217, 219-221

[の]

ノリス、サー・ジョン　……278
ノンサッチ条約　……39
ノンパレイル号　……175, 186
ノンパレル号　……228

[は]

パーカー、ジェフリー　……9, 50, 296
パガドル（主計長）　……85
バーク・タルボット号　……215, 245
バーク・ボンド号　……245
バサン、サンタ・クルス公爵ドン・アルバロ・デ　……36, 87
バサン、ドン・アルフォンソ・デ　……280, 282
ハート号　……173
パーマー、サー・ヘンリー　……148, 244
ハルク戦隊　……72, 119, 203, 211, 290
バルデス、ディエゴ・フロレス・デ　……82, 206, 216, 265
バルデス、ドン・ペドロ・デ　……96, 216, 219, 220
バルバリア海賊　……58, 107
バレンセラ号　……67, 103, 269, 270, 273, 289, 290, 291
バロー、ウィリアム　……182, 183
ハワード、チャールズ　……48, 55, 130, 138, 147, 148, 150-152, 154, 156, 162, 168, 170, 187, 209, 211, 212, 214, 215, 217, 218, 221, 223-225, 228-231, 233, 235, 237, 238, 240-242, 244, 252, 254, 259, 263, 264, 267, 268, 281, 294, 299
ハワード、トマス　……24, 148, 222, 239, 279, 280, 286
ハンドメイド号　……182

ジーザス・オブ・リューベック号　……25, 131, 176, 180
シーモア卿、ヘンリー　……48, 55, 57, 148, 150-152, 241, 242, 244, 254, 259, 261, 267
ジャネット号　……174
宗教改革　……17, 22, 59, 278
ジュゼッペ、セバスチャーノ・ディ・サン　……35
ジュディス号　……30, 181
ジュリアナ号　……290
ジョアンヴィル条約　……38, 53
ジョージ、ニコラス　……166, 176, 254 279
ジョーナス号　……167, 177, 179, 186, 225, 228, 233
ジョブスン、ウォルター　……180
私掠船　……31, 32, 130, 133, 138, 151, 153-159, 162, 164-168, 170, 176, 180, 217, 220, 286
ジローナ号　……57, 66, 92, 275, 289, 290

［す］

スウィフトシュア号　……182
スチュアート、メアリー　……14, 22, 183, 190
スティーヴンス、エドワード　……187
ストロッツィ、フィリッポ　……36, 37, 38
スーニーガ号　……66
スーニーガ、ドン・ファン・デ　……46, 81, 86
スパニッシュ・メイン　……25, 52, 106, 167
スワロー号　……174, 225, 233
スワン号　……31

［せ］

『ゼ・アート・オブ・シューティング・イン・グレート・オードナンス（大型砲の砲術）』……195
セイカー号　……176
セスペデス、アロンソ・デ　……85
セント・アンドリュー号　……61

［そ］

ソレント水道　……223, 235, 236, 238, 239, 241, 289

［た］

ダウンズ　……48, 57, 92, 124, 136, 150, 151, 267, 295
ダッドリー、レスター伯ロバート　……39, 156
ダートマス　……159, 218, 221, 222

［ち］

チャップマン、リチャード　……181, 186, 187, 193

［て］

ディステイン号　……212
ディファイアンス号　……187
ティルブリー　……49, 50, 57, 156
デヴェルー、エセックス伯爵ロバート　……286
デットフォード王室造船所　……177, 181, 185, 186, 187
デュー・リパルス号　……187

グスマン、ファン・アロンソ・ペレス ……88
グラヴリーヌ ……55, 103, 145, 146, 150, 151, 250, 251, 258, 261, 269, 294
クリストバル号 ……281
クリフォード、ジョージ ……279
グレイハウンド号 ……174
グレート・クリストファー号 ……179
グレート・バーク号 ……173, 175
グレート・マイケル号 ……108
グレンヴィル、サー・リチャード ……279, 280, 281, 282, 283
クロス、ロバート ……262

［こ］

『古代イングランドの造船術断片』 ……191
コーターマスター（操舵長） ……164
ゴッドソン、ベンジャミン ……177, 181, 184
コデスタブル（掌砲長） ……98
ゴベルナドル（軍政官） ……99
ゴールデン・ハインド号 ……32-34, 134, 136, 209, 222
ゴールデン・ライオン号 ……40, 173, 174, 186, 222, 225, 229, 233, 239
コントラ・マエストレ（掌帆長） ……98

［さ］

サウスウェル、サー・ロバート ……167
サラザール、エウヘニオ・デ ……101
サルバドル号 ……55, 215, 216, 222, 262
サン・アンドレス号 ……61
サン・エステバン号 ……110
サン・クリストバル号 ……281
サン・サルバドル号 ……55, 215, 216, 222, 262
サン・バルナベ号 ……281, 282
サン・ファン・デ・ウルアの戦い ……28, 31, 56, 74, 153, 179-181
サン・ファン・デ・シシリア号 ……228, 262, 289
サン・ファン・デ・ポルトガル号 ……90, 106, 214, 231, 251, 261, 274
サン・ファン・バウティスタ号 ……106, 251
サン・フェリペ号 ……261, 262, 281
サン・ペドロ号 ……100, 267, 272
サン・マテオ号 ……37, 38, 215, 223, 228, 251, 261, 262
サン・マルコス号 ……234, 251
サン・マルティン号 ……36, 38, 64, 75, 90, 106, 205, 212, 225, 233-235, 239, 251, 254, 261, 263
サン・ルイス号 ……239, 262
サン・ロレンソ号 ……66, 250, 252, 253, 254, 259
サンタ・アナ・デ・ファン・マルティネス号 ……205
サンタ・アナ号 ……234, 239, 275
サンタ・カタリナ号 ……216
サンタ・マリア・デ・ビソン号 ……270, 289
サンタ・マリア号 ……69, 108
サンタ・マリア・デ・ラ・ロサ号 ……274, 288
サンティアゴ号 ……75, 223

［し］

シェフィールド卿 ……148
ジェームズ一世 ……23
ジェームズ五世 ……22
ジェームズ六世 ……23

［え］

エイド号　……179, 186
英仏海峡　……25, 45, 46, 65, 70, 72, 75, 79, 82, 89, 92, 124, 146, 150, 158, 159, 197, 200, 202, 203, 208, 210, 242, 265, 276, 288, 293, 294, 298
エスカランテ、ファン　……96, 98
エリザベス・ジョーナス号　……167, 177, 179, 186, 225, 228, 233
エリザベス・ボナヴェンチャー号　……40, 131, 180, 183, 186, 194, 254
エリザベス女王　……8, 15-17, 22-25, 32, 34, 35, 38, 40, 42, 44, 47, 50, 52, 53, 56, 57, 122, 124, 126, 127, 132, 133, 142, 147, 148, 153, 156, 157, 159, 161, 165, 176, 179, 278, 282, 286, 299
エル・エスコリアル宮殿　……5, 81
エル・グラン・グリフォン号　……67, 236, 269, 273, 274
エル・グラン・グリン号　……214
エンコロナダ号　……92, 212, 215, 220, 223, 228, 233, 239, 261, 275
エンリケ、ドン・ディエゴ　……219

［お］

オケンド、ミゲル・デ　……36, 37, 96, 265
オヘダ、アウグスティン・デ　……68
オールダニー・レック号　……191

［か］

快速船仕様のガレオン艦（レース・ビルト・ガレオン）　……126, 127, 131, 132, 134, 138, 161, 170, 171, 173, 175, 182, 184, 185, 186, 193, 195, 282
カスティリャ戦隊　……61, 64, 70, 100, 106, 281
カディス　……42, 43, 46, 53, 57, 66, 112, 130, 154, 286
カピタナ(戦隊旗艦)　……97, 252
カピタン・ヘネラル（戦隊指揮官）　……97
ガーランド号　……187
カール五世　……13, 17, 92
カルー、サー・ジョージ　……166
『ガルシア・デ・パラシオ操船術教本』　……64
カレー　……46, 54, 55, 150, 151, 224, 235, 241, 242, 245, 246, 250, 252, 259, 263, 264, 265, 267, 288, 293, 294, 296
ガレー・サートル号　……176, 177
ガレアス戦隊　……96, 229, 237, 250, 252, 255
カーレイル、クリストファー　……41
ガレオン号　……173
ガレオン・オブ・レスター号　……225
『艦隊手引き』　……96

［き］

ギプスコア戦隊　……61, 72, 96, 208, 215, 265, 288
キャヴェンディッシュ、トマス　……166
キャサリン・オブ・アラゴン　……10, 13
キャプテン・オブ・インファントリー（歩兵長）　……164
キュアズ・シップ号　……245

［く］

グァルディアン（掌帆手）　……98
クエジャル、フランシスコ・デ　……267, 272

索　引

［あ］

アカーテース号　……182
アーク・ロイヤル号　……127, 150, 151, 152, 170, 186, 192, 217, 218, 225, 228, 233, 238, 239, 244
アーク・ローリー号　……186
アクーニャ・ベレ、ドン・ファン・ド　……81
アビラ、ドン・クリストバル・デ　……267
アラルコン、ドン・マルティン・デ　……85
アルセオ、ヘルニモ・デ　……82
アルバ公爵　……17, 35
アルバロ・デ・バサン、サンタ・クルス公爵　……36, 87
アルミランタ（旗艦）　……97
アルミランテ（戦隊副指揮官）　……97
アレクサンデル六世　……12
『アンソニー・ロール』　……140
アンダルシア戦隊　……61, 72, 96, 106, 208, 214, 216, 219
アンテロープ号　……174, 244
アンドレス号　……61

［い］

イサベル一世　……10, 12
インディアス艦隊　……58, 61, 62, 80, 95, 103, 104, 106

［う］

ヴァンガード号　……127, 185, 186, 254, 255, 263
ヴィクトリー号　……131, 155, 179, 183, 186, 222, 225, 228, 233, 254
ウィリアム、ルメイ男爵　……18, 40
ウィレム、オラニエ公　……18, 21
ウインター、サー・ウィリアム　……130, 148, 177, 197, 242, 254, 255, 259, 261, 263
ウィントン、グレイ・デ　……35
ウェルタ、ファン・デ　……85
ウォールシンガム、サー・トーマス　……24
ウバルディーノ、ペトルッキオ　……212, 216, 217, 225, 228, 245, 250, 252, 253, 254, 255, 261, 262
海の乞食団（ゼー・ゴイセン）　……18, 20, 21, 90, 133
海の猟犬 (シー・ドッグズ)　……8, 9, 22, 124, 133, 136, 147, 148, 155-157, 159-161, 214, 215, 217, 220, 286, 292
ウリッジ王室造船所　……124, 185, 187, 191

【著者】アンガス・コンスタム（Angus Konstam）
作家・歴史家。海戦、海賊関連の著書など、著作物は50冊を超える。
元海軍士官で、メル・フィッシャー海事博物館館長を務めた。

【訳者】大森洋子（おおもり・ようこ）
海洋ライター、翻訳家。横浜市立大学英文学科卒。著書に『「看板英語」スピードラーニング』『白い帆は青春のつばさ』、訳書に『海の覇者トマス・キッド』シリーズ、『バーソロミュー・ロバーツ』など多数。

【組版協力】株式会社言語社

図説《ずせつ》 スペイン無敵艦隊《むてきかんたい》

エリザベス海軍《かいぐん》とアルマダの戦《たたか》い

●

2011年10月28日　第1刷

著者…………アンガス・コンスタム

訳者…………大森洋子《おおもりようこ》

装幀…………岡孝治

発行者…………成瀬雅人

発行所…………株式会社原書房

〒160-0022 東京都新宿区新宿 1-25-13
電話・代表 03(3354)0685
http://www.harashobo.co.jp
振替・00150-6-151594

印刷…………シナノ印刷株式会社
製本…………小高製本工業株式会社

ISBN978-4-562-04738-3, Printed in Japan